浅利　誠

日本思想と日本語

コプラなき日本語の述語制言語

文化科学高等研究院出版局

知の新書
J06

—— 亡き妻のイザベルへ

À Isabelle, mon épouse défunte

Makoto ASARI

Le japonais comme langue de mode prédicatif et la coplule

目次

序文

ヨーロッパ諸語と日本語の間の根本的な非対称を検証することを目標に定め、その序章として、「日本語とコプラ」というテーマを選んだ。口語（俗語）としての日本語とはどんな言語であるかを問うために、ヨーロッパ諸語に対する日本語の根本的非対称を確認しておく作業が前提にされなければならないと考えたのである。9章で、最も根本的な非対称として、「提題表現と格表現との協働」を取り上げた。「日本語とコプラ」というテーマの核心部にあるのがこの「協働」だからである。私見によれば、このことの確認を通してのみ日本語に「主語」がないということを論証できるのである。

私は、現代日本語の特質を問う際の特権的な通路として、日本語に到来した事件であった言文一致について考えている。私の日本語論は、「言文一致以後の日本語とはどんな言語か？」を解明することを目標にしている。そして、この巨大な問いに踏み込むために、言文一致を「語尾の問題」として考察することにしたのである。ヨーロッパ諸語のコプラ表現に対当する日本語の表現が、日本語の語尾の表現であるということに、徐々にではあったが、気づいたからである。そのことを通して、以下の明快な結論に達することになった。ヨーロッパ諸語のコプラ表現に対当するとみなしうる日本語の表現があるとすれば、それらは、「……なり」「……である」「……だ」という三つの表現に還元されるという結論に、である。この確認を通して、次のことに気づくことになった。結局のところ、問題の核心をなすものとは、『「……なり」「……である」／「……だ」』の「／」が担う境界画定である、ということに。

日本語文の語尾の問題は、次の四つに大別されると私は考える。実は、この区別は、日本語の四つの基本文（述語文）に対応する(1)。(1)「……だ」という形式の名詞文、(2)「……だ」という形式の形容動詞文、(3)「用言」の終止形で結ぶ文である「動詞文」と「形容詞文」の二つ。合わせて四つである。この中で「日本語とコプラ」の問題に関わるのは(1)と(2)であり、(3)の二つは関わらない。私見によれば、この点が決定的に重要である。ところが、従来の文法論においては、この前提そのものに対する考察が欠けていた。結局のところ、日本語の「陳述」の定義に問題があったということになる。この点は、実は、山田孝雄と時枝誠記の口語文法論が抱える巨大な問題（認識論的障害）に関わっている。私が執拗にこの二人に言及したのはもちろん理由があってのことである。

ここで、あらかじめ、草野清民以来の総主論争について一言しておこう。論点を鮮明にさせるために必要な作業であると考えるからである。佐久間鼎は、「5.〈総主〉を持つ構文の特性」(2)の中で、日本語構文の代表的形式として、「——は□——が……」という文型に注目している。その中で代表的なものに、形容詞文（「象は鼻が長い」）と「形容動詞文」（「あの子はパンがすきだ」）がある。三上章は佐久間鼎の省察をさらに先まで押し進めて、この日本語の構文が、提題文としてごくありふれた文であることを証明した。この二人よって、総主論争に「解」が与えられたといえる。総主論争なるものは、要するに、日本語にも西洋諸語でいうところの「主語」があるという根本的な誤解に基づいた論争だったのである。しかし、日本語には、やはり「主語」はないのである。佐久間と三上が日本語構文の典型として取り上げた文型(範例としては「象は鼻が長い」)は、「提題文としての形容詞文」であって、西洋諸語でいう「主語」を持たない文である。

ところで、総主問題に、日本語の語尾という観点から問題になる点があるとすれば、佐久間のいう性状詞(形容詞と形容動詞)を持つ文のケースである。しかし、このことは強調しておきたいが、形容詞文は、私が問うている語尾の問題には関わらない。理由は簡単である。日本語の形容詞文は、西洋諸語におけるコプラ動詞("be"動詞)を必要とすることのない、形容詞の終止形として結ぶ文だからである。そして、用言の終止形で結ぶ文が、日本文における「陳述表現」の代表をなすのである(3)。従来の陳述論において確認されることの稀だったのがこの一点であった。キッパリといわせていただくが、語尾の問題に関わるのは、形容詞文ではなく、形容動詞文の方である。形容詞文の方は、終止形という語尾の形を持つのに対して、形容動詞は、文末が「だ」で結ばれる形だからである。両者の語尾形が、前者は、ヨーロッパ諸語のコプラ形と徹底的に非対称的であるが、後者には、コプラ形とのアナロジーがあるという一面があるからである。佐久間が留意したのは、形容動詞文の文末の「だ」が、措定文の文末の「だ」に似ているという一点についてである(4)。実は、ここに、言文一致以後の文末形(語尾)の問題に関わる極めて重要な一点がある。「文末(語尾)表現と陳述」という点に関しては、根本的なものとして、繰り返し力説しておくが、「用言」の終止形で結ぶという形の陳述形がある。日本語の根本的な陳述形は、これ以外にない。そして、それに加えられる形で、副次的に問題になるのが、上記の(1)と(2)のケースなのである。副次的に問題になるに過ぎないとはいえ、なぜ(1)と(2)が日本語の陳述に係るのかという理由は、西洋諸語における代表的な陳述形であるコプラ形とアナロジーがあるからである。日本語の陳述についての定義が混乱したものになった原因は、実は、以上のことが理解されてこなかったからである。混乱の原因として、山田孝雄と時枝誠記の二人による陳述の定義があった。

繰り返すが、(3)の「用言（動詞と形容詞）の終止形で結ぶ文」が日本語の陳述を担う主要なものである。そして、日本語の陳述を担うこの動詞文と形容詞文はヨーロッパ諸語のコプラ文の担う陳述性とはまったく無縁である。それに対して、日本語の語尾表現の他の二つの(1)、(2)は、ヨーロッパ諸語のコプラ文の陳述性と何らかの関係を有する形であるといえる。したがって、「日本語とコプラ」というテーマには、これら(1)、(2)の方が、(3)以上に関与しているのである。

名詞文(1)に関しては、一点だけ厄介な問題がある。佐久間鼎が「措定」の表現と名づけた日本語の「XはY（名詞）だ」という構文が、ヨーロッパ諸語におけるコプラ表現に対当しているものであるという推測に誘い込むからである。要するに、文法論的には、名詞文の中の助動詞の「だ」をどのように定義するかに関わる問題である。この問題は、実は、相当に複雑である。以下、この問題に関連する諸点を列挙してみよう。

(1) 従来、時枝誠記が、「指定の助動詞　だ」[5]とみなしてきた「だ」との弁別の問題が背後に控えている。佐久間鼎が「措定」の語詞と定義する「だ」と時枝誠記が「指定の助動詞」として規定する「だ」の弁別は、実は、相当に厄介である。しかし、「指定の助動詞　だ」という定義の背後には、「なり」という、山田孝雄が「存在詞」あるいは「説明存在詞」と見なしたものがある。それを、言文一致以後の表現である「措定」の「だ」(措定の助動詞)で置き換えようとした佐久間鼎は、山田孝雄、時枝誠記に対する距離化を図ることにしたのであった。しかし、私の見るところ、佐久間によるこの距離化は、実は、決定打を欠いている。

ここで、佐久間のいう措定の表現に、「静かなり」という表現との比較を加えてみよう。「静かだ」と「静かなり」は非常に近い関係にある。結局、佐久間は、言文一致以前と以後の境界画定に賭けたのである。しかし、前者が言文一致期に登場したものであり、後者が言文一致以前の表現であるということを、説得力を持って主張できたとは思えない。

(2) 佐久間の措定詞としての「だ」は、言文一致期に登場した表現であるが、ほぼ同時期に現れた「です」「ます」という表現の「です」との弁別は厄介である。文体の問題に関わるからである。佐久間はこの問題に答えていない。

(3) 藤井貞和が『日本語と時間』の中で指摘した重要なものに、「言文一致への過程—『た』の成立」(6)がある。藤井は、この一点を、言文一致以前と以後の日本語の変容を決定的な事件として見事に取り出してみせた。ここで私がとりわけ注目したいのは、藤井が、言文一致という事件を、日本語における時間表現の劇的な変容として取り出したことである。藤井は、それを、日本語の時の表現が、「現在形」主導から「過去形」主導への移動(変容)としてあることを見事に捉えたのである。

しかし、日本語の時間表現の次元において、藤井の取り上げた一点と併行する形で、もう一つの大きな事件があったということに留意しておきたい。それは、言文一致期における助動詞の「です」「ます」の登場である。端的に次の表現を取り上げてみよう。「明日は晴れます」「明日は晴れです」を。この「晴れます」と「晴れです」の、時の表現としての価値はいかなるものであろうか。この表現が、今日いわれるところの「モダリティー」に関わるものであることは明らかである。しかし、その前に、藤井貞和の「た」論との関係に的を絞って語れば、「た」という語尾表現の登場によって「過去形」主導の時間表現が確立されたとすれば、「た」形の過去テンス形に対して、「晴れます」「晴れです」のテンス形とは如何なるものであろうか。現在テンス形であろうか。答えは否である。むしろ、時間を宙吊りにした「atemporel」(非時間)形というべきであろう。ここにも、藤井貞和のいう古典日本語の「現在形」主導の時間表現から外れた表現があるのである。ここで私の意見を述べることにするが、言文一致期に起きた時間表現上の画期的な変容は、「ている」形に集約されているのである。「現在形」主導型から「過去形」主導型への移行時に、「ている」形を唯一の現在テンス形とするという異変が起きたのである[7]。「です」形も「ます」形も、現在テンス形とはいえないのであり、言文一致以後においては、「ている」形以外には現在テンス形は存在しないのである。

(4) 日本語の「用言」(動詞と形容詞)における形容詞は、「日本語とコプラ」のテーマにどのように関わっているのであろうか。この問いに対しては、とりあえず、以下のように返答しておく。ヨーロッパ諸語(私が形而上学の言語と呼ぶ五言語である、古代ギリシア語、ラテン語、ドイツ語、フランス語、英語)におけるコプラと比較しうるものとしては、形容詞の終止形がある。しかし、形容詞の終止形は、コプラ表現と直接的な関係を有してはいない。理由は簡単である。それは、日本語の形容詞の終止形はヨーロッパ諸語のコプラ表現に対して以下の点で根本的に非対称をなしているからである。《日本語の形容詞は、陳述形をなすために、コプラ動詞を必要とはしない》という非対称である。ヨーロッパ諸語におけるコプラはあくまでも動詞である。それに対し、日本語の形容詞は、コプラ動詞を必要としない形である、つまり形容詞の終止形としての限りで、陳述形たりうる。ここに、ヨーロッパ諸語がコプラを抱えた言語であるということに対する日本語の決定的な非対称がある。

「日本語とコプラ」というテーマにおいて、今日まで、最大の認識論的障害をなしたのは、実は、山田孝雄のコプラ論、実質的には、彼による日本語の「陳述」の定義であった。しかし、本書の最終章で、私は山田の錯誤を指摘した。これを持って解決済みの問題であると私は考えている。したがって、日本語の表現の中でヨーロッパ諸語のコプラの問題に関わるものがあるとしたら、それは以下の二点に限られると私はいいたい。すなわち、形容動詞の語尾の「だ」形、佐久間のいう措定詞（助動詞）の「だ」形、これら二点に限られる、と。

(5)しかし、私の見るところ、ここにもう一つ厄介な問題が残されている。それは時枝誠記のいう「零記号」による陳述論である。ここで、この点を検討しておかなければならない。

時枝の零記号による陳述論には以下の二点に問題がある。第一に、時枝の陳述論においては、「は」と「が」の弁別が飛ばされている。つまり、提題文と格助詞文（現象文）との弁別が飛ばされている。「（梅の）花は咲いた＊」という表現の零記号＊と「（梅の）花が咲いた＊」の零記号＊の間の弁別が欠けている。これでは陳述論になりようがない。なぜなら、三上章がいうように、日本文の陳述は、本質的に、「は、も、徒」を伴った提題文の陳述としてあるからである。第二に、時枝の陳述論においては、暗黙に、「終助詞」の陳述が想定されている。しかし、陳述を担うものとしての終助詞の陳述の審級は、日本文の最終審級ではあり得ない。三上章が見事に語った「ピリオド越え」の陳述について考えると「解」が得られる。提題表現の「Xは」という係りの「係り受け」に当たる陳述形は、原則的に、「用言」（動詞と形容詞）の終止形が担う陳述の形である。ここで、「ピリオド越え」の陳述を例として取り上げると、「は」のピリオド越えが、いわゆる、日本語文の陳述の最終審級である。「(梅の）花は咲いた」は、せいぜい一文レベルの陳述を持つだけである。ましてや、時枝が例文としている「(梅の）の花が咲いた」の陳述は、一文レベルの提題表現の陳述に比べてすら、陳述度は低いのである。

むろん、時枝は、ここで、「用言の終止形」の陳述性の外側にあるものとしての零記号の陳述が問題なのであるということだろう。しかし、それに対する私の返答は簡単である。《それは、日本語文の構文上の位置関係についての議論であり、陳述についての議論をなしているわけではない》。私にいわせれば、終助詞の付加は、日本文の根本的な陳述のメカニズムに関わるものではない。時枝の零記号による陳述論は、終助詞の次元とイントネーションの次元の陳述性を問題にしているのではあるが、三上章のいう、日本文における根本的な「係り受け」のメカニズムに対応したものではない。その証拠に、時枝は、現象文（格助詞の「が」を持つ文）と提題文の区別を飛ばして零記号の陳述ついて語ることができたのである。私にいわせれば、時枝は、零記号の陳述に依拠することによって、提題文と格助詞文の弁別を飛ばした議論を展開するという「めくらまし」の手法を編み出したに過ぎない。しかし、日本語の陳述の根幹は、提題文における「用言」の終止形の次元に存するのであって、零記号（終助詞とイントネーション）の次元にあるものは、陳述の「形式」に関わるものに過ぎないのであり、陳述の実質に関わるものではない。時枝の零記号は、実は、零記号を外した文の陳述に何も加えていないのである。その意味では、零記号は、陳述零の記号であるといえる。陳述が問題なのではなく、構文論上の陳述形が問題であるに過ぎないのである。

最後に、もう一点加えておきたい。柄谷行人は、「文字論」の中で、時枝誠記の零記号と西田幾多郎の「無の場所」を繋げる視点を提示しているが[8]、私の見方は違う。私の意見では、零記号と「無の場所」とは無関係である。まず、柄谷の見方に対して、私は、西田の場所論が「てにをは」と関わるのは以下の二点以外にはないという見方に立っている。第一に、「てにをは」の「は」である。第二に、「てにをは」の中の格助詞の一つである「で」である。本書の7章「西田幾多郎の場所論と構文論」の中で私の見方は述べておいたが、西田の場所論における核心部には以下の二点がある。これら二点は、いずれも、日本語構文の陳述に係るものである。一つは、提題の「は」の次元である。もう一つは、格助詞の「で」の次元である。このように、西田の場所論は、「てにをは」一般に関わるのではなく、「は」と「で」という限定された「てにをは」に関わるものである。私の西田論の要は、現代日本語の「で」が喚起させる空間表象（「円」の形象）を西田がどのように押さえたかという一点にある。柄谷行人の画期的な論考である「文字論」との関係でいえば、西田の「で」という語詞（格助辞）は、漢文の前置詞の「於」

に深く結びついており、実は、西田においては、「で」は、「にて」(「……に於いて」)という表現によって押さえられている。柄谷は、「てにをは」と時枝の「零記号」を繋げて、西田の「無の場所」を押さえようとしているが、抽象論であることを免れていない。「無の場所」について厳密に語る方法はあるのである。本書で、私は、西田の場所論が日本語の陳述論に直結していることを指摘した。西田は、日本語の陳述を、「包摂」という概念あるいは「無の場所」という概念を使って語った。しかし、どちらも格助詞の「で」の喚起させる「円」の形象に結びつけて語られているのである。後日述べてみるつもりであるが、西田における「円周なき円」による包摂、包摂の最終審級は、実は、三上章のいう「虚勢的係り」の陳述の審級に近似しているのである。

ところで、「日本語とコプラ」というテーマは、実をいえば、日本思想と日本語の関係を押さえるための極めて重要なポイントに関わるものである。ここには一種の逆説的な事態がある。なぜなら、日本語とヨーロッパ諸語の間の最大の非対称としてコプラの有無について語ることによって本質的なことが解決済みであると考えられるからである。ところが、現実的には、日本語が、《ヨーロッパ諸語のようにコプラを有する言語ではない》といったからといって、何の解も与えたことにはならないのである。

佐久間鼎は「日本語とコプラ」のテーマを徹底的に考えた。にもかかわらず、佐久間がこのテーマに解を与えたとは言い難い。私は、三上章と西田幾多郎を合体させることによって一つの解が得られると考えているが、この二人を離れても、一つの解を提示できると考える。そのことを語ってみたい。

私が作業仮設にするのは、日本語の「あり」は、動詞というよりも、形容詞に近い語詞であるということである。私の知る限り、「あり」について最も刺激的な見方を提示しているものに、藤井貞和の「アリの助動辞-圏」[9]がある。ただし、私は次の一点で藤井の見方に与しない。藤井はいう、「だいじなこととしては、現代語の重要な助動辞「である」(や「だ」)が、「にてある」「であ(る)」「ぢや」などを経て、ついにこんにちに大いにおこなわれていることで(「である-文」「だ-文」の成立)、アリの〝助動辞〟性を引き継ぐ在り方だろう。英語でto beのbeが「存在する」という動詞であるとともに、いわゆるbe動詞(〜である)＝copula(つなぎ)でもあることとおなじ成り立ちだ」[10]、と。

藤井に対しては、伝統的日本語の「あり」(現代日本語の「ある」はなおさらだが)は形容詞であるという見方に立つ。中国語には、もともと、「存在」という概念はなかった。西洋形而上学の影響下で、中国語式に、「ある」に「有」という漢字を当てて存在について語ってきたのだが(ところで、「存在」という語はもともと和製漢語である)、やむをえない策に過ぎなかった。私は、鈴木朖に帰る形で、「ある」を形容詞であると見なす立場に回帰すべきであると考える。そして、そうすることによってのみ、「ある」を「コプラ」から切断し得ると考える。そして、「あり」は、動詞としてではなく、あくまでも助動辞として機能してきた語詞であると見なす。

ハイデガーに対しては、ハイデガーが「ある」を動詞と見なしたのは、コプラ文(「である」文)をモデルに考えたからであるといいたい。ただし、ハイデガーが、自らそのことに苛立ち、『形而上学の根本諸概念』の中で、「である」に当たるものとしてのコプラ表現を、「として」[11]で置き換えようとしたことに注目したい。いってみれば、コプラ表現の「甲は乙デアル」を、「甲を乙トシテ見る」で置き換えようとしたのである。それを、ハイデガーが、アリストテレスの命題文（コプラ文）のギリシア語的拘束から身を引き離そうとしたからであると受け止めたい。ここで私が是非とも想起させたいのは、西田幾多郎が、アリストテレスのコプラ文の呪縛から身を引き離すのに、「甲は乙デアル」を「甲は乙デナケレバナラヌ」で置き換えようとしたことである。

ここに、私は、ドイツ人のハイデガーによるコプラ文の呪縛からの解放の意思、日本人の西田によるコプラ文の呪縛からの解放の意思を読み取りたい。ハイデガーも西田も、ともに、西洋形而上学（存在論）から抜け出そうとしたのである。私のコプラ論は、来るべき日本思想を語るために、どうしても通過しなければならない関門としてある。

【注】

1 金谷武洋は、「日本語の基本文は三つ」といっているが（金谷武洋『日本語文法の謎を解く』ちくま新書、2003年、31頁）、私は、『(あ)名詞文：名詞—だ。「好きだ」』(31頁) に見られるように、金谷が「名詞文」と「形容動詞文」の二つを共に「名詞文」と見なしているのに対して、「名詞文」と「形容動詞文」の弁別を考慮する立場に立っている。

2 佐久間鼎『日本語の言語理論』恒星社厚生閣、1959年、72頁。

3 本居宣長は、『詞の玉緒』の中の「三転証歌」において、終止形で結ぶ係り結びについて語っているが、終止形で結ぶ場合の「係り」として「は・も・徒」があるとしている。三上章が日本語構文論の要としてこのことに注目した。三上は宣長の「は・も・徒」という係りを持つ係り結びの形式を「去勢的係り」という概念によって極限まで押し進めることによって日本語構文論の骨子を築いたのである。私は、この点で三上の着眼が天才的であったと考えるが、柄谷行人の画期的な論考である「文字論」(『〈戦前〉の思考』講談社学術文庫、2001年)を参照することで、「は・も・徒」の起源について考えてみたいと思っている。柄谷の文字論の観点の導入によって、これまでの「詞と辞」の文法論を刷新させる可能性を秘めた鉱脈があると感じるからである。

4 佐久間鼎『日本語の言語理論』前掲書、147頁。

5 時枝誠記『日本語文法・口語篇』岩波全書、1978年、155頁。

6 藤井貞和『日本語と時間』岩波新書、2010年、183頁。藤井の次の指摘は見事である。「言文一致の時代がやって来て、『源氏物語』などの古典の現代語訳では、もっともっと恐ろしいことが起きた。「き」が「た」になり、「けり」が「た」になり、「ぬ」が「た」になり、「つ」が「た」になり、「たり」が「た」になり、「り」が「た」になり、それだけではない、「き」でもなく「けり」でもなく「ぬ」でもなく「つ」でもなく「たり」でもなく「り」でもない、非過去で投げ出されている裸の文末までもが「た」になった。」(同前、222頁)。藤井が、「『源氏物語』などの古典」が、現在形主導の世界であったのが、言文一致によって、過去形主導の世界に変容したことを以上のように表現した時に、藤井は、おそらく、次のことを考えていただろう。つまり、言文一致という事件(革命)において起きたこと、それは、日本語のテンスの世界が、かつては助動辞によって担われていたメカニズムが、「た」という助動辞の役割の極端な肥大によって、それと併行する形で、助動辞によってではなく、動詞形によって担われるようになった、ということを。私見によれば、このことを確認することを通すことによってのみ、言文一致以後の日本語の現在テンス形が「ている形」だけによって担われることになったことを説明できるのである。

7 ただし、「ている形」は現在テンス形とパーフェクト形を兼務することはいっておかねばならない(浅利誠『非対称の文法』文化科学高等研究院出版局、2017年、82頁参照)。

8 柄谷行人『〈戦前〉の思考』講談社学術文庫、2001年、161頁。

9 藤井貞和『日本文法体系』ちくま新書、2016年、35頁。

10 同上、39頁。

11 ハイデガー全集 第29/30巻『形而上学の根本諸問題』創文社、1998年、514頁。

1章

日本語とコプラ

Esquisse pour les principes sur la théorie de la structure de phrase
iichiko intercultural Winter 2021,no.149

序

ラングについて語るのに、外部の視座に立つことは難しい。ラングへの問いは必然的に母語としてのラングを通してなされざるをえないからだ。これが普遍性に至るために乗り越えないといけない大きなハードルとなる。まず、母語というものがどういうものであるかをあらかじめ押さえておかないといけない。文法を相手にするときには特にそうである。デカルト的懐疑を向けるべき相手として母語の文法を問う姿勢がある。母語に対する思い込み(素朴な信憑、フッサールのいう自然的態度)をエポケーさせる必要があるからだ。しかし、現象学的エポケー(自然な思い込みをカッコに入れること)以前に考えておかないといけないものもある。それが母語に対する距離化である。たとえばフッサールが現象学的エポケーを試みる時でさえ、彼はそれを母語で行っているのだから。母語に対するデカルトト的懐疑の実践はかくも難しい。

私には、範とすべき先人が二人いる。デカルトとマルクスである。デカルトは共同体と共同体の間に立って考える必要を説いた。それは、いってみれば沙漠に身を置くことである。沙漠という代わりに、共同体の果てる空間、つまり社会空間と言い換えることもできる。マルクスは『資本論』の冒頭で、商品について語っているが、商品を交換という視点から論じている。そして、この交換は、共同体と共同体の間においてなされるという。《商品交換は、共同体の終わるところに、すなわち、共同体が他の共同体または他の共同体の成員と接触する点に始まる》(1)。共通のコードを共有しない不気味な他者との出会いの空間で交換がなされるという意味では商品の交換と言語の交換は似ている。ここで気づくのは、デカルトとマルクスには著しいアナロジーがあるということだ。両者が共に方法論的懐疑の姿勢を自らの根本的構えにしたという点で似ている。私は、デカルトにならって、母語の文法に距離をとることを自分に課したいと思う。具体的には、母語に対して超越論的であるために、日本語(私の母語)とフランス語(私の第一外国語)との間に身を置くことにする。言い換えれば、二言語の間に、つまり日本語をフランス語から眺め、フランス語を日本語から眺める視座に立つことにする。その際、二重の作業が求められる。対称性を確認する作業と非対称性を確認するという二重の作業である。ただし、効率を考えて、私は、もちろん、主に非対称性に着目する。私の基本的な立ち位置は、日本語とフランス語の比較を、非対称性に注目することによって、できるだけ厳密に且つ具体的に行うことである。この点では、私の立場は一貫している。『日本語と日本思想』(2)以来、すくなくとも『非対称の文法』(3)以来一貫している。

フランス語と日本語の比較文法論という枠において両言語の非対称性を問うという作業においては、むろん、無数のことが要求される。そこで考察の対象を絞らないわけにいかない。非対称の目録を、あらかじめ、提示することから始めてもいいのだが、さしあたり、私がもっとも根本的とみなす非対称に的を絞って語り始めることにする。その中でも最大のものが〝コプラの有無〟である。ところで、ここで、次のことを真っ先にいっておきたい。私は、山本哲士の基本的な構えを念頭において本連載にとりかかる。山本は、日本語を、西欧の主語制言語に対して、述語制言語として押さえるという大胆な斬り込みで日本語論を展開しているが、私は山本のアプローチを一つの重要な導きの糸にしている。ただし、山本に対して、以下の点で異なるということはいっておきたい。西欧語と日本語の間の対称性と非対称性を同時に問うという構えにおいて私は山本に近いといえるにしても、私の場合は、視点をあくまでも比較文法論の枠に限定する立場を守っている。その上で、最大の非対称を、コプラを持つラングであるフランス語とコプラを持たないラングである日本語の間における非対称という一点に的を絞って語る立場を選択している。それに加えて、私は、あくまでも、現代フランス語と現代日本語の比較を試みる。簡単にいえば、共時態における両言語の比較を根底にすえるという立場をとるということである。私には、西欧語と日本語の比較というような大きな枠で省察を進めるだけの力がない。英語、ドイツ語についてたしょうは語ることになるが、根本的には、あくまでも、自分に馴染みのある二言語、日本語とフランス語の比較に限ることになる。

導きの糸

『善悪の彼岸』の中に、ニーチェが、〝特定の文法的機能の呪縛〟つまり〝同様な文法の機能による無意識的な支配と指導〟について語っている一節があるので引用する。

《一切のインド、ギリシア、ドイツの哲学の不思議なまでの家族的類縁性は、いたって簡単に説明できる。ほかでもなく、言語の類縁性が存在するところ、文法の共通な哲学によって――換言すれば、同様な文法の機能による無意識的な支配と指導によって――、あらかじめすでに一切が哲学的体系の同種の展開と配列をもたらすように整えられているということは、到底さけがたいところなのだ》(4)。

このニーチェの観点を考慮するような形で、時枝誠記は、『国語学原論』において、言語類型論の観点から、屈折語の一つである英語と膠着語の一つである日本語の非対称を、前者を〝天秤型〟、後者を〝入子型〟あるいは〝風呂敷型〟(5)という類型の下に提示している。この時枝による英語と日本語の間に見られる非対称を、ニーチェにならって印欧語とウラル・アルタイ言語の対比というもっと大きい枠の中に位置づける視点から語ろうとしたものに柄谷行人の考察があるが、この柄谷の考察は、比較文法論の枠の中で日・仏両言語間の非対称を検証することを目標に掲げる本連載のための貴重な導きの糸になってくれるものである。

柄谷は、印欧語とウラル・アルタイ言語の間の非対称に与えたニーチェの視点と、屈折語（西欧語）と膠着語（日本語）の間の非対称に与えた時枝の視点を重ねて、具体的な論点を提示している。柄谷が注目しているのは次の一点である。つまり、〝be動詞〟をもつラング（英語）と〝be動詞〟をもたないラング（日本語）との間にある巨大な非対称である。時枝は、文の〝統一形式〟の非対称に着目して、前者を〝天秤型統一形式〟のラング、後者を〝入子型統一形式〟のラング、あるいは〝風呂敷型統一形式〟のラングと呼んでいる。ごく簡単にいえば、前者は、詞A（主語としての名詞）と詞B（述語としての実詞）がコプラ（繋辞）としてのbe動詞によって、ちょうど天秤の二つの皿がコプラ（be動詞）によって支えられるという文の類型としてとらえられている。これが英語のケースである。柄谷は、時枝が挙げている例文をモデルにして、以下の枢要な法則を引き出している。つまり、≪The dog runs（犬が走る）≫という動詞文が≪The dog is running（犬が走っている）≫に変形可能である(6)という準法則を引き出している。つまり、動詞文「犬が走る」が「名詞・コプラ・実詞」文であるところの、現代英語における、「現在テンス形＝現在進行形」(7)としての「犬が走っている」に変形可能であるという準法則を引き出している。柄谷が注目するのは、この種の変形あるいは転換が、ほとんど法則化を許すような形で、可能であるという一点に、である。これは熟考するに値する着眼であり、私にとって貴重な導きの糸になってくれるものである。ただし、文法論としての省察をさらに先に進めるとなると、それほど楽ではない。この点に関しては次章で検討することにして、とりあえず、柄谷が注目している時枝の文法論に話を戻す。繰り返しいうが、時枝は、英語における文の統一形式を〝天秤形〟と呼んでいるのに対して、日本語における文の統一形式を〝入子型〟あるいは〝風呂敷型〟と呼んで、非対称を明快に際立たせている。時枝の言語類型論的視点については次章で検討することにして、とりあえず先を続ける。

柄谷も時枝も、英語（ヨーロッパ語）と日本語の根本的な非対称として、be動詞の有無をとりあげている。これは私がコプラについて考えるための導きの糸になるものである。しかし、ここであらかじめ、以下のことはいっておこう。この〝be動詞〟の有無という非対称は、文法の問題として語りうるというような小さな非対称ではない。西欧の形而上学、あるいはプラトン、アリストテレス以来の存在論の歴史に関わる巨大な非対称である。したがって、この非対称について語るためには、本書の全体をもってするというぐらいの覚悟が要る。とりあえずそのことだけはいっておきたい。

さて、ここでハイデガーの「存在論」について少しだけ語っておこう。『存在と時間』(1927)から『形而上学の根本諸概念』(1930)を通って『形而上学入門』(1935)にいたるまで、ハイデガーは一貫してコプラの問題に取り組んだ。西洋形而上学がその核心部にコプラの問題を抱えていたからである。その意味で、ハイデガーが一つの導きの糸になることは確かなのだが、にもかかわらず、ハイデガーを通して考えることには大きな異和の感覚が伴うといわざるをえない。簡潔にハイデガーに対する疑問を提起しておきたい。日本語で思考する日本人は、ハイデガーに追随する理由があるのだろうか？　ハイデガーが「存在の問い」として立てた事柄を、存在論とは別の仕方で問いうるのではないか？　形而上学の問いをアリストテレス以来の言語論理学（形式論理学）をモデルに「存在の問い」として立ててきた西洋形而上学の歴史そのものの土台となっているコプラ動詞中心主義、そのことをハイデガー自身が絶えず意識していたはずである。彼の「存在の問い」は、おそらく、コプラ動詞中心主義と不可分な関係にあるものである。日本語を通して考えたら奇妙なものに思えるもの、異和の感覚を掻き立てずにおかないものに出会うことは避けがたいだろう。厳密な吟味はハイデガーの原書であるドイツ語の本を使って行わないといけないが、とりいそぎここでは日本語訳を使う。『存在と時間』の次の一節を引用する。

《「存在」は自明の概念である、と思われている。なにを認識し、なにを言明するにしても、存在者にむかってどのようにふるまい、また自己自身にどのように関わり合うにしても、そのすべてにおいて「存在」という言葉がなんらかの仕方で用いられており、そしてこの言葉はそこで「わけもなく」了解されている。「空が青い(青くある)」、「わたしは嬉しい(嬉しくある)」というようなことを聞いて、だれにでもその「ある」がわかる。》(8)

ここに出ている例文に、もう一つ加えておこう。「この黒板は黒い(Diese Tafel ist schwarz)」(9)を。これら三つの文を次のように図示する。

ハイデガーは、これらの形容詞文を(日本語訳の次元でいってのことではあるが)すべて「ある」を含む文に変換している。そうする根拠を、たとえば、次のように語っている。ハイデガーが〝形而上学の根本の問い〟と見なしているものは、周知のように、《なぜ一体、存在者があるのか、そして、むしろ

空が青い	空が青くある
私は嬉しい	私は嬉しくある
この黒板は黒い	この黒板は黒くある

無があるのではないのか?》であるが、ハイデガーはこの問いについてこう説明している。《この問いが及ぶ領域は最も広範である。この問いはどんな種類の存在者に達しても停止することがない。この問いはすべての存在者を、すなわち最も広い意味で現在眼の前に既にあるもののみならず、かつて存在したものおよび将来存在するはずのものをも包括する。この問いの領域の限界をなすのは、端的にいかなる場合にも決して存在しないもの、つまり無だけである。無でないものはすべてこの問いに含み込まれる。しまいには無そのものさえ含みこまれる。ただしそれは、われわれはとにかく無について話すのだから、無もまた或るものであり、一つの存在者であるというような理由からではなく、無は無で「ある」からである》(10)。

おそらくハイデガーは、上記の三つの形容詞文についても同じような説明を与えるだろう。つまり、なぜこれら三つの形容詞文が「存在の問い」の中に包含されるかといえば、図の右側の存在文(あるいはコプラ文)に変換できるからである、とハイデガーはいうだろう。ようするにドイツ語の《sein》、英語の《be》という動詞がコプラの機能を果たしている文(いってみれば、存在文、あるいはコプラ文)に変換できるからである、というだろう。

「存在の問い」の巨匠ハイデガーということで、彼の挙げている三つの文の特異性になかなか疑念の眼差しが向かわないのかもしれないが、異和の感覚は避けがたい。なぜなら、最初の引用の末尾の《「空が青い(青くある)」、「わたしは嬉しい(嬉しくある)」というようなことを聞いて、だれにでもその「ある」がわかる》というハイデガーの意見は、ドイツ人に発せられたものであれば通るだろうが、日本人にはピンとこないものである。日本語文法の観点からこれらの三文を眺めたら、すぐに以下の三点に気づく。第一に、左欄の文はすべて形容詞文である。第二に、最初の文「空が青い」は、格助辞「が」を持つ文であり、他の二つの文とは文法論的に見て異質なものである。「空が青い」は、一般に現象文(より具体的には自然描写文)と呼ばれるものであるが、これは、「空は青い」「黒板は黒い」がそのままでも判断文と見なしうるのに対して、判断文ではありえない文である。第三に、日本語の「イ形容詞」(「ナ形容詞」に対して用いられる呼称)による形容詞文とドイツ語の形容詞文との間の非対称が完全に無視されている。日本語の「青い」「嬉しい」「黒い」は、ドイツ語の形容詞に比べて、徹底的に非対称的である。最大の非対称に限っていえば、日本語の「イ形容詞」は、それだけで(つまり、他の語の助けを必要としないで)賓辞をなすことができる。したがって、「私は嬉しい」は命題文あるいは判断文と見なしうるのである。それとは対照的に、ドイツ語の形容詞は、命題文あるいは判断文になるためには動詞《sein》を必要とするのである。文法論的に見てこの非対称は無視し得ない。この点に関しては佐久間鼎が的確な指摘をしているので、引用しておく。《形容詞に存在の意味が含まれているというような解釈は、ヨーロッパ的語法の見地からのもので、少くとも日本語については当たらない》(11)。

ここで以下のような単純な問いを発してみよう。日本人のわれわれは、上で見た三つの文をハイデガーがそうしているような仕方で受け取らねばならないのだろうか？　私はそれを疑う。理由を述べる。佐久間鼎が指摘しているように、日本語の表現である「空は青い」「黒板は黒い」において、形容詞は「コープラを介することなく、述語として立つ」(12)のである。つまり、コプラ動詞の介入を必要とせずに命題形（判断文形）として国際的に通用しうるのである。こういってよければ、「黒板は黒い」を「黒板は黒くある」と言い換えられるというのは、ギリシャ語とドイツ語を特権視するハイデガーのローカルな視点であるという言い方は可能なのである。すくなくとも、ニーチェ以前的であるという言い方は可能であろう。たとえば、日本人は、「この黒板は黒い」は「この黒板は黒い」という形容詞文と見なすのであり、「黒板は黒くある」というふうには受け止めない。ハイデガーに対して、佐久間は、たとえば、次のような見方を対置させるであろう。《〃形式論理学は言語にもとづいている〃といったセイス（A. H. Sayce）の主張は当時としてはもっともなところがあるでしょう。その言語とは、端的にいえば古代ギリシャ語以来のその系統のものですし、〃もしアリストテレスがギリシャに生まれたのでなかったなら、論理学はまったくべつのものだっただろう〃という言明は、いっそう適切な評言として受けとられるはずです》(13)。

次に柄谷行人の指摘を参照することにする。柄谷は以下のような主旨のことをいっている。印欧語に対する日本語の顕著な特異性（非対称性）、それは、日本語にはコプラが欠けているというよりも、そもそもコプラをコプラとして存立させるものとしての、あるいはコプラの可能性の条件としての〃be 動詞〃がないというべきである、と。さらに柄谷はこう続ける。『善悪の彼岸』の表現に若干の訂正を加えた上で、ニーチェのいう〝ウラル＝アルタイ語〟である《中国語のような孤立語や日本語のような膠着語》には、《文法的なsubjectが欠けているのではなく、そのような主語―述語の分割(判断)を可能にする〝be〟が欠けているのである。膠着語や孤立語から見ると、インド＝ヨーロッパ語の文法において特徴的なのは、主語ではなく、主語と述語を分割し且つつなぐ繋辞としてのbeである》(14)、と。

ここで一つの疑問が持ち上がる。つまり、ハイデガー的「存在の問い」とは、コプラを持つ言語(たとえばハイデガーの母語)が可能にさせた形而上学的問いなのであり、コプラをもたない日本語の与り知らぬ問いであるというべきではないのか？という疑問が。

さて、ここで、私が本書で再考することを目標にしたコプラ論についての、現在までの時点で抱いている基本的な見解を簡略に提示しておきたい。詳しくは、『非対称の文法』の第6章「佐久間鼎の「切断」あるいは文法論の定礎」(15)および『文化資本研究1』に掲載されている「日本文法のゆくえ」(16)にあたっていただくことにして、ここでは簡略に私の基本的な見解を述べるにとどめる。

私の見るところでは、日本語文法論の枠の中で、コプラの問題を厳密に位置づけた先駆者は佐久間鼎である。私は、上記の「日本文法のゆくえ」の中でこう述べた。

「佐久間が向かった先は、日本語における「存在表現」を通して、ヨーロッパ言語の「存在表現」との非対称性を明らかにすることであった。佐久間にとって日本文法内の最大の遺産は山田孝雄の文法論であった。山田が、陳述、存在詞、指定の助動詞(日本語におけるコプラに当たるものとみなされた）という概念を駆使してコプラの問題系を文法論の中に位置づけたのを受けて、それに修正をほどこす視点を打ち出したのである。佐久間の高弟の三上もまた師を受けて、メイエ、ヴァンドリエスによる「名詞文」「動詞文」の省察に「存在文」を加えた形の三元の省察によって佐久間に合流しようとしたのである。しかし、三上以前に佐久間が徹底的な形で「存在文」と「コプラ文」との間にある非対称の問題を追求していたのである。これについては拙著『非対称の文法』第8章で詳述した」(17)。

佐久間鼎は、日本語文法の特質を問うための重要なポイントとしての位置に、実は、コプラの問題を置いていたのであり、コプラの有無というヨーロッパの言語と日本語との間にある非対称を通して、日本語の本質に迫る構えをとっていたのである。しかも、この構えは、佐久間の揺るぎない自信に裏打ちされたものでもあったのである。これを私は佐久間鼎のもたらした「切断」と呼んでいるのだが、この切断をもって、日本語文法論は、決定的な形で、ヨーロッパ言語の文法論に対するコンプレクスという長年の呪縛から解放されたと私は見なしている。それまでの「折衷文法」から日本語文法を解放させた画期的な一歩だったというのが私の見立てである。そして、私の見るところ、この画期的な一歩は、ヨーロッパ言語と日本語との間に存する「コプラの有無」という非対称をめぐる省察としての一歩であったのである。

本書で扱うテーマ

私は、佐久間鼎を受けて、日・仏両言語間の非対称をコプラの有無という一点から語る。しかし、あらかじめいっておくべきことがある。コプラをめぐる非対称を検証するためには、いうまでもなく、実に多くのハードルをクリヤーしなければならない。たとえば、西欧文法論におけるコプラ（繋辞）の定義を押さえるという作業が求められる。現時点での私の知識の範囲内でいわせていただくが、統一見解というようなものが提示されているようには思えない。しかし、私としては、国際的コンセンサスのようなものはあまり気にせずに、あくまでも日本語とフランス語の間にある際立った非対称に焦点を当てて、なるべく具体的な言説を生み出すことに努めたい。簡単にいえば、私は、先入観を振り切って自分で確認できたものだけを頼りに意見を述べるというデカルト的懐疑の実践に徹したいのである。自分の守備範囲という狭い枠の中においてではあっても、あくまでも実験で検証していくような歩みを目指しているということなのである。

あらかじめいっておくべきこととして、次のこともある。私には、これからたどられることになる歩みが鮮明に見えているわけではない。ただし、何をテーマとして掲げるべきであるかということに関してはある程度の目安はついている。しかし、それらをどのような順序でどのように配置させるかということになると、はなはだこころもとない。手引きになってくれそうな先人の仕事も限られている。それればかりか、助けになるよりも乗り越えないといけない障害になるものの方がはるかに多いように思えるというのが正直な気持ちなのだ。

さて、ここで、私が推測しているハードルについて簡略に述べる。二〇ほどある中からとりあえず、以下の四つのハードルを取り上げることから始める。第一が、「主語・述語」関係の有無。第二が、コプラ文の有無、第三が、be 動詞の有無、第四が、「係り・受け」構造の有無。最初の三つは、ヨーロッパ語に対する日本語の視点からとらえられており、第四のハードルだけは、逆に、日本語に対するヨーロッパ語という視点からとらえるというアプローチになる。1章では、以上の四つのハードルの概略を素描するにとどめる。

(一)「主語・述語関係」の有無

日本語文法は、核心部に、次の非対称の問題を抱え持っている。その非対称とは、(1)「主語・述語」を持つ言語、(2)「主語・述語」を持たない言語、この両者の間の非対称である。

日本語文法史において注目すべき先駆者はかなりの数にのぼる。たとえば、本居宣長から数えたとしても、多くの優れた先人がいる。それをトータルに語るのは大変な作業になるはずだが、むろん、私にはそれをする能力もなければ知識もない。(日本語文法史に関しては山本哲士の該博な仕事にあたっていただくのがいいだろう)。しかし、日本語とフランス語の比較文法論という視点に立つと、見方は大きく変わる。範とすべき理論家の数が限られてくるように思えるのである。しかも、非対称に焦点を絞るという枠を設けた場合には、手引きになるものがますます限られるといいたい。

山田孝雄、松下大三郎を含めて、日本語文法の歴史の中で、「主語」という文法用語が使われているが、あらかじめ私の立場を表明しておく。私は、山本哲士同様に、「日本語には主語がない」ということを基本前提にしている。したがって、私は、論理的な必然として、ここでもまた山本と同様に、「日本語にはコプラはない」という立場に立っている。このコプラの有無という非対称に関しては、「主・述関係」があるということ、「主・述関係」がないこと、この二つを検討することが第一ハードルとされる。この第一ハードルにおける最初の山場(難問)として、山田孝雄の「述格」、時枝誠記の「述語格」、松下大三郎の「格論」を批判的に検討する。

日本語には主語がない。こういうとあまりにも漠然とした言い方に聞こえるだろう。次のように言い換えたらすこし実感がわくだろうと思う。膠着語である日本語には、屈折語であるフランス語、英語、ドイツ語と違って、主語がない、というふうに言い換えたら。非対称の文法という観点からいって極めて重要な一点として強調しておきたいが、膠着語である日本語には、屈折語がかかえている《格変化を強いる》ものとしての主語がないのである。ところが、日本の口語文法の歴史を通覧して驚かされるのだが、この点が、実は、等閑視されてきたように思えてしかたない。この点については次章で語るが、いくつかの極めて重要なテーマに関わる一点であるということだけは予告しておきたい。口語日本語文法論の草分け的存在である山田、松下、時枝といった人たちの「陳述」についての見解にいささか問題があるとすれば、その大きな原因の一つは、おそらく、彼らにおける「格」という概念そのものの理解が怪しいものだからだ。いずれにしても「陳述」と「格」の問題は不可分な形で結びついている。したがって、片方についての理解が怪しい場合にはもう片方の理解も怪しいものにならざるをえない。この点を検証することが次章の大きな目標の一つとなる。

あらかじめいっておけば、上記の三人の先駆者は、ヨーロッパ語をモデルに日本語文法を考えている。むろん、そのことをもって彼らを批判することは控えるべきだろう。現在の目で彼らの粗探しをするのはフェアーではないからである。ただし、これら三者が現在もなお与え続けている影響力は無視できるようなものではない。私としては、彼らに最大限の敬意を表しながらも、現時点での評定とでもいうべき立場から、問題点を拾い上げておきたいと思う。非対称を問う文法論の立場からすれば、通時的に見て、一つの切断を認めることは可能だろう。ごく大雑把な見方をすれば、「日本語に主語はない」という立場をとった佐久間鼎、三上章以前と以後という切断を認めうると私は考える。佐久間鼎、三上章以前の代表者として、私は山田、松下、時枝を取り上げることにする。これら三者は、「主語」という用語を使っている。そのことがどこにおいて顕在化しているかというと、山田の「述格」、時枝の「述語格」、松下の「名詞格」、「動詞格」においてである。私にいわせれば、彼らは主語制言語であるヨーロッパ語の文法をモデルに日本語文法を語っているのである。それは、一言で言い切ったら、「格変化」システムを持つ屈折語をモデルにしているということである。ところが、膠着語である日本語には、格変化なるものは存在しない。端的に言い切ることにするが、日本語文法は、「述語格」、「述格」、「名詞格」、「動詞格」を必要としないのである。この点の吟味が次章の大きな目標の一つとなる。

(二) コプラ文の有無

日本語にはコプラはない。したがって、コプラ文なるものもない。ただし、コプラもどき、コプラ文もどきはある。このコプラ文もどきを和製コプラ文と呼んでおく。例は無数にある。もっとも有名な和製コプラ文は、おそらく、「僕はウナギだ」であろう。

ところで、「僕はウナギだ」は擬似コプラ文、あるいは和製コプラ文である。これをいわゆるコプラ文とみなすのは馬鹿げている。なぜなら、日本語にはコプラがないからである。したがって、日本語にはコプラ文がないという言い方は、実は、トートロジーなのである。したがって、日本語にはコプラ文はないといったからといって、何も解決したことにはならない。「僕はウナギだ」がなぜコプラ文でないのかという問いに対する解を与えたことにならないからである。本書の一章分をその「解」の提示に当てることにする。これが3章の目標である。「解」を与えるのは相当に厄介である。ここでは以下のことのみいっておく。

「僕はウナギだ」が日本語として奇妙でないものとして受け止められる場合と奇妙なものとして受け止められる場合とがある。前者の場合は、たとえば、童話に出てくる文を想像してもらえばいい。これは、一種の「ごっこ遊び」の文である。たとえば、「僕は、（今日は）細長くヌルヌルしたウナギなの」に当たる文である。これはコプラ文である。「ごっこ遊び」の場合には、コプラを持たない日本語の場合にも、国際標準的コプラ文が、不自然ではなく、成立する。それ以外の場合には、和製コプラ文

（擬似コプラ文、コプラ文もどき）である。

和製コプラ文についてはこれまでかなり語られてきた。しかし、私の知る限り、日本語にはコプラ文がないこと、コプラ文もどきしかないこと、そのことを明快に語って見せたのは三上章ただ一人である。おそらく三上が肝心なことを語り尽くしているだろう。それについては3章で語る。

(三) 〝be動詞〟の有無

日本語文法論においても日本語論においても、もっとも無惨な錯誤（誤認）として、「ある」と「いる」という語（語詞）の定義がある。前者の代表が金田一春彦であり、後者の代表が和辻哲郎である。迷妄を見事に脱して見識を示したのが佐久間鼎である。三上章に関しては私の意見は割れる。素晴らしい面と怪しい面が同居していると思えるからである。

この非対称については4章で語る。連載の一回分で語り切れるという自信はない。あまりにも巨大なテーマだからである。でも、ともかくやってみることにする。とりあえず、扱うべきポイントだけを列挙してみる。

第一に、三上は名詞文と動詞文に加えて、「存在文」を設けて日本語を語るという提案をしている。《名詞文、動詞文以外に、その中間に存在文を設けるのは、次の理由による。

〝アル〟は全く動きのない消極的な動詞である。もっと消極的になってコプラになってしまう場合もある。日本語の古活用はラ変〝アリ〟で特異である。山田孝雄はこれを動詞とは別な存在詞としたくらいである》[18]。

第二に、鈴木朖、さらには松下大三郎以来の難問がある。動詞と形容詞の境界画定という難問である。これだけで一冊の本を書くことも可能であると思えるほど巨大なテーマである。ここで二つのことを想起するだけでそのことをいくぶんかは想像していただけるだろう。金田一春彦の踏み外し、和辻哲郎の踏み外しの二つを。前者に関しては、金田一の日本語動詞のアスペクト論の破綻の根本原因を想起すれば足りる。金田一は、形容詞のテイル形を動詞のテイル形の中に組み込んでしまったのである。彼が、挙げている例文である「この道は曲がっている」「山が後に聳えている」「秀吉の顔は猿に似ている」[19]の中のテイル形は、すべて形容詞のテイル形であり、動詞のテイル形ではない。この金田一の踏み外しの原因は、実は、金田一が、「ある」の品詞を間違えたことと関連した踏み外しであると私は考える。この点は、3章で詳しく語る。もう一つの踏み外しの例として、和辻哲郎の日本語論についてもほぼ同じことがいる。和辻の場合[20]は、「である」と「にある」を共に日本語の存在表現の二形とみなすという途方もない踏み外しもさることながら、中国語（むしろ漢文というべきだが）の「有」と「在」の区別さえ無視した典型的な〝日本文化論〟を堂々と展開したのである。

㈣「係り・受け」構造の有無

ぶっきらぼうな言い方ではあるが、日本語にコプラがないのは、それが必要ないからだ、と言い切っておく。5章において詳細な検討を試みる予定である。

ここで私の根本的な視点をあらかじめ提示しておく。フランス語のコプラ文は、日本語との比較でいえば、三上章にならっていえば、日本語における「ハの兼務」を抱え持つ構文の一つである。「は」による兼務のないケースを入れていえば、兼務の類型は六つある。フランス語のコプラ文は、この六つの中の一つである。具体的には、一文の中に《ハによるガの兼務》を抱えているケースである。したがって、フランス語のコプラ文は、日本語の中にそれに該当する文を求める場合には、六つのケースの中の一つに該当するという関係になるだろうと推測される。以上の指摘からだけでも、コプラ文に関する日・仏両言語の非対称はそうとうに大きいということが推測されるだろう。

しかし、コプラ文をめぐる非対称よりもはるかに重要な非対称があるということをいっておきたい。この非対称は、実は、フランス語の文構造と日本語の文構造の間の巨大な非対称というように呼べるような構文論レベルの非対称である。コプラを持つ言語であるフランス語は、三上章の言い方を借りれば、本質的に〝主語・述語の二本立て〟構造の言語であり、日本語は、〝述語一本立て〟構造の言語である。後者の構造をとらえる視点として三上が取り出してきたのが〝コンマ越え〟構造と〝ピリオド越え〟構造である。ところで、これら二つは、いずれも、〝係り・受け〟の構造として三上がとらえているものである。ここに日本語の文の根本的な特性があるとされるのだが、この〝係り・受け〟構造という観点から見た場合には、フランス語と日本語の非対称は巨大である。

1章の結び

本書の後半部で、私は、佐久間と三上を大きく取り上げることになると思うが、その理由を述べておく。佐久間、三上の戦いは、二つのバイアスに抗する戦いであった。それが彼らの「来るべき文論」の構想に込められていた戦いの実質だったのである。佐久間鼎の戦いとは、アリストテレスを源流とする言語論理学、アリストテレスを源流とする存在論、この二つがもたらした巨大なバイアスに抗する戦いであった、といえる面が強かったのである。そして、この戦いは、むろん、文法論における「文の類型」論を樹立する際の基礎作業をなすものでもあったのである。この作業を一言で要約したら、以下のようなものである。言語論理学の「判断」形式（命題文形式）は、文の類型の一部に過ぎないが、モデルとしての地位に立たされ、過大評価されてしまった。それを相手に、佐久間は、文法論としての文型の総体を鳥瞰させる図式を打ち出そうとしたのである。このように、佐久間の（また、佐久間に続いた三上の）戦いは、かなり重要な部分を、「言語論理学」と（西洋哲学の）「存在論」のバイアスに抗する戦いに割かれた戦いだったのである。

『日本語の特質』の中で、佐久間は、こういっている。《「雪は白い」も一種の断定と見ることは、もちろん出来ます。しかし、このまゝでは、論理學でいふ判断の形式にはなってゐないのです。形式論理學では、（雲は――「白いもの」だ）という形に引直して、はじめて判断として取扱ふことができるのです。かういふ形にしてしまふと、いふまでもなく、そこに意味の上でくひちがひがおこるわけですが、それを問題にするためには、今日の論理學といふものがあんまり大ざっぱ過ぎるのです。この事は、言葉を論理的に取扱ふといふやうな場合に、よほど注意しなくてはならないところです》[21]。

英文法においては、時枝誠記が〝天秤型〟言語の構造として指摘したように、形容詞あるいは形容動詞（佐久間は、形容詞と形容動詞と合わせて「性状詞」と呼ぶ）の文を、判断形式の文へと変換されるということが起きてしまったのだが、それだけにとどまらず、動詞文にまで適用させてしまったといえる。その結果、《The dog runs》が《The dog is running》、《I think》が《I am thinking》に変換され、そのことに慣れてしまうという滑稽な事態が現実のものになってしまったのであろう。幸いにも、フランス語ではこのような事態にはならなかった。しかし、日本語文法がモデルにしたのはフランス語文法ではなく、英文法であったのだ。ここに金田一学派の不幸があったといえそうである。なぜなら、私の見るところ、金田一学派が「ている形」の定義に失敗した原因の一つが、実は、英語の《be …ing 形》によるバイアスだったにちがいないと思うからである。すくなくとも金田一春彦は、「ている形」を英語の「進行形」と重ねてしまうという踏み外しに陥ったのである。中学生時代、高校生時代に身につけた英語の知識を素朴に自分の判断の基準にしてしまったということであろう。ところが、英文法の進行形は、おそらく、怪物的な存在なのだ。フランス語と比べてみたらそれがある程度実感できるだろう。英語の《John is playing the piano》（ジョンはピアノを弾いている）は、フランス語では問題なく、《John joue le piano》と表現できる。つまり、英語のように《ing 形》のようなものに変える必要がない。ふつうの現在テンス形（直接法現在）を用いるだけのことである。ところで、英語とフランス語の劇的な非対称が、実は、現在テンス形のレヴェルの非対称なのである。その意味では、時枝誠記の言語類型論は大きな限界を抱えているといわねばならない。なぜなら、時枝は現代英語の動詞の現在形をモデルに考えたからである。同じことが柄谷行人についても、かなりの程度、いいうる。

いずれにしろ、英語とフランス語の間にある現在テンスレベルでの非対称は無視できるような軽いものではない。コプラの問題は、この例にみられるように、日本語のテイル形の問題(ただし、誤って理解されたテイル形の問題)にまで関わっているのである。日本語動詞のテイル形は進行形ではない。しかし、この誤認を徹底的な形で正すためには、おそらく、コプラの問題を経由する必要があるだろう。コプラの問題は日本語文法が避けて通ることのできないものであるということは疑いえないのである。

【注】

1　マルクス『資本論(一)』岩波文庫、1969年、158頁。
2　浅利誠『日本語と日本思想―本居宣長・西田幾多郎・三上章・柄谷行人』藤原書店、2008年。
3　浅利誠『非対称の文法―「他者」としての日本語』文化科学高等研究院出版局、2017年。
4　ニーチェ『善悪の彼岸　道徳の系譜』ちくま学芸文庫、1993年、45-46頁。
5　時枝誠記『国語学原論(上)』岩波文庫、2007年、270頁。
6　柄谷行人『マルクスその可能性の中心』講談社学術文庫、1990年、141頁。
7　現在テンス形と現在進行形の関係に関しては本連載で詳しく検討するつもりであるが、『非対称の文法』前掲書、9-11

頁ですこし述べている。
8 ハイデガー『存在と時間（上）』ちくま学芸文庫、1994年、31頁。
9 ハイデガー『形而上学の根本諸概念』（ハイデガー全集 第29/30巻）、創文社、1998年、514頁。この日本語訳では「この黒板は黒である」と訳されているが、統一を考えて、「この黒板は黒い」というふうに改めたことをお断りしておく。『存在と時間』の流儀でハイデガーが書き換えたとしたら、「この黒板は黒くある」という日本語になるはずであり、「この黒板は黒である」とはならないはずである。ハイデガーは、ドイツ語の形容詞を実詞（名詞）の「黒」に変換しているわけではないからである。
10 ハイデガー『形而上学入門』平凡社ライブラリー、1994年、13頁。
11 佐久間鼎『日本語の言語理論』恒星社厚生閣、1959年、154頁。
12 同上、154頁。
13 同上、194頁。
14 柄谷行人『ヒューモアとしての唯物論』講談社学術文庫、1999年、108頁。
15 浅利誠『非対称の文法』前掲書、151-180頁。
16 『文化資本研究1』文化科学高等研究院出版局、2018年、313-325頁。
17 同上、322頁。
18 三上章『文法小論集』くろしお出版、1970年、46頁。
19 金田一春彦編『日本語動詞のアスペクト』麦書房、1976年、45頁。
20 和辻哲郎の日本語論については、拙著『日本語と日本思想』（前掲書）の第6章「和辻哲郎と日本語」で意見を述べた。
21 佐久間鼎『日本語の特質』くろしお出版、1995年、156頁。

2章

「述格」と「陳述」

« Cas prédicatif » et « Prédication »
iichiko intercultural Spring 2021, no.150

はじめに

文法を教えることはできない、文法することを教えることができるだけだ。別の言い方も可能だろう。文法を学ぶことはできない、文法することを学ぶことができるだけだ。デカルトが目の前にいたら、こういうのではないだろうか。私はデカルトの精神で日本語口語文法を考えてみたい。日本語文法について書き始めた時期に金谷武洋の『三上章評伝——主語を殺した男』(1)に出会った時の衝撃を今でも鮮やかに思い出す。それがなぜかくも強烈な衝撃であったのかようやくわかりかけてきた。金谷氏がカナダで(外国人)学生相手に日本語について考えたということが直に伝わってきたからだと思う。母語の文法を考えるためには、一度「共同体」から切れる必要があるということを私は本能的に感じたのだと思う。パリの職場で母語の日本語を教える立場にあった私は、身体感覚として、金谷氏の体験を受け止めたのである。その後、私は、『日本語に主語はいらない』[2]の著者に導かれて日本語について考え続けた。その数年後に、私は第二の衝撃を受けた。山本哲士の「述語制」[3]という語に衝撃を受けたのである。理解できたわけではなかった。ただ、これもまた身体感覚としての衝撃だったのである。爾来、「主語はいらない」と「述語制」という二つの語が私の強迫観念になった。

私のパリの職場[4]では、「主語」という言葉(文法用語)は使われていなかった(今も使われていない)。これは私にとって非常に幸運なことだった。この職場には、佐久間鼎と三上章の文法論の核心部にある伝統(「日本語には主語がない」という理解)が根づいていたのである。この職場の日本語教授法はまさしく現場主義だった。徹底的に帰納的(経験主義的)なものであった。いわばクソ実証主義的なものだった。私はこの職場で訓練されたことを幸運だったと思っている。こういう人間が金谷武洋と山本哲士の日本語論に出会ったのは、たぶん偶然ではなかったのだろう。

ここで、本書の主要目標を、あらかじめ、明示しておく。単純である。日本語には、ヨーロッパの屈折語(フランス語、ドイツ語、英語)でいうところの主語はない。だから、主語という文法用語で日本語文法を語るのは馬鹿げている。ただし、馬鹿げているとはっきりといっている先人は数えるほどしかいない。とりあえず以下の五人を挙げておけば十分だろう。佐久間鼎、三上章、柄谷行人、山本哲士、金谷武洋の五名である。しかし、日本語には「(屈折語でいわれるような)主語」がないというだけでは十分ではない。日本語には、実は、「主格」もないのである(本連載のトピックになるものの一つである)。もちろん「コプラ」もない。それでは、どのようにして日本語文法論を展開できるのか。これがもっとも根底的な問いとなる。

私は、「主語」「主格」のない文法論として日本語文法論を語ることを目標にしている。今から明言しておくが、私の導きの糸は、同時代人としては金谷武洋、山本哲士の二人、先人としては佐久間鼎と三上章の二人である。後者の二人が定礎をすでに設置していると私は考えている。私が試みようと思うのは、金谷武洋と山本哲士の二人に刺激されて、佐久間、三上の文法論を再考することである。ただし、あくまでも実践文法として再考することである。簡単にいえば、フランス語母語話者に向けて日本語口語文法論の導入部をできるだけ具体的に提示することである。

最初の具体的な第一歩として、現行の日本語口語文法論の基礎を築いたと私が見なしている山田孝雄と時枝誠記の錯誤を確認することから始める。この二人が徹底的な踏み外しを方向づけてしまったと考えるからである。この二人をそれだけ巨大な先人であると私は見なしているということである。

『非対称の文法』第6章の「II 構文論レベルの障害：述格と陳述」(5)において私は山田孝雄と時枝誠記の文法論に対する根本的な疑問を提示した。この2章において、その疑問の再考を試みる。私は、この両者の文法論に対する対案の提示を目標にしている。繰り返すが、私が依拠するのは佐久間鼎と三上章の文法論である。この二人を一歩前進させるのが私の悲願である。ただし、あくまでも具体的な対案の提示という形の一歩前進が目標なのである。基本的な立ち位置はすこぶる単純である。フランス人学生に日本語文法入門の教材を与えるということを目標に、日本語文法のもっともベーシックで初歩的な教材を提示することである。私はそのための定礎を佐久間鼎と三上章の文法理論の中に認めている。ただし、再考しなければならない点もいくつかあると考えている。

最初になすべきこととして、山田孝雄、時枝誠記という二人の先駆者を佐久間鼎と三上章の側から批判・検討することがある。ただし、佐久間と三上による具体的な山田批判の確認作業は次章の課題として先送りにしておく。2章では、目標を絞り込んで、「述格」と「陳述」という山田文法論の二つの鍵語の検討を行う。時枝はこの山田の二つの鍵語を、基本的に、継承している。次章で確認するように、佐久間と三上がこの二人に対して根本的な批判を提示したのである。

巨大な先駆者山田孝雄の踏み外し

山田が助詞を六類に分類し、その一つとして「係助詞」を設けた功績は讃えられるべきだと思う。時枝が助詞の下位区分から「係助詞」を消してしまっただけに、この点は力説しておきたい。ついでにいえば、時枝がトレードマークとした「零記号」についての着想も、実は、すでに山田が与えていたのである(6)。ただ、残念ながら、山田には驚くべき錯誤もあった。その意味では、功罪相半ばする。私の確信するところでは、この山田の錯誤がその後の日本語文法論の踏み外しを決定づけたのである。そして、私は、時枝をその踏み外しの後継者第一号であると見なしている。

山田孝雄は、本居宣長の『詞の玉緒』の重要性に正しく注目した。そして、宣長に対する萩原廣道における『てにをは係辞辨』の誤読を正した。「本居の云ひたる「徒」という術語の意味の誤解せられ、爾来百年許の間學界を惑したり」(7)。山田は、萩原が、宣長のいう「は、も、徒」の「徒」を「は、も以外」

というふうに誤って解釈して、「て」「に」「を」「の」「ば」「ど」「より」「まで」「へ」等を含めていへるものとしたるなり」(8)と指摘している。しかし、山田の説明はかなり奇怪なものである。まるで明快さを欠いた説明を与えているからである。宣長自身の説明は明快この上ない。現代日本語の表記に移し変えて引用する。《徒とは、は、も、ぞ、の、や、何、こそ、などの辞のないのを今仮にこのようにいうのである》(9)。この宣長の説明は明快この上ない。山田が批判している萩原の誤読が信じられないほど明快である。私には山田の上記の説明も信じ難いほど明瞭さを欠いたものに思える。

それはともかくとして、萩原の誤読を訂正した当の山田が、今度は、その後の百年ほど日本語文法界を惑わすことになったのである。簡単に説明する。宣長の「は、も、徒」の「は」の定義を混乱させることによってである。ただ、幸にして、三上章が佐久間鼎の名著『日本語の言語理論』(10)を読んで書いた『日本語の論理』の中で山田を訂正して、こう述べている。「本居宣長がハ(とモ)を係り結びのトップに置いた功績も、明治以降の日本文法は継承していないのである。本居のXハ、Xモもちろん主格に限る形式ではない。明治大正はよくよく不肖の子という気がしてならない」(11)。三上は言葉を濁しているのだが、本当は山田と時枝を批判していたと見て間違いない。この二人が深刻な踏み外しをしてしまったこと、また、それが甚大な影響を与えてしまったことを重大事として受け止めていなかったはずはないからである。ただし、この踏み外しの軌道を修正するのに三上は膨大な時間を費やすことになるのである。踏み外しは短時間でなされてしまうが、その修正には何十倍、何百倍の時間がかかるということである。

山田はせっかく「は、も、徒」の係りを「陳述」(係り受けの「受け」、つまり「文の終結」)として見ておきながら、二つの理由によってそれをダメにしてしまった。それ以後の日本文法は、その負の遺産を受け継いでしまったのである。少なくとも佐久間と三上までは(多分それ以後の現在もなお)。それを軌道修正させたのが三上章である。山田以後、あるいは時枝以後、日本語文法は根本的な誤謬を抱え続けているだろう。日本語文法は、いまだに係助詞の「は」を一文の次元に閉じ込めたままなのだから。三上のいう「ピリオド越え」にしかるべき重要性を与えている人間は、おそらく、いまだに数少ない。これが日本言語学界の現実である。次章で語るが、金谷武洋が嘆いている通りである。

山田の誤謬 (一)

ここで大修館書店の『日本語の言語学』第三巻「文法I」(1978年)の中の《総主・提題・「は」と「が」》という章を参照する。「は」と題された項目の中で山田孝雄の『日本文法學概論』の一節(486-493頁)が紹介されている。ただし、私は、どういう考え(編集方針)の下にこの一節が紹介されているのか判断することができない。重要な考察として紹介されているのか、それとも、誤謬の例として紹介されているのか判断できない。最初の二行を試しに引用してみよう。

《「は」はその意排他的にして事物を判然と指定し、他と混亂するを防ぐに用ゐらる。これが係となる時に之に對する結は終止形(口語にては連體形)を以てするものなり》(12)。続いて「その例」として、「雪は白し」以下八つの例文が列挙されている。宣長の『詞の玉緒』においては、「は」が終止形で結ぶ文例として挙げられている圧倒的多数が「動詞」の終止形による「結び」なのだが、山田は(実は「陳述」について語る際の松下大三郎も時枝誠記も同じなのだが)形容詞文をモデルにしている。唖然とすべき現実である。しかし、とりあえず、そのことには触れないでおこう。本題に戻る。上記の山田の最初のたった二つの文の中に驚くべき不明(錯誤)が露顕しているのである。

第一に、最初の文については短く以下のことのみ指摘しておく。山田のこの「は」の定義はめちゃくちゃである。山田は係助詞の「は」について話しているのだが、係助詞の「は」には、「その意排他的にして事物を判然と指定し、他と混亂するを防ぐ」という性質はない。現代日本語の「が」について語っているのであれば許容範囲内であるといえようが。この点についてはすでに述べたことがある。三上章が『日本語の論理』の中で山田の誤りを明快に正しているので、そちらを参照していただけるとありがたい(13)。ここで山田が与えている「は」の定義は、係助詞の「は」の定義ではなく、実際には、一方では「が」、他方では副助詞の「は」(時枝が「限定を表はす助詞」(14)と呼んでいるもの一つである「は」)についての定義であり、両者のチャンポンである。こういう錯誤が山田と時枝を通して堂々となされてしまったわけである。なんと形容していいか言葉に窮する。

第二に、(　　)内の「口語にては連體形」について述べる。私には山田が何をいいたいのか理解できない。第一に、「口語にては」の口語が何を意味するのか確定できない。第二に、山田は、宣長の挙げている和歌を「口語ではないもの」と見なしているのだとは思うが、それでは、宣長の挙げている和歌は「文語」ということになるのだろうか。私の困惑はこれで全てではない。山田は、一体、いつの時代の「は」について語っているのだろうか。これほど訳のわからない文に出会うことも稀だろう。ここで、とりあえず山田の文を離れて、『詞の玉緒』(原典)にあたるのが賢明だろう。

周知のように、本居宣長の『詞の玉緒』においては、「は、も、徒」は、他の係助詞に対する弁別特性として、「終止形」で結ぶ助詞である。それに対して、「ぞ、の、や、何」が連体形で結び、「こそ」が已然形で結ぶということは誰もが知っている通りである。本連載のトピックになる一点なので私の最も基本的な見解をここで述べておきたい。宣長が「は、も、徒」をトップに置いたことに対し、三上は極めて高い評価を与えた。私は、もう一歩進めて、そこに宣長の天才的閃きがあったのだといいたい。そして、日本語口語文法は、この宣長の記念碑的な快挙を起点に再構築されるべきであるといいたい。「は、も、徒」の係りは動詞(それと形容詞)の終止形の「結び」と呼応する、ということを実証した点で宣長の天才は輝いていると私は受け止めている。私はこういいたいのである。つまり、宣長がコーパスに使った和歌の日本語においても現代日本語(の普通の日本語、散文)においても、ようするに、日本語の「は、も、徒」は、動詞あるいは形容詞の終止形で結ぶ(陳述する)ことを宣長は実証したのである、と。そのことの重要性を山田も時枝も理解できなかったのである。だからこそ、三上は、怒りをこらえながら、山田の不明を揶揄する形で、宣長の功績を上記のように讃えたのである。ここで再び引用する。「本居宣長がハ(とモ)を係り結びのトップに置いた功績も、明治以降の日本文法は継承していないのである。本居のXハ、Xモももちろん主格に限る形式ではない。明治大正はよくよく不肖の子という気がしてならない」。

山田の誤謬 (二)

ここで、芳賀綏の優れた論考「〝陳述〟とは何もの?」(『日本の言語学』第三巻、文法I)を参照する。〈陳述〉という章の最初に置かれているのが山田孝雄の「述格」という項(テクスト)である。全部で一一のテクスト(本、雑誌からの抜粋)が並べられているが、その末尾を占める(おそらくこの章の編者としての)論考である。この論考の中で最初に検討されているのが山田と時枝の「陳述」論であり、「1 山田博士・時枝博士の見解」と題されている。冒頭の文を引用する。「文法用語としての〝陳述〟の語が、學界に廣く行われるようになったのは、いうまでもなく山田孝雄博士にはじまる。博士にあっては、〝陳述〟とは、論理学にいうCopulaの作用とされる」[15]。(理論的な吟味は次章に回すが)芳賀綏は、山田の陳述概念の核心を見事に射止めている。次に、山田の陳述論に対して時枝がいかなる陳述論を以ってしたかを簡潔明瞭にこう述べている。「次に、山田博士の〝陳述〟論に對して、批判的展開を試みられた時枝誠記博士の場合は、〝陳述〟の所在を用言に求めず、助動詞及び助動詞相當の〝零記號〟(▨)に〝陳述〟の力あるとされるのである」[16]。この零記号の陳述については次回ゆっくりと語るが、ここでは芳賀の次の的確な指摘を引用しておくに止める。「かように、〝陳述〟の所在については、山田博士との間に相違があるが、〝陳述〟=判断と解される點では、山田博士のCopula説と、重大な対立はないように思われる」[17]。

ここでは、山田も時枝も、ともに、西洋の言語論理学の命題文(コプラを含む「主辭・コプラ・賓辞」文）をモデルに陳述（文の結び）を考えたであろうことを想起しておけば十分である。ここに山田の徹底的な不明があったということを次章で述べることにする。

対案

山田文法に対する私の側からの対案の骨子を箇条書きにして示すことにする。フランス人学生に与える初等文法の教材としての対案である。以下の三点が焦点になる。

対案の㈠：山田の誤った「は」の定義を正しい定義で置き換える。

対案の㈡：山田の「陳述」を「結び」で置き換える。要するに「係り受け」の「受け」という意味の「結び」で置き換える。それをほぼ完璧に成し遂げたのが三上である。だから、私には、特別にしなければならないことは何もない。私の学生が三年生になった時点で、夏目漱石の小説の抜粋を数枚用意して、学生と一緒に、漱石が文をどのように終えているかを確認するだけのことである。宣長の「は、も、徒」の「係り」が、まずは短文レベルで、終止形の「結び」で終結していることを学生は何の困難もなく確認することを私は長年の経験を通して知っている。山田は、「形容詞の結び」だけを例文として挙げているが、これはおかしい。宣長の『詞の玉緒』では圧倒的多数が動詞の終止形の「結び」なのである。形容詞の終止形の比率はかなり低い。もう一つ、短文を越えるレベルにおいては、三上章のいう「ピリオド越え」の典型的な例にたくさん出会う。皆さんで実際に試してみることを強くお勧めする。嘘みたいな現実に驚くこと請け合いである。

対案の㈢：日本語の「結び」を西洋語の言語論理学のバイアスから解放させる。対案は以下の二つによってなされる。第一に、「コプラ」という用語、したがって、「陳述」という用語を追放する。第二に、「存在」という語を追放する。理由は単純である。日本語には、西洋語でいうような「コプラ」も「存在」もないからである（3章と4章で詳述する）。

以上の三点を布石（基礎作業）にした上で、山田文法論の鍵語である「述格」を使わない文法論を提示するのが私の目標である。山田は、一つには、言語論理学をモデルにしたせいで、日本語にはありもしないコプラをモデルに文法用語を作り上げてしまった。それが山田の陳述論（談義）であり、格論（談義）なのである。山田は、屈折語をモデルに日本語文法を樹立しようとした。その際の核になったのが、西洋語（屈折語）の「格変化」をベースに日本語の格表現システムを提示する（でっち上げる）ことであった（本連載の核心部でこの「格変化」の問題が問われるだろう）。

ここで時枝誠記について少しだけ述べておく。時枝は、山田文法から「係助詞」という下位カテゴリーを消した。こうして（とんでもない誤解をしたとはいえ）山田孝雄が踏襲しようとした宣長の「結び論」を消し、それに代えて「言語四種論」の鈴木朖の理論を「入子型」理論として採り入れたのである。宣長の「徒の結び」は「零記号の陳述（包摂）」によって置き換えられて換骨奪胎されたのである。その結果、山田の文法論の修正の可能性を著しく低下させることに貢献したのである。

私は、後世に深刻且つ甚大な影響を与えたこの二人の先駆者を越えて日本語文法は再構築されねばならないと考える。日本語口語文法の定礎を築いた佐久間鼎、三上章の文法論への通道を開かねばならないと考える。なんとかして山田孝雄と時枝誠記の負の遺産を正の遺産へと転換させたい。そのためには、まずは、徹底的に二人の錯誤を確認しなければならない。日本語文法界の人々は先人の負の遺産に寛大すぎる。日本的伝統のスタイルのせいではないかと私は危惧している。私は金田一春彦の「ている形」について三〇年以上考えた。もちろん多くのものを学んだ。しかし、誤謬は遠慮なく正すべきだと考える。

なぜ金田一がテイル形の定義のために、動詞形をモデルにするのではなく、形容詞をモデルにしたのかに関して、日本の文法論の専門家は寛容すぎる。山田と時枝に関しても似たようなことがいえると思う。山田孝雄も時枝誠記も金田一春彦も(松下大三郎をここに加えることもできる)、三者三様、日本語の形容詞文をモデルに文法論を構築しようとしたことに対して寛容すぎる。前二者は形容詞文をモデルに陳述と述格あるいは述語格という文法概念を定義し、後者は「財布が落ちている」という形容詞のテイル形をモデルに日本語のテイル形を定義したのである。そういうことをいつまでも見て見ぬふりをするのはおかしい。学者としての品性が問われる問題なのだから。

ピンとこない人がいるかもしれないので、もう少しだけ続ける。金田一春彦を例にとる。金田一は、日本語のテイル形の定義を求めるに当たって、鍵になる言語分析において、動詞のテイル形ではなく、形容詞のテイル形をモデルにしたのである。

「財布が落ちている」のテイル形の分析のことである。なぜ金田一は「落とす」という動詞ではなく、「落ちる」という動詞を選んだのか。「落ちる」を選んだら、テイル形は「落ちている」である。だが、これは動詞の「落ちている」ではなく、形容詞の「落ちている」なのである。

ところが金田一はこの「落ちている」(例えば、「私は(すでに)この穴に落ちている」「私は(すでに)入学試験に落ちている」)については語っていないのである。もっぱら「財布が落ちている」の「落ちている」について語っているのである(前者のテイル形はパーフェクトのテイル形であり、後者は形容詞形のテイル形である。おそらくアスペクト論の権威の金田一は、パーフェクトのテイル形というものを知らなかったのだろう。こういう恐るべきことが起きてしまうのだ!)。私は、この点で、金田一の曖昧さを指摘した日本の文法学者がいたということを聞いたことがない。私がうっかりそういう文法学者のいることを知らずにきたのなら私の落ち度として失笑を買えば済むことである。でも、現実はどうなのだろうか。

陳述

山田は「陳述」という概念の導入を以って日本語文法の踏み外しの歴史を開始させた。それに続く時枝誠記は、多少の批判点は示しつつも、根本的に山田の陳述論を(ある意味で)継承したことは、上で見たように、四十年以上前の一九七八年に、芳賀綏が指摘している通りである。山田孝雄、松下大三郎、時枝誠記の三名は、三者三様、ソシュールの弟子のメイエとヴァンドリエスが果敢に展開した「(言語)論理学による文法論のねじ曲げ」に抗する戦いの正反対の戦いを日本語文法論樹立のために行ったのである。これをなんと形容すべきか言葉に窮する。

ヨーロッパ諸言語の文法論においても、言語論理学のバイアスは相当に重く且つ深刻なものだったのである。一言でいい切ったら、そのバイアスとは、言語論理学のコプラ構文をモデルに文法用語が作られてしまうということだった。この点では、ハイデガーもまたこのバイアスに、間接的に加担したのである。

言語論理学のバイアス（文法論のねじ曲げ）については3章で詳しく検討するが、私は、すでに3回この点について基本的なことは述べたことがある、ということを付言させていただく(18)。

メイエとヴァンドリエスは、ヨーロッパ文法における、動詞文に対する名詞文の「優勢」という傾向を正すことに努力した。そして、この傾向の最大の原因を、文法論の中で誤って理解された「コプラ」概念にあるとしたのである。この二人は（特にヴァンドリエスは）、ヨーロッパ語文法（例えば、フランス語文法と英文法）の中に、かつてはコプラはなかったのだということを示した。コプラはある時期に現れたのであり、それまではなかった(19)ということを、である。

それと対照的に、山田孝雄（それに彼の影響を受けた松下大三郎と時枝誠記）は、日本語口語文法論の核心部に「陳述＝コプラ」論（談義）を位置づけたのである。山田（それと松下、時枝）は、日本語の形容詞（イ形容詞）をモデルに日本語の陳述論を展開したのである。それが典型的に表れているのが、「述格」を論じた頁においてである。簡単に説明する。山田は、いってみれば、「この花は赤い」を陳述論のモデルにしたのである。山田のいいたいことは以下の二点である。(1)日本語の形容詞は、他の語詞の助けを必要としないで、単独に、それ自身だけで、述部となりうるということ。(2)「赤い」には、第一に、

「用言の実質的方面たる属性」があり、第二に、「用言の形式的方面たる copula としての力」がある[20]。それだけである。要するに山田(と時枝、松下)がいいたいのは次のことである。ヨーロッパ語の形容詞は、陳述性をもつためには、英語でいう be 動詞(山田はほぼコプラ動詞を想定している)を必要とするということである。山田の「述格」談義は、ほぼ、この一点をめぐるものであるといえる。

述格

山田は、言語論理学の命題文をモデルに、しかも、形容詞文をモデルに述格という文法語を発案した。山田が形容詞文をモデルに選んだのは、無意識的か意識的かは問わないにしても、日本語の形容詞と西洋語の形容詞の差異をアピールしたいという気持ちが働いたことは間違いないだろう。西洋語においては、形容詞はコプラにはなりえない。英語でいう be 動詞(コプラ動詞)を必要とする。ところが、日本語の形容詞(イ形容詞)は、be 動詞なしで命題文の賓辞たりうる。この西洋語と日本語の非対称を考慮して山田はコプラ(陳述)について語ったのである。

山田は、ソシュールの弟子のメイエとヴァンドリエスが、彼と同時期に、果敢に展開した「(言語)論理学による文法論のねじ曲げ」に抗する戦いの正反対の戦いを日本語文法論樹立のために行ったのである。しかし、詳細については本連載の全回を以ってしなければならない。それほどまでに巨大な問題だからである。ここでは、単に、繰り返し以下のことのみ述べておく。

メイエとヴァンドリエスは、ヨーロッパ文法における、動詞文に対する名詞文の「優勢」という傾向を正すことに努力した。そして、この傾向の最大の原因を、文法論の中で誤って理解された「コプラ」概念にあるとしたのである。この二人は（特にヴァンドリエスは）、ヨーロッパ語文法（例えば、フランス語文法と英文法）の中に、かつてはコプラはなかったのだということを示した。繰り返しいうが、コプラはある時期に現れたのであり、それまではなかったのだということを、である。

それと対照的に、山田孝雄は、日本語口語文法論の核心部に「陳述＝コプラ論」を位置づけたのである。

ヨーロッパと日本のコントラスト

ヨーロッパで、ソシュールの弟子の二人、メイエとヴァンドリエスが、コプラ論で構築された言語論理学のバイアスに抗して戦っていた時期に、日本語口語文法論構築の草創期において、山田と時枝の二人は、コプラを持たない日本語の文法論を構築するに当たって、コプラを中核に据える形で日本語文法論を構想したのである。これは二重の意味で不幸なことであった。

第一に、日本語文法の構築に当たって言語論理学の命題論における基本文型である、《主辞・コプラ・賓辞》をモデルに文法用語が作られることになったのだから。山田は、それを正当化させるのに哲学的言説の装いを与えたのだが、この点では言語過程説で武装した時枝も似たようなものだった。この点に関しては、上で見た芳賀綏が見事に核心を突いたことを述べているので、そちらを参照していただきたい(21)。

第二に、この二人のヨーロッパ語の文法論に対する無知があった。メイエやヴァンドリエス、イェスペルセンなど、ヨーロッパの言語学者が、言語論理学の文法論の影響を憂慮し、それに抗して戦っていたことをまったく知らなかったのである。

しかも、それればかりではなかったのだ。ヨーロッパの言語学者が最も憂慮したと思われる一点に対する無知が与えた深刻な悪影響を山田も時枝も(少し時代を降って、金田一春彦も)まったく意識していなかったことである。次章で検討するが、あらかじめいっておけば、山田以上に、時枝と金田一が、英文法をモデルに日本語文法を構築することになったのである。時枝の天秤型は、英語の分詞形を根本に据えた言語類型の定義の試みである。その頃、ヨーロッパで、こういう見方を憂慮し唾棄したのが上記の三人のヨーロッパ言語学者だったのである。時枝は英文法の中の最も問題のあるとみなされた分詞形を持って印欧語の文の類型のモデルとしたのである。金田一春彦は英語の現在分詞形=現在テンス形をモデルに日本語の「テイル形」の定義を与えようとしたのである。時枝と金田一の挙措は、まさに、英文法の中で起きていた憂慮すべき事態を、憂慮するどころか、むしろ逆に、日本語文法論を打ち立てるために投機買いしたのだというしかない。

ここで、ヨーロッパにおいては、まったく対照的な動きがあったということは強調しておかねばならない。文法論に与えた憂慮すべき事態として共有されていた時代認識とは、英文法の中で起きた言語論理学の文法のねじ曲げ(バイアス)に対する警戒だったのだから(3章で語る)。幸にして、日本語文法は、このことを一九五九年に見事に語って見せた佐久間鼎を持った。そして佐久間の見識は三上章によって継承されることになったのである。著作名でいえば、佐久間の『日本語の言語理論』(1959年)

主 辞	賓辞
The dog	is an animal.
犬は	動物である。 (動物さ、動物よ)

と三上章の『日本語の論理』(1963年)である。佐久間は、日本語がコプラを持たない言語であることの一種の優位(言語論理学の影響から自由であるという点における)を意識していた。3章でそのことを詳述することにする。

佐久間を精読して上梓した『日本語の論理』の中で、三上はいう。「日本語のコプラはハであろう。デアルはつけたりだから、それへ助詞を代置することもできる。男女に分けて「柳は緑さ(男言葉)」とか「花は紅よ(女言葉)」とかいうふうに。そして、ハはむろん主辞の方に入れなければならない」(22)。(上図)

三上は、日本語に、ヨーロッパ語の屈折語におけるコプラに相当するものがあるとすれば、それは「ハであろう」という。山田は、徹頭徹尾、ヨーロッパ語の命題文をモデルに考えたので、陳述を言語論理学(形式論理学)の「判断」形式から考えた。だから、「説明存在詞」なる用語まで作った。ようするに「なり」「たり」を指す語である(23)。これが山田文法におけるコプラの正体である。繰り返しいうが、山田は形容詞をモデルに日本語のコプラを考えたのであるが、それに対する佐久間の立ち位置は見事である。佐久間はいう。「性状詞(日本語における形容詞および形容動詞)を述語とする構文は、ヨーロッパの諸国語におけるものと趣を異にして、コープラ的語詞を用いないことはいうまでもない」(24)。「性状詞はコープラを介することなく、述語として立つ。性状詞の文における位置と活用の基本形(〝終止形〟)が、それの述語としての資格を表明する。主語に立つ事物についての性状がどんなかということの判断の表現としては、それが時に関せず、時間を超越している限り、これで十分なのだ。何らコープラを必要としない、措定詞で補うべき不足はない」[25]。

私は、前章で表明したように、山本哲士同様、日本語にはコプラはないという観点に立っているので、山田孝雄の見解に対して賛同できないのはもちろんであるが、かといって、三上の観点に完全に賛同できるというわけでもない。ただし、三上の「日本語におけるコプラ」についての見解を正確に確認する作業は、実は、相当に大変である。私は二〇〇八年にすでにこの問題にぶつかったのだが[26]、当時は佐久間の著作を読んでいなかったせいで浅薄な理解にとどまっていた。本連載では、佐久間と三上、メイエ、ヴァンドリエス、イェスペルセンなどを通して徹底的に再考しようと考えている。3章をその作業に当てる。

【注】

1 金谷武洋『主語を殺した男―評伝三上章』講談社、2006年。
2 金谷武洋『日本語に主語はいらない―百年の誤謬を正す』講談社選書メチエ、2002年。
3 山本哲士『哲学する日本―非分離・述語制・場所・非自己』文化科学高等研究院出版局、2011年。
4 国立東洋言語・文化研究院、日本学科。
5 浅利誠『非対称の文法―「他者」としての日本語』文化科学高等研究院出版局、2017年、170-172頁
6 山田孝雄『日本文法學概論』寶文館、1936年、473頁参照。

7 同上、473頁。
8 同上、473頁。
9 『本居宣長全集第五巻』筑摩書房、1970年、18頁。
10 佐久間鼎『日本語の言語理論』恒星社厚生閣、1959年。
11 三上章『日本語の論理』くろしお出版、1963年、2002年（新装版）、163頁。
12 山田孝雄『日本文法學概論』前掲書、575頁。
13 浅利誠『日本語と日本思想』藤原書店、2008年、96-97頁。
14 時枝誠記『日本文法 口語篇』岩波全書、1950年、1983年、188-189頁。
15 『日本の言語学 第三巻 文法I』大修館書店、1978年、285頁。
16 同上、286頁。
17 同上、286頁。
18 以下の三つである。①『非対称の文法』（前掲書）の第8章、②同書の「序文」、③「日本文法のゆくえ」（『文化資本研究1』文化科学高等研究院出版局、2018年、313-325頁）。
19 佐久間鼎『日本語の言語理論』前掲書、151頁参照。
20 山田孝雄『日本文法學概論』前掲書、677-678頁。
21 『日本の言語学　第三巻　文法I』前掲書、286-287頁。
22 三上章『日本語の論理』前掲書、6頁。
23 山田孝雄『日本文法學概論』前掲書、278頁。
24 佐久間鼎『日本語の言語理論』前掲書、153頁。
25 同上、154頁。
26 拙著『日本語と日本思想』（2008年）の最終章を「繫辞をめぐって」に当てた。

3章

「主格」という用語なき日本語文法の試論

Essai d'une grammaire du japonais sans «le cas subjectif» comme terme

iichiko intercultural Summer 2021, no.151

はじめに

日本語の口語文法論の前進を阻んでいる最大級の障害として次のものがある。動詞と形容詞の境界画定の試みにおける失敗である。そして、実は、この失敗を正すことによって以外に「日本語はコプラを必要としない言語である」という解に至ることはできないのである。そのことを論証する試みの第一歩を踏み出すことが3章の目標である。この試みは、とりもなおさず、「日本語文法は主語ばかりではなく主格をも必要としない言語である」という解にいたる第一歩を踏み出すことでもあるのである。

(2章で少し語ったが)このようにいったとしても、ピンとくる人は少ないだろう。事態が改善されるということに対して、正直いって、私は楽観的であることができない。とはいっても、こんな事態をいつまでも放置しておいていいものだろうかという思いは強い。私の知る限り、日本語の存在表現には、「がある」と「である」という二種があるという和辻哲郎の有名な根本テーゼを誰も理論的に唾棄していない。おそらく、柳父章を唯一の例外として。金田一春彦の「ている形」の定義に関しても事態は深刻である。なぜなら、金田一が範例として選んだ有名な「財布が落ちテイル」の「ている形」がいまだに動詞のテイル形として流通を続けているからである。いつになったらこの愚行(笑えない喜劇)が消えるのだろうか? こんなことで日本語文法論の前進がありうるだろうか?「財布が落ちている」のテイル形は動詞のテイル形ではない。形容詞のテイル形である。従って、この「落ちている」が日本語動詞のアスペクト形として論じられているという事態は正気の沙汰ではない。今日の日本において、アスペクト論を論じている人間は無数にいる。でも、なぜ誰もこの錯誤について語ろうとしないのか? なぜ沈黙を守るのか? 文法論を語る人間の倫理あるいは誇りはどこにあるのか? なぜこの錯誤が六十年以上続いていることに目を伏せることができるのか? 自分の問題ではないということなのか?

和辻哲郎の与えている影響力はもっと深刻だろう。もう一度繰り返すが、和辻は、日本語における存在表現に「である」と「がある」という二種があると、堂々と、いっている。これは、実は、文法論において山田孝雄その他の現代日本語の文法論が犯した錯誤と連携されている。だから、和辻哲郎の不明を相手にするだけでは済まない事態なのである。こうして、和辻は、口語文法論の形成期における草分け的要人である山田孝雄、松下大三郎、時枝誠記と手を携えて、現在もなお、日本語文法論の前進を阻んでいる巨大な障害として我々の前に立ちはだかっているのである。その影響力たるや、甚大である。ところが、そうであるにもかかわらず、和辻の主張は、文法論的にいって、まさにめちゃくちゃである。だからこそいまだに甚大な影響を与えてしまうのかもしれない。「である」と「がある」が語彙レベルで比較可能であると和辻は本気で思い込んだらしいが、この二つの表現は、構文レベルで全く異質なものである。語彙レベルでの比較が可能であると考えていたらしい和辻は日本語の初等文法を知らなかったといわざるを得ない。こういう滑稽な(というか、悲劇的な)ことが起きてしまったのである。ハイデガー批判(乗り越え?)で有名な和辻が、その実、この程度なのだ。しかも、そればかりではないから事態は深刻なのである。和辻は、人を唖然とさせる初歩レベルの錯誤に加えて、日本語の「ある」(あるいは「存在する」)について実にいい加減なことをいっている。日本語の漢字表現の語源に遡る素振りを見せながら(しかも本人は真剣だったのだが!)、実は、中国人なら誰もが知っている差異、つまり、「有(有り)」と「在(在り)」の差異さえ無視した議論を堂々と展開しているのである。しかし、さらに深刻なのは、誰も和辻の錯誤を正そうとしてこなかったことの方である。もちろん、それにはそれなりの理由が考えられる。最大の理由として、次のことがあるだろう。つまり、日本語の「存在」という語が、和製漢語であり、柳父章が明示したように、言文一致期に出現した語だからという理由があるだろう。とはいっても、少なくとも柳父がこのことを指摘しているのである。にもかかわらず、誰もそのことを取り上げようとしない。和辻の錯誤を正そうとする言語学者の発言を私は知らない。私の無知であるのなら、ご指摘(ご叱正)願いたい。私は、以上の二点(金田一と和辻)に関する見解はすでに述べたことがある(1)。だから、ここでは繰り返さない。私は、まっしぐらに、現在の急務であると信ずるものについて語りたい。当面の目標を以下のように定めることからスタートする。現代日本語の文法を語る人間の責務として。誤謬は正されるべきである。その誤謬が重大(深刻)なものであればあるほどそうである。

3章の目標

明治時代の言文一致の時期に出現した「ある」「存在する」「です」「ます」「である」「だ」という六つの語(語詞)について、徹底的に共時的な観点から、これらの文法論的定義を試みる。この試みは、日本語とコプラの関係を解明する試みの核心部をなすものであることを、ここで、あらかじめ言明しておく。それを、ここでは、具体的であることを期して、日本語の格助辞(全部で九つ)と動詞の織りなす一つのシステムの解明を通して試みる。本連載のテーマである「述語制言語である日本語とコプラ」における最も基礎的かつ根本的なポイントをなすものとしてそれを試みる。なぜなら、「日本語はなぜコプラを必要としない言語なのか?」という問いに対する解は、日本語における「場所・格助辞・動詞」のシステムの解明を必須の条件としているからである。

ヨーロッパ語(屈折語)と日本語(膠着語)の間に認めうる最大の非対称を理解するためのポイント

日本語は、「主語」も「主格」もいらない言語である。それでは、どうしたら、この二つの文法用語を使わない文法論を構築できるのか？　この問いに答えない限り、三上章のレベルを永遠に越えることはできないだろう。三上と共に、あるいは金谷武洋と共に、「日本語に主述関係というものはない」「日本語に主語はいらない」といい続けることしかできないだろう。むろん、この二人は突出している。また、この二人を評価して打ち出されている山本哲士の「述語制言語としての日本語」についての視点も重要である。にもかかわらず、私はこの三者に対して一つだけ不満がある。彼らからの一歩前進が求められていると考えるからである。

真っ先に、以下の問いに答えねばならない。なぜ、これまで、佐久間鼎、三上章をも含めた日本の言語学者が、この切実な課題「なぜ日本語には主述関係がないのか？」という問いに十全に(有効性をもって)答えることができなかったのか？　このような問いを立てることから始めたい。実は、この問いへの返答のためには、次の問いが不可欠であると私は考える。つまり、「主語」も「主格」もない文法である日本語文法とはいかなる文法なのか？　という問いである。私の見るところ、この緊急な課題(問い)にまだ誰も解を与えていないのである。そこには、三上も、金谷も、山本も、含まれる。これが私の見立てである。

この課題に応える際のポイントとしては、たとえば、以下のものがある。

「主語」があれば、必然的に、「述語」がある。言い換えれば、主語制言語における文法は、「主語・述語」関係を根本的な与件として持つ文法である。ヨーロッパ語(ギリシア語、ラテン語を含む)の「格変化」システムとは、この「主語・述語」関係を前提にして成立しているシステムである。ところが、

「主語・述語」関係を持たない日本語においては、この「格変化」システムなるものが存在しない。この一点は絶対に押さえておく必要がある(具体的なデモンストレーションは後日まで先送りにしておく)。

非常に不幸なことに、山田孝雄、時枝誠記以来の錯誤(誤認)によって、このことが完全に見逃されてきた。それればかりではない、驚くべき事実なのだが、この二人は、日本語にはありもしない西洋語の「格変化」システムをモデルに日本語の口語文法論を打ち立てようとしたのである。本連載の目標の一つが、その誤認を正すことであることはもちろんである。2章でそれについて基本的なことは述べておいた。

しかし、錯誤を指摘するだけでは十分ではない。「対案」を提示することがどうしても求められるからである。3章において、私は、その「対案」提示への最初の一歩を踏み出すことにした。この「対案」は、ヨーロッパ語における「格システム」と日本語における「格システム」の非対称を確認することを前提的基礎作業として要求する。

日本語には、三上章が「主格補語」呼んでいるものが、たしかにある。しかし、私は、この主格補語という用語が与えてしまう負の効果を恐れる。「補語」という用語はまだいいとしても、「主格」という表現が与えずにおかない効果というものがあると思うからである。端的にいって、この「主格」という用語を使わずに日本語文法を語る可能性はないのだろうか? 私はあると考える。この点で私は三上章、金谷武洋に対して距離を取ることにしているのである。あえて挑発的な言い方をしているのである。歩を一歩進めて、「主格」という用語を使わない日本語文法にいたり着きたいからである。

「主格」を「仕手格」で置き換える文法論へ

ここで、「Xガ」という主格補語の形式を、とりあえず、「仕手格」と呼ぶことを提案する。理由は単純である。仕手格という用語が最良のものであるとは思わないが、この用語を使って、「主格」という語を使うことによる負の効果をどこまで免れうるかを確認してみたいのである。

ここで、「主格」という用語を使わないだけの正当な（科学的な）理由というものがあると仮定してみよう（3章はその正当な理由の提示を目標にしている）。その上で、その理由の提示の可能性に、できるだけ具体的な言述をもって迫ってみたい。私は、それを以下のように、とりあえず、表現することから始める。私の確信するところでは、「ある」は動詞ではない。仮に私が正しいとした場合には、この「ある」には、山田孝雄から三上章まで、例外なく、誤った定義を与えてきたことになる。私の知る限り、唯一の例外が佐久間鼎である。

佐久間だけが見識を示したということをいう前に、ここで、それではなぜ日本の文法論家たちは「ある」を動詞と見なしてしまったのか？この問いに答えなければならない。私の答えは単純である。彼らは、和辻哲郎同様に、あるいは金田一春彦同様に、言文一致期に出現した日本語の「ある」を「存在する」という意味で理解してしまったからである。簡単にいえば、「ある」を動詞とみなしてしまったからである。実をいえば、なんのことはない、金田一春彦（さらには、現代の金田一につながる日本の「アスペクト論」学派の方々）のアスペクト論の破綻の最大の原因もここにあったのである。金田一春彦は、口語日本語における「ある」と「いる」の弁別という重要な操作を飛ばしてしまったのである。

佐久間鼎を唯一の例外として、佐久間を師とした三上章をも含め、日本の言語学者は、おそらく全員、「存在動詞」「コプラ動詞」というものを想定したギリシア形而上学の伝統をひきずってしまったのである。しかも、実に遺憾なことに、山田と時枝が、日本語の「コプラ」を、形容詞文をモデルにして定義してしまった(2章で語った)。このように、日本語文法の悲劇的な踏み外しが山田と時枝によって決定づけられたのだ、というのが私の見立てである。そして、その後、誰一人それを訂正してこなかったという受け止め方をしている。私は、ここで、この現実を見据える覚悟を決めざるを得ない。日本語文法の前進をただ待っているという静観的(諦観的)態度を反省し、それを唾棄することにしたのである。

私が辿るコース

ヨーロッパ語(とりあえず私はギリシア語、ラテン語、フランス語の三言語、三つの屈折語を念頭においている)にはあって、日本語(膠着語)にはないという巨大な非対称については4章以下で語ることにする。私は、フランス語と日本語の間の非対称を確認するという狭い枠を設けたコースを辿ることにする。具体的にいえば、両言語の格システム次元における非対称の確認をベースにしたいからである。この巨大なテーマに取り組むためには、厳密に狭い枠を設けるという必要を私は痛切に感じている。厳密に科学的な言述を以てしない限り日本の言語学者に態度変更を迫ることができないと考えるからである。

私の知る限り、これまで、日本語とフランス語（ヨーロッパ語）との間にある最大の非対称が、両言語の格システムの間にある非対称であることに気づいた者はいない。それどころか、山田孝雄、松下大三郎、時枝誠記という日本語の口語文法論形成の草創期における要人、この人たちの日本語の格システムに対する無理解は人を唖然とさせる体のものである。それ以後の文法論の仕事においても見るべきものがほとんどないというのが私の見立てである。そんな中にあって、三上章だけは別格である。まず、日本語の格システムの独自性に、かなりの程度、気づいていたからである。肝心な一点だけを、あらかじめ、指摘しておけば、拙著『非対称の文法』の中ですでに指摘したように、三上による日本語の格システムについての論述は本質的な非対称に見事に視線を向けていたからである(2)。（しかし、三上は、「私が」が主語ではないということをいうために、主格補語であるということをやたらに強調した。「主語」というタームを使わないことには成功したといえるのだろうが、「主格」というタームが与えてしまう深刻な効果についてはいささか無防備（楽観的）であったはずである。とりわけ、私が遺憾に思うのは、三上自身を含めて、誰一人この非対称を問い詰めることがなかったことなのである。今日においても状況は変わっていない。以下、そのことを検討する。

第一にいっておきたいことがある。私がこの非対称の重要性に気づき、三上を継承する必要を強く感じたのは、フランス語の前置詞システム、中国語の介詞（前置詞）システムに比べて、三上による日本語の格助辞（後置詞）システムの図示によって可視的になった非対称性に驚嘆した際のことであった。私は、フランス語文法論の歴史における一つのエピソードを通して一つの着想を得ることになった。それは、短い論考「フランス語に虚の前置詞は存在するか」[3]であった。私は、ここに鉱脈があるという直感(閃き)を得た。それを、西田幾多郎の「場所」(1926)を通して考えてみようと思った。こうして、私は、三田文學に一本の論考を寄稿した。「本居宣長、西田幾多郎、出口なおの日本語」[4]である。しかし、それに先行する論考を、一五年前に、「西田幾多郎と日本語【「場所の論理」と助詞】」(2001)として提示していた[5]。今、来し方を振り返ってみると、同じテーマを追い続けていたことに思い至る。しかし、私の長くのろい歩みにおいて、やはり、決定的な前進の一歩は、この三田文學に寄稿された二〇一七年の論考であった。私の頭の中で、西田とデリダが、いよいよ具体的に、重なったのである。この両者の繋がりに関しては、上記の「西田幾多郎と日本語【「場所の論理」と助詞】」を書いた時点ですでに考えていた[6]。だが、長い間、私は西田とデリダを連携させて語ることの重要性を口語日本文法の中にうまく位置づけることができなかった。その勇気を与えてくれたのは、私の文法論の執筆を一貫してモラルサポートしてくれた山本哲士の忍耐強い激励であった。最近、ようやく、それを具体的に実践すべき時期が来たと感じられるまでになった。ある意味では、今私は、山本・浅利対談(二〇一七年一〇月)の最後で山本哲士が私に突きつけてきた課題[7]に取り組んでみようという蛮勇を奮い起こそうと思っているのである。

私の蛮勇が向かう先は、結局は、次の問いにであった。次の恐ろしい問いにであった。つまり、「ヨーロッパ語に対する日本語の最も根本的な非対称に対する問い」であった。言い換えれば、なぜ日本語は主述関係を「必要としないのか?」という問いであった。ここで強調させていただくが、私の問いは、「なぜ日本語には主述関係がないのか?」ではない。あくまでも、「なぜ日本語は主述関係を必要としないのか?」である。私は、この問いに、三上章、金谷武洋の視点を少しだけずらすことを狙っているのである。私は、この問いに、五人の先人を通して答えたい。本居宣長、西田幾多郎、ジャック・デリダ、佐久間鼎、三上章の五人である。おそらくこの五人で十分である。

「なぜ日本語はヨーロッパ語でいうところの主述関係を持たないのか?」という問いを立ててみよう。この問いに私はこう答える。「その必要がないからである」、と。

この問いを前にすると、山田孝雄、時枝誠記以来の日本語の口語文法論の歴史はまさに惨憺たる不明(錯誤)の歴史であったように思えてくる。いわば、全滅の歴史であったと思えるからである。私の見るところ、山田、松下、時枝、金田一、和辻、その他多くの言語学者の中の、誰一人として、日本語の格システムの独自性をとらえることができなかった。とはいっても、もちろん、この問いの一歩手前まで接近した先人はいた。真っ先に思い浮かぶのが、三上章である。三上は、繰り返し、日本語には、「主述関係がない」といっている。三上の専門家として知られる金谷武洋には、「日本語に主語はいらない」という表題の著作さえある。また、日本語を述語制言語としてとらえる観点を打ち出して考察を展開し続けている山本哲士の多くの論考もある。

それでは、なぜ私が、この時点で、全滅の歴史にピリオドを打とうという決意を固めたのか? なぜこれら三者(三上、金谷、山本)に合流するだけでは十分でないと考えるのか? それは次の理由による。つまり、「日本語に主述関係はない」というだけでは十分ではないと考えるからである。しかし、なぜなのか？ 私の返答はこうである。日本語を主述関係から語る文法論が依然として健在であることから、この言い方では十分ではないといわざるをえないからである。

それでは、どうしたらいいのか？

私の答えは単純である。日本語を主述関係から語るということを不可能にさせるような対策が不可欠である、というのが私の答えである。だが、実は、この先を続けることが容易ではないのであり、しかも肝心なのである。

それでは、どうしたらいいのか？

解のための第一段階として、以下の問いを立てることが絶対に必要であると私は考える。言い換えれば、肝心なのは問いの形を変えることである、と私は考える。具体的には、《なぜ、日本語を主述関係から語るのはナンセンスであるのか？ という問いを立てること》が必要不可欠であると私は考える。

さて、ここから本論に入る。まず、肝心な問いとは、「なぜ日本語を主述関係から語るのがナンセンスなのか？」である。次に、この問いへの解は、「その必要がないからである」となる。私が自らに課している目標とは、言葉でいうだけなら非常に単純なものである。なぜなら、「その必要がないからである」ということを具体的に示して見せればいいだけのことなのだから。しかし、これだけは言わせていただく。この提示（論証的作業）は、これまで一度としてなされたことがなかったのである。そして、それをこそ私は3章の目標として掲げることにしたのである。蛮勇を以て。

目標達成のための作業仮設

作業仮設(1)

ここで、あらかじめ、私の作業仮設を明示することから始める。日本語には存在動詞もコプラ動詞もない。現前・不在の形容詞＝動詞があるだけだ。動詞のカテゴリーの一部を現前・不在動詞が占めている。私が最も根本的であるとみなす一点は、「ある」も「ない」も、従来の文法用語を使っていえば、どちらも形容詞である、という一点である。「ある」の否定形の「ない」を形容詞であると規定することに関しては、三上章も合意している。ところが、三上は「ある」を動詞とみなしている。私が遺憾に思うのは、この点での三上の不徹底なのである。ある意味で、三上は、金田一の「ある」の規定(定義)を受け入れてしまったのである。後日詳しく語る機会を持ちたいと思っているが、私の意見では、現代日本語(言文一致以後の日本語)の「ある」を動詞とみなしたことによって、現在の文法論の停滞が決定づけられてしまったのである。実をいえば、金田一春彦を源流とする日本のアスペクト論の専門家たちは、この根本的な錯誤のせいで、いまだに「ている形」の定義にいたり着けていないのである。また、三上章の主語廃止論の限界も決定づけられてしまったのである。

私は、端的に、口語日本語文法は、「ある」という語詞(ターム)の定義を与えるということを起点にして、一から出直すべきであると考える。ここで、作業仮設として、「ある」と「ない」の二つを同時に定義する策として、「現前・不現前動詞」という日本語動詞の一下位区分を持ち込むことを提案する。

とりあえずは、「現前・不現前動詞」というふうに、一語詞（ターム）の内部に「動詞」という語を含ませる。ただし、ある時期が来たら、この点に関する一種の矛盾を取り除く操作を行う予定であることを表明しておく。

「ある、ない」は、機能的には、形容詞として機能する。なぜなら、「ある」が「現前的」ということと同義であるとみなされているのであり、「ない」が「不現前的」ということと同義であるとみなされているからである。つまり、どちらも、機能としては形容詞的に機能する、いわば「現前・不現前動詞」とでも呼ぶべきものとみなされているということである。確かに一種の矛盾を抱えた定義（規定）ではあるが、当面、こういう用語を使って論を進めることにする。「ある、ない」を最も端的に言い換えたら、「現前的である、現前的でない」あるいは「可視的である、可視的でない」となる。つまり、形容詞的であるということである。

作業仮設(2)

上の作業仮設(1)とセットをなすものとして、ここに作業仮設(2)を加える。日本語には存在動詞＝コプラ動詞がない。あるのは、現前・不現前として機能する動詞的形容詞あるいは形容詞的動詞である。この動詞の下位カテゴリーをとりあえず、三つの語を以て代表させる。「ある、いる、見える」の三つである。この三語は、従来の文法用語によっては十分な規定（定義）は得られない。一種の形容矛盾を抱えた形の定義を与えうるのみである。しかし、現代の口語日本語の格システムを語るためには、ど

	動詞の３類型
1）に	現前・不現前動詞：ある、いる、見える 滞留動詞：住む、滞在する・・・・ 方向関与移動動詞：行く、着く、来る・・・・
2）を	方向非関与移動動詞：歩く、通る、渡る・・・
3）で	1）、2）以外のすべての動詞

うしても、この用語が必要であると私は考える。この用語法の妥当性については、「格システム」についての私の論述の全体を見た上でご判断願うことを希望する。その意味でも、私は、ここで、作業仮設という表現を用いたのである。

口語日本語の格システムの全体像

この全体像の提示という目標に、私は徐々に迫って行きたい。ただし、一挙に核心部を素描しておくのがいいと考える。次章でデモンストレーションを試みることにして、ここでは、要点だけを示しておく。

【要点】：口語日本語の格システムは、ラテン語の格システム以上に簡素な構造を持つものである。ギリギリのところまで絞り込んで語れば、たった三つの格助辞類型（で、を、「に類」）によってシステムが成立している。ここでいう「に類」とは、「に、へ、と、から、まで」の五つである。たったこれだけの格助辞と動詞（行動一般）によって織りなされているのが口語日本語の格システムの驚異的な特質なのである。私が確認したところでは、口語日本語（言文一致以後の日本語）における動詞は、上のように図示（類型化）できる。これを、とりあえず、前提として語る(8)。

私の辿ったコース

私はある日、フランスで、次のことに気づいた。フランス語の前置詞システムと日本語の後置詞システムの間にある根本的な非対称に気づいた。それが全ての出発点であった。これが第一点である。次に、私は、四人の先人を通してこの非対称を語る可能性を徐々に見出していった。順序からいえば、三上章、本居宣長、西田幾多郎、ジャック・デリダである。それに加えて、あと二人挙げることができる。佐久間鼎と山本哲士である。佐久間の名著『日本語の言語理論』を読むことができたのも、実は、山本の協力によってであった。パリ住まいの私は、この本の存在を知らなかったのである。山本（それと、実際にこの本を送る労を取って下さった柳田京子さん）にはいくら感謝しても感謝しすぎるということはない。

私が、日本語の「ある」という語について考えるようになったのは、フランスの日本学科の一年生の授業（仏文和訳）を担当したからであった。「山が見えます」「本があります」「犬がいます」という文形が、「Xは、……です」という文形、あるいは、「学校に行きます」「道をわたります」「公園で遊びます」に対して、どういう弁別的特徴を持ったものであるのかを確認しようとしたのが最初のきっかけであった。一九八四年に開始したことだったが、気がついたら、もう四十年近くも考え続けているのである。そして、今、つくづく思うこと、それはこうである。口語日本語文法の構築のための最も肝心な作業というのは、実は、「ある」という語詞（ターム）の定義なのではないかということである。このことを早々と考える機会を与えてくれたのは、私の職場であったイナルコ(国立東洋言語・文化研究院)の日本学科の一年生の教材(先輩・恩人の二宮正之氏作成の「作文」の教材)であった。しかし、この語の定義の重要性に気づいた者は、ほんの数人しかいなかったのではないかと、私は時々自問する。例えば、ある種の直感を持っていたのは、「言語四種論」の著者の鈴木朖だけだったのかもしれないと考えることさえしばしばある。鈴木朖を除いて、全員が、「ある」をヨーロッパの存在動詞(例えば、英語の be 動詞)をモデルに考えたのではないかという疑問が何度も湧き上がるのである。その中には三上章も含まれる。ひょっとしたら、実に惨憺たる歴史なのではないのか? あえてこのような挑発的な言い方をした上でデモンストレーションに取り掛かる。私は、今こそ、私のかつての職場で考えたことに回帰しているのである。私の根本的な視点は、なぜ、「ある、いる、見える」という三語が「に」と共起する(必然的に連携される)のか? という問いの視点なのである。なぜ「で」と共起しないのかという問いと表裏の問いである。私が「に(点)」と「で(円)」について語り続けた西田に惹きつけられた必然はあったのではないかという気がする。

次章で詳しく述べる予定であるが、私の知る限りでは、「ある」を動詞とみなさなかった日本の言語学者が、鈴木朖以後、一人だけいる。佐久間鼎である。私の推測では、佐久間だけが、和辻哲郎、金田一春彦の巨大な踏み外しを訂正してくれるだろうと思う。簡潔な言い方をあえてするが、佐久間は、「ある」を動詞とはみなしていない。形容詞とみなしている。この点で私は佐久間に敬意を表する。

それとセットになる形で、佐久間は重要な見識を示している。佐久間によれば、日本語には、「存在動詞」なるものがないのだから、当然、日本語にはコプラがない。この点でも私は佐久間に敬意を表する。

佐久間に比べると、三上章の錯誤あるいは限界が見えてくる。三上の限界。それは通時論と共時論を厳密に境界画定しなかったことにあった。迂闊なことに、ソシュールのように「共時論」を先行させることなく、不用意に、通時論に身を任せてしまったのである。つまり、三上もまた、通時論的アプローチの抱える陥穽にはまり込んでしまったのである。

ただし、三上には、佐久間がついに見出せなかったものを見出したという巨大な功績もある。この点で、佐久間と三上の関係を語るためには細心の注意が必要である。できれば、4章で）そのことについて語りたい。

ここで、3章の目標を以下のように限定する。4章以降で、デモンストレーション（論証的スタイルの言述を与えること）を行うことにして、ここでは、私の掲げている目標の二次元についてのみ短く要約しておく。

(1)佐久間鼎が、「ある」を動詞とみなさなかったという意味で、来るべき日本語文法論の最前線にいる。

(2)三上章は、「ある」を動詞とみなすという錯誤を犯したが、しかし、それと同時に、三上は、日本語の格システムの提示によって、間接的にではあるが、「ある」を動詞とみなさない日本語文法の可能性を拓いている。三上は、まさに、功罪半ばするのである。

3章の結び

「主格というタームを使わない日本語文法論」のための布石が、三上章によって、どのように置かれたのかを概観することにする。できるだけ具体的にそれをなしたいので、二つの例文を通してそれを行う。(　　)内は、文法論的解説ということを考えての付加である。

例文⑴:
私のパリ生活は|(といえば)、そこ(場所・時間)では=そこ(場所・時間)には、一本の線が|(仕手格)、貫いている(動詞・活動)。

例文⑵:
わたくしは|(「いいですか、それではいきますよ|……」のハ、「これについて語りますけどね……」のハ、なくてもいいような空気みたいに軽いハ)、男子門を出ずれば七人の敵ありというんで、今日は、七人じゃきかないようで、非常に気概を持ってやってまいりました(文頭の「わたくしは」を受けて結ぶ、述語一本立ての「係り受け」の結び)。

【解説】:冒頭の「Xは」は、松下大三郎、佐久間鼎、三上章、金谷武洋などによって、「提題」と呼ばれているが、要するに、単なる指標であり、聞き手に、「誰（どんな仕手）」の話をしているのかを軽く提示する役割を担っているに過ぎない。そして、この一九六九年の東京大学駒場の九〇〇番教室で私が聴いた三島由紀夫の文は、三上章のいうところの、述語一本立ての構造として終結している（結ばれている）。これが、日本語文の基本形である。この基本形には、「主語」がないばかりではなく、「主格（主格補語）」もない。実は、この点が、これまで、一度も文法論の言述として語られたことがなかったのである。

「主格なき言語たる日本語の文の基本形」の構成素

(1)、「は」による話題の軽い提示

(2)、時空の指示　場所のデを根本とする

(3)、(1)を受けて、「何が」格（仕手格）を言外に抱えている

(4)、活動（動詞）で結ぶ。

(5)、文頭の「Xは」は、あってもなくてもいい、軽い単なる指標である。
　言い換えれば、三上章のいうように、日本語文の基本形は
　「述語一本立て」構造の文である。

従って、山田、松下、時枝が日本語文の基本形とみなした、和製コプラ文（「この花はきれいだ」）は、

佐久間鼎がいうように、形状詞文（ここでは、形容動詞文）なのであり、これを名詞文で置き換えれば、「この花は、きれいな植物だ」となる。

そして、佐久間がいうように、この和製コプラ文の文末の「だ」は、措定詞（措定辞）とみなしうるものではあるが、形の上では、これもまた佐久間がいっているように「形容動詞の語尾の活用と似ている」(9)。

佐久間的観点と三上的観点とをうまく融合させたら、日本語における括弧付きのコプラ（括弧付きというのは、日本語にはコプラがないからである）の定義に至りつけると私は考える。三上は、「日本語のコプラはハであろう」というが、私は同意できない。むしろ、私は、佐久間の見解に同意する。

日本語には、「主語」が必要でないばかりか、実は、「主格（主格補語）」も必要ないのであるということを、佐久間鼎と三上章という（師弟関係で結ばれた）二人の友愛が証明することになるであろう。その証明をなすのは佐久間と三上以後の私たちの責務である。山本哲士と私は、その責務から逃げない決意を固めたのである。各人各様の仕方で。これが私たち二人の盟約だったからである(10)。蛮勇タッグと思っていただければ嬉しい。

【注】

1 金田一春彦については、『非対称の文法』文化科学高等研究院、2017年、69頁参照。和辻哲郎については、『日本語と日本思想』藤原書店、2008年、第6章（「和辻哲郎と日本語」）、193-234頁参照。

2 『非対称の文法』前掲書、「三上章の「格概念」をめぐって」(141-147頁)。

3 『三田文學』127号 (2016年秋季・特大号)、217頁。

4 同上。

5 『環』藤原書店、4号 (2001年冬号)、130-148頁。

6 『三田文學』前掲書、228-230頁。

7 web-uni.com における浅利誠／言語学教室の「日本語文法講義」動画：https://tetsusanjin.wixsite.com/asarimakoto/blank-1 のpart4 二〇一七年一〇月二七日「日本語文法の論説と対談」の末部。

8 『非対称の文法』前掲書、93頁参照。

9 佐久間鼎『日本語の言語理論』恒星社厚生閣、1959年、147頁。

10 注7に同じ。

4章

「ある」は動詞なのか、形容詞なのか

La couple et "dearu" "aru", est-il un verbe? ou un adjectif? ou ni l'un ni l'autre?
iichiko intercultural Autumn 2021, no.152

日本語文法論の枠の中でコプラについて問うことは、一見、逆説的なことのように見える。なぜなら、日本語はコプラを持たない言語なのであり、コプラを持つヨーロッパ諸語の文法におけるコプラについての問いに比べてさほどの重要性を持たないのではないかと考えたとしても不思議はないからだ。ところが、現実はそれほど単純ではない。そのことに気づかせてくれる貴重な論考として佐久間鼎の『日本語の言語理論』の中の四篇(1)がある。ちなみに、三上章がコプラについて語っている『日本語の論理』は、佐久間のこの四篇に対する彼なりの返答(2)として書かれたものである。

なぜ佐久間の論考がコプラについての問いにとって貴重なものであるのか。それは、コプラと文法の関係を問うことが、必然的に、論理学と文法の関係を問うことにつながる、ということを教えてくれるからだ(3)。佐久間が見事に実証しているように、ヨーロッパ諸語において、古典的な言語論理学が文法に与えた影響力は絶大であり、佐久間は、それを「古典論理学の言語理論への侵犯」(4)であるというふうに押さえているが、この視点は貴重である。ところで、この侵犯による文法論のねじ曲げは、ヨーロッパ諸語の文法論に巨大な負の影響を与えたばかりではなく、それをモデルにして構築された日本語文法にもまた巨大な影響を与えずにおかなかった。そのことは、山田孝雄、時枝誠記の例をとりあげただけでもある程度確認できた。私は、本書で、佐久間のこの書に何度も立ち返ることにするが、私が佐久間に注目する理由は、第一に、彼がヨーロッパ諸語の文法におけるコプラの問題と日本語文法におけるそれとを並行的に考察しているからである。第二に、日本語におけるコプラについての考察が、ヨーロッパ諸語におけるコプラについての省察を前進させてくれることに気づかせてくれるからである。私は、佐久間における、来るべき普遍的文法論へ向けての熱い思いを佐久間にとっての希望の原理と呼んでおきたい。佐久間はそれを次のように表現している。《ヨーロッパの土にめばえて生長しつづけた西洋哲学が、今日なお存在の理由を主張しようとするならば、その根本的な立脚点に反省を加えて、全体を建てなおさなければなりますまい。その際に大きな問題となるのが、ここに潜む sein をめぐる考え方だと予感します。ヨーロッパ語と密接に関係しているのです。むしろそれこそわざわいの本源だ――とさえいえるようです。さいわいにそんなことばをつかわない日本の思想家は、そこに別の考え方を進めていって、大きく修正し、さらにすっかり哲学を改築するにも至るようにしむけることができるというのが、現在のわたしのアーヌングなのです》(5)。

第一に、佐久間は、ヨーロッパ諸語の文法論にとっての巨大な桎梏(障害)として、古典的言語論理学が文法論を捻じ曲げた負のバイアスを取り出して見せた。第二に、ヨーロッパ諸語の文法論を参照して構築された日本語文法もまた、その負のバイアス(捻じ曲げ)を免れることができなかったことを明示して見せた。佐久間が教えてくれるもの、それは、日本語文法論におけるコプラの問題が、いわば副次的な重要性しか持たないものである、とはいえないことである。むしろ逆に、来るべき日本語文法論を構想する上で鍵を握るような重要性を抱えたものなのである。ある意味では、ここに逆説的な事態が認められる。

コプラを持たない日本語の文法が、コプラを持つ言語であるヨーロッパの諸言語(古代ギリシア語、ラテン語からドイツ語、フランス語、英語などまで)の文法論の影響を受けたということは、佐久間鼎が見事に指摘して見せた通りだが、同時に、古典的言語論理学の巨大なねじ曲げ(侵犯)を被ったのは、ヨーロッパ語の文法論だけではなかったということにも周到な目配りをしている。実は、日本語文法もまた、ヨーロッパ語文法に劣らず、巨大な影響を受けたのであり、それは現在も続いている。日本語はコプラを持たない言語であるからといって、コプラの問題が日本語文法に無縁であるわけではない。山田孝雄以来、日本語の口語文法論の中で、コプラをめぐる言説は、文法論の極めて重要な位置を占めるものとしてある。山田のいう「陳述」、時枝のいう「零記号」による包摂(山田における「陳述」に当たるもの)はコプラの問題に直結したものとして語られているのである(6)。このことはもっと深刻な問題として取り上げられるべきものである。

私の確信するところでは、佐久間が焦点を当てた古典的言語論理学が文法論に与えずにおかなかったねじ曲げと並行するものとして、西洋形而上学が文法論に与えた(現在も与えている)巨大なバイアス(ねじ曲げ)があった。とりあえず、それをハイデガーの存在論が与えた負の影響と呼んでおく。佐久間のコプラをめぐる省察の検討を始めるにあたって、私は、佐久間の省察を、彼が、直接的には語ることのなかった西洋形而上学の、いわば、負の遺産、端的にはハイデガーの存在論の影響に結びつけて語るべき必要性を痛感している[7]。コプラは論理学と言語学、形而上学と文法論に同時に関わっているものであり、しかも文法論、命題論(判断論)、存在論に同時に関わっているものである。ハイデガー研究の世界的先進国である日本の知識人として、佐久間がハイデガーの存在論を何らかの形で自らの省察の射程内に組み込んでいなかったとは考えられない。もちろん、佐久間は、あくまでもヨーロッパの古典的言語論理学、アリストテレス論理学を起点にした形式論理学の「侵犯」に焦点を当てて論じているだけで、たとえば、ハイデガーの存在論とアリストテレスの論理学との関係については語っていない。佐久間が注目したのは、アリストテレスを源流とする古典的言語論理学に対して、まったく別の省察に人を導く「科学的論理学」[8]、特定の国語(イディオム、固有言語としての国語)に基づく論理学という制約に縛られた言語論理学の限界を突破するいわば普遍的レベルで問われる論理学である。これが、おそらく、佐久間がハイデガーについて語らなかった主な理由である。しかし、佐久間がハイデガーについて語らなかったのは、一つには、彼が生きた時代のせいもあった。ヨーロッパにおいても日本においても、ハイデガーの存在論の巨大なインパクトを受けたのは、フランスにおける「知の沸騰」の時期以降、ソシュールに並んでハイデガーが注目を集めることになった一九六〇年代以降だからである。この時期、佐久間はすでに主要な活動を終えていた。しかし、コプラの問題を扱う場合に、山田孝雄、和辻哲郎、時枝誠記などばかりではなく、佐久間鼎もまた、ハイデガーの存在論の影響を避けて通ることはできなかったはずなのだ。ハイデガーへの直接の言及はなかったとはいえ、山田孝雄や時枝誠記に対する鋭い批判眼のことを考えるだけでも、たとえば和辻哲郎のハイデガーについての省察を評定できた人物がいたとしたら、佐久間がその筆頭に来るような人物であったことは間違いない。少なくとも、日本語文法論に与えたはずのハイデガーの影響について、文法論の視点から語る可能性を開いている人物として佐久間に注目するのは突飛なことだとは思えない。私は、今後、二本立てでコプラの問題に迫ることにする。一つは佐久間を通して、もう一つはハイデガーを通してである。そして、できることなら、この二人による「存在」と「コプラ」の関係(9)についての問いを通して、西田の場所の論理を文法論の枠の中で語る視点を打ち出したいと願っている。もう少し具体的にいえば、一方では、佐久間と西田の「場所」あるいは「場」の理論の突き合わせ、他方では、西田の場所の論理における中心的判断形式である「包摂判断」と、ハイデガーの括弧付き「コプラ論」における判断論の突き合わせ、この二つを考察の目標に定めたいと思っている。この試みに、次の5章から着手することにするが、ハイデガーと佐久間の交差、西田と佐久間の交差を、あくまでも佐久間の言説をベースにして検討する予定である。さらに付け加えていえば、佐久間とハイデガーの突き合わせ、佐久間と西田の突き合わせを、デリダの考察(コプラ、コーラ、〝ウィ(Oui)〟の準‐超越論的特性などについての考察）を召喚させることによって行う予定である(10)。この４章はいわばそこに至るための序章であり、あらかじめ確認しておきたい事項を列挙するだけにとどめる。ただし、この作業は、コプラについての問いを先に進めるための必須の前提条件になるものであるというように私は位置づけている。

「存在」と「コプラ」

まず、存在とコプラは、切り離しがたい形で連携されている二つの語（概念）である。ヨーロッパにおいて、アリストテレス以来、コプラは「存在動詞」との関係において問われてきたからである。したがって、コプラについての問いにおいては、アリストテレスによる「存在」という語の規定を、あらかじめ、最小限、押さえておく必要がある。しかし、その点に関しては、次章で、佐久間の言説を通して確認するということにして、今回は、アリストテレスにおける存在についてのハイデガーの規定の予備的な確認を先行させることにする。私は、本連載の冒頭で、ハイデガーの「存在の問い」の根底にある根本的見解に対して、日本文法の観点から、一つの疑問を提起した。西洋形而上学の基底をなす存在の問いの核心部にコプラをめぐる省察があることは疑いえないが、ハイデガー、デリダも含めて、西洋形而上学はコプラをめぐる省察において、一種の抽象論に陥っているように思える。いってみれば、あまりにも形而上学的であり、文法論的視点がかなり脆弱であるように思える。少なくとも、ハイデガーもデリダも、西洋形而上学の言語（ラング）を特権視するという一種のローカル性を抱えている。

こういってよければ、彼らはニーチェ以前的である。その点、形而上学的であり且つ文法論的な佐久間の考察(言説)には、存在についてのこれまでの形而上学的言説を、文法論的観点から捉え直すという具体的な視点を拓いてくれる利点がある。

ここで、本書の冒頭で述べたことを繰り返す。ハイデガーは、「形而上学の根本的問い」として、《なぜ一体、存在者があるのか、そしてむしろ無があるのではないのか?》という問いを立てた上で、以下のように語っている。《この問いが及ぶ領域は最も広範である。この問いはどんな種類の存在者に達しても停止することがない。この問いはすべての存在者を、すなわち最も広い意味で現在眼の前に既にあるもののみならず、かつて存在したものおよび将来存在するはずのものをも包括する。この問いの領域の限界をなすのは、端的にいかなる場合にも決して存在しないもの、つまり無だけである。無でないものはすべてこの問いに含み込まれる。しまいには無そのものさえ含み込まれる。ただしそれは、われわれはとにかく無について話すのだから、無もまた或るものであり、一つの存在者であるというような理由からではなく、無は無で「ある」からである》(11)。ここで私の好奇心を強くかき立てるのは次の一点である。ハイデガーの言説(推論)において彼が最後に持ってきた文は、「無は無である」という文である。判断論の分類でいえば、同一律の文型あるいはトートロジーの文型であるが、一種の「コプラ文」であるともいえる。ところで、ハイデガーが範例として列挙している文(「空が青い」「私は嬉しい」「この黒板は黒い」)は、いずれも形容詞文である。ドイツ語のレヴェルでいい直したら、すべてドイツ語の（括弧付き）「存在動詞」である sein を使っている形容詞文である。その意味では、ハイデガーのドイツ語の文の日本語訳である「空が青くある」「私は嬉しくある」「この黒板は黒くある」は、ドイツ語においては sein という存在動詞を含む文であることを考慮した場合、直訳スタイルのドイツ語文の忠実な移し替えであるといえる。ここで私は以下のような疑問へと導かれる。「存在の問い」のハイデガーの立ち位置の中に見られるこの形容詞文に対する偏愛（偏向）は、日本の言語学者、例えば、松下大三郎、山田孝雄、時枝誠記などにおける偏愛と、奇妙にも、共鳴し合う関係にあるのではないか？　少なくとも、ハイデガーも、これら日本人も、形容詞文を通してコプラについて語っているという点で共通している。私の好奇心を激しくかき立てるのは、次の一点である。なぜハイデガーは、コプラ文の形式を持つ形容詞文というドイツ語の文型をモデルにして「存在」の問いを展開したのか？　また、日本人の山田や時枝は、なぜ「陳述」論における日本語文のモデル文型として、動詞の終止形で結ぶ文ではなくて、形容詞の終止形で結ぶ文を選択したのか？　これは単なる偶然の一致なのだろうか？　ここには何か考えてみるべき大事なものがありはしないか？　ハイデガーにおいて、存在の問いのモデルとされるべき文は動詞文であるのが自然だと私は考えたいのだが、ハイデガーはあからさまに形容詞文をモデルに選んでいる。これは、むろん、コプラの問いを「主辞・コプラ・賓辞」という判断文（コプラ文）をモデルにしたというという限りでは納得がいく。ただし、判断文のモデルとして、コプラ文を、つまり動詞文ではなく形容詞文を選択したということにはそれなりの理由があったのではないのか？　とりあえず、次の単純明瞭な返答が考えられる。《コプラ文は、動詞文であることはできないからである》という返答が。佐久間が参照したメイエやヴァンドリエスのいうような意味における、ヨーロッパ諸語のコプラ文、つまり、コプラを持つ言語のコプラ文、それは、動詞文であることはできない。言い換えれば、ヨーロッパ諸語のコプラ文は、絶対に以下の条件を満たしていなければならない。(1)コプラ（より正確にいったら、存在動詞、あるいは存在動詞から派生した語詞）を含んでいること、(2)賓辞の場所に来るものが、動詞ではなく、名詞あるいは形容詞であること[12]。それに対して、日本語のコプラ文の特質は、名詞のケースと形容詞のケースとでは全く異なるという点に存する。前者（名詞のケース）においては、ヨーロッパ諸語のコプラに相当する「措定詞（「だ」、「である」）」プラス「名詞」が置かれる[13]。その場合、「措定詞」がコプラの代行を果たしているといえるとすれば、措定詞は、ヨーロッパ諸語における「コプラ＋名詞」に対応しているといえる。ところが、後者（形容詞のケース）に関しては、全くそのようにはいえない。大きな非対称性を抱えているからである。「この黒板は黒い」という日本語文の中にはコプラに相当する措定詞が見当たらない。「黒い」という形容詞の終止形があるだけである。ここには巨大な非対称がある。それが、まさに、松下、山田、時枝がこぞって注目した、《日本語の形容詞は、（佐久間の用語でいう）措定詞（「だ」「である」）を要しない形でも、賓辞を構成しうる》、という非対称なのである。ここから、必然的に、古代ギリシア語とドイツ語をモデルにして判断論、あるいはコプラ表現（命題文）を考察の対象にしたハイデガーと松下、山田、時枝との間に一つの巨大な非対称（コントラスト）が出てくることになる。コプラを持つドイツ語で存在論を展開したハイデガーの場合には、コプラを含む形の形容詞文をモデルの文（範例）として選ぶことができた。それに対して、日本語で文法論を展開した山田や時枝の場合には、同じ形容詞文をモデルにしたとはいっても、コプラを持たない日本語で論じている限り、ドイツ語に対する日本語の非対称をもろに抱え込むことになる。ハイデガーとの対照でいえば、山田には、ハイデガーのような論法（「この黒板は黒くある」）を採択することは不可能である。つまり、山田には、「この黒板は黒い」を、ハイデガーのように、「この黒板は黒くある」とパラフレーズすることはできない。したがって、ハイデガーのここでの論法を使えないし、使う理由もない。佐久間はこの非対称に気づいていたはずだが、彼が気づいていなかったものもあったように思える。それについては次章で語る。

　実をいえば、本書を書き始めた時点では、私には自分が依拠すべき特権的な理論家（言語学者）と呼べるような先人が思い浮かばなかった。とりあえず私は、山田孝雄と時枝誠記の二人の限界を問うということを最初の目標に定めて考察を始めた。しかし、4章を書く段階に至って、佐久間の日本語文法論を再考することを通して、一つの見通しが開けるのではないかという気持ちになった。その理由を、とりあえず、二つ挙げておこう。第一に、佐久間が、ある意味で、ハイデガーの「存在の問い」に並行するような省察を与えていると思えるからである。第二に、佐久間が、ハイデガーに比べて、はるかに文法論に寄り添った形で、「存在」の問いを「コプラ」をめぐる省察として展開しているからである。そればかりではない。私には、佐久間における「存在」の問い、具体的にいえば、日本語の「ある」という語詞についての問い、この問いに、佐久間がヨーロッパ語と日本語との比較対照を通して迫っているのが大きな魅力である。今後私は、コプラの問題を、本居宣長、西田幾多郎、ジャック・デリダなどを召喚させて、できればハイデガーを超えて、問いたいと願っているが、私は、この作業の導きの糸として佐久間の言語理論、とりわけ日本文法論を参照することによってその第一歩を踏み出すことにする(14)。

ただし、ここであらかじめ以下のことをいっておきたい。佐久間は「ある」という語詞について論じる際に、「存在」と「ある」との厳密な関係を前提にした議論を展開させているようには思えない。以下、私は、佐久間の言説の中にある曖昧さをできるだけ払拭すべく、絶えず、日本語の「ある」という語詞と「存在」という用語(「ある」は主に文法用語として用いられているが、佐久間も含めて、「存在」は、厳密に文法論的定義の下に使用されているわけではなく、多分に形而上学的あるいは哲学的な用語として用いられてもいる)、この二つがどのように語られているかに留意したいと思っている。

コプラを問うための前提的基礎作業

ここで、佐久間による「コプラ」の定義を理解するための鍵を握るような佐久間の言説の一節を引用する。《現代日本語について見ると、存在文は、肯定的には〝ある〟という動詞で、否定的には〝ない〟という形容詞で組み立てられる。ところが、一方判断の表現にあってはどうなっているか。甲が乙に合致するという場合、いわゆる説明判断の場合に充用する語詞は、口頭語では、〝だ〟〝です〟などになっているし、文語では〝なり〟となっていて、形態の上からも存在の動詞たる〝ある〟〝あり〟とちがっている。活用の点から見ると、文語の〝なり〟と〝あり〟とは同趣だが、口頭語における〝だ〟は、まったく

〝ある〟とかけ離れている。形容動詞の語尾の活用と似ている》(15)。この一節は、実は、読み解くのが恐ろしく難しい。解読作業は次章まで先送りにすることにするが、佐久間の言説を難解なものにしている主な理由を以下のように指摘しておこう。第一に、日本語における「存在文」と「説明判断文」との関係を、メイエ、ヴァンドリエスというソシュールの二人の高弟の「動詞文と名詞文」の境界画定の試みに依拠して考察しているからである。第二に、日本語におけるコプラに相当するものを、「動詞」とみなした上で、文語においては、「なり」であり、口頭語においては「だ」であるというふうに、通時的な考察と共時的な考察を合体させているからである。佐久間のこの一節の読み解きが容易でないことは次章でじっくり確認することにするが、とりあえず私がもっとも引っかかる一点があることをここで表明しておく。それは、佐久間が、「ある」を動詞とみなし、「ない」を形容詞とみなしていることである。この見方は、佐久間が思い込んでいるほど自明なものなのだろうか？

とりあえず、佐久間の見方に対して、一つの問いを突きつけてみたい。ハイデガーも日本の口語文法創設時の要人たちも、コプラの問題を「動詞文」をモデルにしてではなく、〝動詞文〟に対して一種の〝名詞文〟とみなされる「形容詞文」をモデルにして考えたように思えるのだが、そのような経過をたどったことに対して、佐久間はどのような見解を示してくれるだろうか？

ところで、日本語の「ある」という語詞の定義は、本当になされたことがあったのだろうか？　私はそれを疑う。私はこの一点を作業仮設にして、従来の「ある」の定義を振り返ってみたい。真っ先にやってくる疑問がある。そもそも、日本語の「ある」という語は、「存在する」という漢字表現の語とピッタリと重なるものなのだろうか？　ここには案外深刻な問題がありはしないか。なぜなら、柳父章がいうように、「存在」という日本語は、明治の言文一致の時期に作られた（中国にも韓国にもなかった）和製漢語⒃なのであり、それ以前にはなかった語（概念）だったのだから。このことを考えただけでも、「存在」と「ある」との関係は単純なものではないと推測せざるをえない。その上、和辻哲郎や山田孝雄の使用する「存在」という語が、ハイデガーの存在論のバイアスを受けていないとは考えられない。存在論という語を通して現代日本人は、存在という概念に、反省以前的な仕方で、あるいは前了解的な仕方で、馴染んでしまっているということはないだろうか？

そもそも、「ある、有る、在る、存在する」という語は、すでに語彙のレベルで、「コプラ」とどのような形で結びつきうるのか？　この問いに答えるには、それなりに慎重な手順が必要であろう。一つ一つ、段階を追って、慎重に確認していくだけの根気が求められるだろう。私は、ここで、いささか煩瑣な迂回であるという印象を与えるのを恐れずに、基本的な諸点を根気よく確認する労をとろうと思う。以下、それらの諸点を順次検討してみることにする。

「がある」と「である」の境界画定

この境界画定には二面ある。「がある」は簡単に片付く。ところが、「である」は極めて厄介である。まず、前者を片付け、その上で、長い省察を要求するはずの後者について検討する。すでに何度か述べたように、和辻哲郎も山田孝雄も、「がある」と「である」の厳密な境界画定を飛ばして議論している。しかし、ここで、あらかじめ、キッパリといっておく。この二つの表現は、「ある」を含んだ表現であるという点で共通点があることはたしかだが、構文論的次元においては、まったく異なったものである。真っ先に次の一点を確認しておく。格助詞の「が」を構成要素として含む「がある」はコプラ的表現にはなりえない。「がある」が関わるのは「存在表現」（存在文）にだけであり、コプラ的表現には関わらない。コプラ的表現に関わるのは後者のみである。もう少し具体的にいうと、和辻や山田が問題にした「である」だけが存在論的意味において「存在の問題」に関わるのであって、「がある」もまたそれに関わると思い込んだ和辻や山田は、文法論的レベルで、初歩的な錯誤に陥ったである[17]。

古典的論理学の命題論（判断形式）におけるコプラは、以下の点でのみ「である」に関わっている。

Paul *est* Français.　（彼はフランス人である）

Paul *est* à Paris.　（彼はパリに居る）

この二つの文における「est」のうちの前者がコプラであり、後者は「存在動詞 être」の第二の面である「存在表現」としての「est」（居る）である。ただし、注意を要するのは、「存在表現」とはいっても、それは、あくまでも「コプラ表現」に対して、そのように表現できるだけであり、「存在」の表現ということに関しては、かなり複雑な事情がある。以下の二つの重要な佐久間の指摘を参照すべきである。ここでは、フランス語に限って佐久間の指摘を（要約の形で）紹介する。

(1) フランス語においては、動詞 être は、ほぼ、もっぱら、コプラとしての用法に当てられており、存在表現に用いられることはほとんどない。

(2) フランス語には、固有の存在表現があり、動詞 être を使う存在表現は非常に稀である。

ごくごくわかりやすく言い換えてみよう。フランス語においては、日本語の「がある」に相当する表現が(2)であり、「である」に相当する表現が(1)である、というふうに、二つの表現法がはっきりと分化している。佐久間は、日本語においては、この分化が、フランス語以上に明瞭である、と見ている。

「ある」と「居る」、そして「有る」と「在る」

3章で私は、口語日本語の動詞のシステムの全体像を格システムにおける動詞の分類としてとらえた場合に、「動詞の三類型」として図示できるとした(18)。その際、第一の類型の中の最初の動詞を、「現前・不現前動詞」という下位カテゴリーの下に分類し、「ある、いる、見える」の三つの動詞を範例として取り上げた。これら三つ動詞は、格助詞の「に」と共起するものとして位置づけられている。ここで、この私の「ある」の位置画定を佐久間による「ある」の位置画定と突き合わせる試みを実践してみたい。真っ先に注目しておきたいものがあるので、それを明示することから始める。佐久間は、口語日本語の「ある」の定義を考えるに当たって、日本語における「自然本位」的性格とヨーロッパ語における「人間本位」的性格を対照的に捉える視点に立っている。佐久間のいわんとしていることは、「ある」と「見える」をセットにして考えたら皮膚感覚として感じ取れるだろうと私は思う。佐久間の「日本語の論理性と情動性」という論考の中で述べられている「人間本位と自然本位」という一節を紹介する。「自然現象などをあらわすのに客観的にいいなす方式をそなえた日本語は、それを擬人的にしかいえないヨーロッパ諸語にたいして、むしろ科学的な記述に合致するといえるのではないでしょうか。［改行］日本語の表現は、自然本位だといわれますし、それに比べてすぐわかるとおり、西洋語などの表現は人間本位だと見られます」(19)。佐久間が挙げている最初の二例文は以下の通りである(20)。

山が　見える。

I see a (the) mountain.

風が　鳴る。

I hear the wind roaring.

私が日本語教員を務めたパリの大学では、一年生に与える教材の第一課の冒頭に「山が見えます」があった。日本語（母語）について考える最初の機会が、まさにこの文をフランス人学生に説明することを通してやってきたのである。

「山が見えます。」

この日本語にあたるフランス語を探してみたら、以下の二つが思い浮かぶ。

On voit la montagne.　（人は、山を見る）

Je vois la montagne.　（私は、山を見る）

「山が見えます」という日本語文は、「この場所に立ったら、どんな人間にも、このように、山が見えます」というようなニュアンスの文である。ここで直ちに気がつくのは、第一に、フランス語の表現では、（文法論的）主体があるということであり、日本語の表現では、（文法論的）主体がないということである。それを佐久間的に表現したら、フランス語は「人間本位」であり、日本語は「自然本位」である、となるだろう。第二に、フランス語においては、「見る」という他動詞が使われているが、日本語においては、「見えます」という一種の動詞の〝可能形〟が使われているということである。それは以下のように言い換えることもできるだろう。つまり、日本語においては、山を見る〝主体〟を消去させるような形で、フランス語でいうところの〝再帰動詞 se voir〟を使って、〝la montagne se voir〟というような言い方がなされている、といえる。直訳したら、「山が見られる（山が自らを見る）」というような言い方である。これをもう少し普通の言い方に変えたら、「山が可視的である（la montagne est visible）」という一種の〝可能形〟（形容詞形）としてとらえられている、といえるだろう。

さて、ここで、私は、以下の一点に読者の注意を喚起させたい。「見る」という動詞（他動詞）の可能形である「見える」は、動詞というよりははるかに形容詞と呼んでいい語詞である、ということである。私は、この一点を起点に、「ある」の定義を再考すべきであると考える。そもそも「ある」は、本当に、「動詞」と呼ばれるべき語詞なのだろうか？　ここには、実は、巨大な問題があるのではないのか？

ここで、試みに、形容詞とみなされている「ない」を、形容詞形で置き換えてみよう。「山がない」を「山が不在（的）である」「山が不現前的である」と置き換えた場合、「ない」という形容詞は、この置き換えにおける形容詞文に対して、大きな違いを持っているだろうか？

次に、文法論的にいって、「がある」と「がない」は、どちらも格助詞の「が」を含んでいる。それに対して、日本語の格助詞システムにおいては(より正確にいったら、「動詞」と「格助詞」のとりなすシステムにおいては)、「ある、いる、見える」型動詞以外のすべての動詞(圧倒的多数の動詞)は、「を」あるいは「で」と共起するのであり、「が」とは共起しないのである。

私の疑問を繰り返す。「ある」は本当に動詞とみなされるべき語なのか?

ここで、私は、佐久間鼎における「ある」という語詞の定義を検討してみたいが、上の引用にみられる通り、佐久間は「ある」を動詞とみなしている。私は、そうすることに大きなためらいを覚える。どちらかといったら、「ある」は動詞によりも、むしろ、形容詞に近い語詞であるように思えるからである。

ここで、少し立ち止まって、このことを検討してみよう。「動詞と形容詞の境界画定」がいかに微妙かつ問題含みのものであるかを考えていただきたいからである。これまで何度も繰り返し述べてきたことではあるが、金田一春彦が動詞形として例に挙げている「落ちている」(「財布が落ちている」という文における「落ちている」)は動詞のテイル形ではない、形容詞のテイル形である。この例からも想像できるように口語日本語における動詞と形容詞の境界画定は非常に厄介である。しかも、その中でも、とりわけ厄介なのが「ある」という語詞の位置画定なのだと私はいいたい。

私の職場であったフランスの日本語教室では、「ある」と「いる」は以下のように説明されていた。両者は、ともに、「存在」の表現だが、両者の間にある差異は、(1)非有情物(無生物)には「ある」を使い、有情物(生き物)には「いる」を使うという差異がある、と。(2)ただし、「子供」「兄弟姉妹など」には、有情物であるにもかかわらず、「ある」を使うことができる(「ある」を使うのが不自然ではない)、と。

ここで私が是非とも紹介しておきたいものに、次の佐久間の短い指摘がある。引用する。デカルトの「私は考える、だから、私は存在する」と訳しうる有名な文について語りながら、佐久間はいう。《こういうふうに人格的な存在は、おのずから取り扱い方において異なるところがあるだろう。そういう点を考慮に入れると、これも日本語の〝いる〟(居)という動詞が、単に存在というのではなくて何分かの動作・挙措を表現するものとして、おのずから物事の〝ある〟と別趣なところをもつのと同様なものが見られるといえよう》[21]。

残念ながら、佐久間はもう少し突っ込んだ考察を加えていないのだが、重要な指摘ではあるだろう。私は、ここで、佐久間の着眼を一歩前進させたい。それをここで試みることにする。

佐久間は、日本語の「ある」を、動詞とみなしつつも、そのことにためらいを感じているように見える。佐久間には、「ある」が、多くの場合、「単に存在する」だけで、動詞らしさがあまり感じられない、ということなのだ。佐久間は、「ある」を、慣例に従って、動詞とみなしつつ、同時に、かなり特殊な動詞であるとみなしていることは疑いえない。例えば、「庭に木がある」と「私は庭に居る」とを、一律に「存在する」という動詞で括ることに抵抗を覚えているに違いない。ここで、佐久間の上の指摘に対して、私の目には、さらに重要であると思われる弁別化可能性について触れておきたい。それは、「有る」と「在る」の間にある微妙な差異である。以下の二点を取り上げる。

第一に、「持つ(所有する)」という意味にとれる場合の中国語の「有る」、それと、中国語の「在る」は決してピッタリとは重ならないはずである。

第二に、「ある」という意味での「有る」、それと、「在る」との間には、さらに大きな違いがある。ここで、話を鮮明にすべく、杜甫の『春望』の有名な一行、「國破れて山河在り」を取り上げる。ここにある「在り」は明らかに「有り」と異なる。『春望』の「山河在り」を「山河有り」で置き換えたらこの杜甫の名絶句は、駄作になり果てるだろう。ここにある「山河在り」の「在り」は、例えば、「我ここに在り」と武士が気概を持っていうときの「在り」であり、すぐれて動詞的な動詞である。現前的か不現前的かが問題である時の「ある」、つまり現前的というような意味の「ある」、つまり、形容詞的「ある」とは大いに異なる。口語日本語においても、「私はここに毅然として居る」という時の「いる」は、何ものかが現前的に「ある」という場合の「ある」とは大いに異なる。前者が動詞的「ある」だといえるとすれば、後者は、形容詞的(単に現前的であるというだけの)「ある」であるといえるだろう。

語源的な問題を除外して、純粋に共時態的レベルでの「ある」を問題にした場合、「ある」が、「存在する」という意味で、どのような性格を喚起させるかを決定する(境界画定する)のは非常に難しい。

私は、とりあえず、先の私の図式の内部においては、「ある、いる、見える」はほぼ同一的に機能する「現前・不現前動詞」というふうに規定しておく。ただし、「現前的・不現前的」という弁別を抱えた動詞として、いわば、「形容詞的動詞」であると私はいいたい。上で見たように、「ある、いる、見える」の相互の差異を確認するのさえ案外厄介なのだが、第一に、「ある」は「いる」に比べてさえあまり動詞的ではない。第二に、私の図式(動詞システム)の他の動詞に比べたら、まるで動詞的ではない。

私は、パリの職場での教科書の第一課に「山が見えます」「本があります」という二文が並べられているのは見識だと思う。動詞(食べます、飲みます、見ます)の前に「見えます」「あります」を置いているのは見識だと思う。要するに、この学校の日本学科では、存在表現(「山が見えます」「本があります」)を、コプラ文形式の文「私は日本人です」)以前に、また、動詞文(「サンドイッチを食べます」)以前に位置づけているのである。その意味では、私の見るところ、「見えます」は一種の形容詞的表現とみなされているのである。ここでいささか唐突な言い方になるが、ハイデガーが述べている「存在忘却」とは、ある意味では、「動詞文ならざる形容詞文」の中で用いられる存在動詞(コプラ動詞)が「存在性(動詞性)」を喪失しているという事態を想定した表現ではないのだろうか? 動詞文の動詞性の頽落した形、それが、ハイデガーの頭の中では、まずは、形容詞的に変質した動詞形だったのではないのか。あるいは、名詞的に変質した「動名詞」のことを考えていたのではなかったのか? あるいは、佐久間がいうような意味で、存在動詞の「動詞性」を喪失したものとして「コプラに成り下がった動詞」のことを考えていなかっただろうか? しかし、この点には、後日、ハイデガーのコプラ論を検討するときに立ち返る。とりあえず、あまりにも安易な空想的推理はこれで打ち切りにする。

最後に、佐久間による「ある」の位置画定の具体的なデモンストレーションを紹介しておく。

佐久間は、ヨーロッパ諸語(コプラを持つ言語)に対する日本語(コプラを持たない言語)の特質を画定する試みとして、来るべき構文論の観点から、日本語における最も根本的な構文の検討を展開している。草野清民以来の総主論争に厳密に論理的な回答を与えるものとして見事というほかない省察だが、この佐久間の省察を受けて立ったのが高弟の三上章なのである(この点には後日立ち返る)。

佐久間が、ヨーロッパ諸語の基本的な構文に対する日本語の基本的な構文の代表的なものとして、以下の構文を選定して、六つのブロックとして提示している。佐久間はいう。《ここにしばらく、もっぱら

——は——が………。

の形式を示すものだけを考える。すなわち〈総主〉または〈文主〉に助詞〝は〟がついて、次の〝述語節〟の主語たる地位を占めると説明されるような事例をとって考えよう》(22)。

佐久間が選んだ、筆頭を飾る文型は、動詞の「ある」と形容詞の「ない」を含む文型である。そのまま引用する。

(1) ——は ——が ある(ない)

の様式を示すものがある。たとえば、

あの人は ちえが ある(ない)。
この品は ねだんだけの ねうちが ない。
この男は 三人 子どもが あった。
あいつは さっぱり はたらきが ない。

(2)から(6)について、今回は、以下のことのみいっておく。(2)が、テイル形(私の観点では、すべて形容詞のテイル形)。(3)が形容詞形、(4)が形容動詞形、(5)動詞の「たい」形(一種の形容詞表現)、(6)が、

動詞の可能形（一種の形容詞表現）。

(1)の「ある」を除くと、佐久間が挙げている例は、すべて「形容詞形（あるいは、形容動詞も含めて言えば、性状詞形）」である。この中には、(1)の例文におけるに「ない」も入る。

ここで私の好奇心を激しく駆り立てるのは、佐久間の例文の中で、唯一動詞とみなされているのが、「ある」という語詞だけだということである。

乱暴ないい方で恐縮だが、佐久間は、金田一春彦が、「テイル形」（「財布が落ちている」のテイル形）を形容詞のテイル形ではなく動詞のテイル形であると錯覚したように、形容詞であると規定すべき「ある」を動詞とみなしてしまったのではないのか？　ここに佐久間の予断があったのではないのか？　私は、このように疑問を提起したい。百年の誤謬を正したいという気持ちを込めて。

私の推理では、口語日本語の「ある」を動詞であると見なしてコプラの問題を問うのと、形容詞と見なしてコプラの問題を問うのとどちらが有効なのかということに対する解を得るのは相当に難しい。私のコプラをめぐる考察は、この疑問（「ある」は動詞のカテゴリーに分類されるべき語詞なのか、それとも、形容詞のカテゴリーに分類されるべき語詞なのか？）に徹底的に食い下がる考察であるということをここで宣言させていただく。

【注】

1 佐久間鼎『日本語の言語理論』(恒星社厚生閣、1959年)のⅣ「ことばと論理」(139-226頁)の四篇:「日本語の論理的表現」「否定的表現の意義」「西欧論理思想のあゆみ」「日本語の論理性と情動性」。

2 三上章『日本語の論理』くろしお出版、2002年(新装版)、3頁参照。

3 コプラは、そもそも、「主辞・コプラ・賓辞」という判断文を基にして問われたものなのだが、ヨーロッパの古典論理学を輸入した際に、日本版の論理学の中に「S(主辞)—P(賓辞)」という形式の判断論として取り入れられたはずの用語が、文法用語としても、ほぼそっくりそのまま「S(主語)」「P(述語)」と名づけられてしまったことを佐久間は教えてくれる。

4 佐久間鼎『日本語の言語理論』前掲書、94頁。

5 同上、226頁。

6 『季刊 iichiko』Spring 2021 NO.150, pp.112-113、参照。本書2章49-50頁。

7 古代ギリシア語を形而上学の言語のモデルにし、しかもアリストテレスの論理学に大きく依拠したハイデガーにおいては、「存在」と「コプラ」は不可分に結びついている。

8 佐久間鼎『日本語の言語理論』前掲書、195頁。

9 主要な課題として以下のものがある。ハイデガーにおいては、中心的課題の一つとして、「ある」と「コプラ」の関係を問うこと、佐久間においては、「である」と「措定詞」の関係を問うことである。

10 私は『ジャック・デリダとの交歓』(文化科学高等研究院出版局、知の新書005、2021年、191頁)の末尾で以下のように述べておいた。《「コプラを持つ言語とコプラを持たない言語におけるコプラとは何か?」これは一級の哲学的問いである。ハイデガーもデリダもこの問いに対して回答を与えていない。与えることができなかったからである。しかし、むろん回答は待たれている》。

11 『季刊 iichiko』Winter 2021 NO. 149, p.10。本書1章24頁。

12 コプラが一種の動詞だと仮定したら、コプラ文が、西洋語のコプラという動詞をすでに含んでいることになるわけだから、賓辞の場所を占めるものが動詞であることはできない、ということになる。

13 しかし、これは決して正確な言い方ではない。なぜなら、佐久間なら絶対にそういうに違いないが、「は」についての言及を欠いているからである。いずれ確認するが、ここには、佐久間と三上にとっての「日本語におけるコプラ」の規定の核心的ポイントがある。

14【連載3】(3章)の「主語・述語」構造についての考察を唐突に中断し、急遽、佐久間の言語理論再考に向かうことになったのは、「日本語には主語・述語構造なるものがない」ことを述べる前に、あらかじめ確認すべき点があることに気づいたからである。私の本連載は、こういう試行錯誤をくりかえしながら書き継がれていくことになろう。

15 佐久間鼎『日本語の言語理論』前掲書、146-7頁。

16 柳父章『翻訳語成立事情』岩波新書、1982年、109頁参照。

17 ただし、山田は和辻ほどひどい錯誤に陥ってはいない。山田が誤ったのは、形容詞文をモデルにしてコプラを規定しようとしたことにより、形容詞文としてのコプラ文には二つの次元があるという思い込みに陥ったに過ぎない。つまり、古典論理学の「主辞・コプラ・賓辞」構造に当てはめる形で、コプラの位置に、「日本語におけるコプラ」として、日本語の「イ形容詞」の「陳述形」を考えたことにより、日本語におけるコプラ表現には、「属性」表現の次元と「陳述」の次元の二つがあるという論理的な帰結を肯定することになったまでのことである。

18『季刊 iichiko』Summer 2021 N0.151, p.110。本書3章75頁。

19 佐久間鼎『日本語の言語理論』前掲書、222頁。

20 同上、222頁。

21 同上、172頁。

22 同上、77頁。

5章

日本語構文論の定礎を築いた佐久間鼎

はじめに

佐久間鼎に決定的な功績があるとすれば、それは、コプラ文の位置づけを、西洋語をモデルに考えたこと、しかも、それを西洋の言語学者を超えて考えたことである。それが可能であったのは、西洋の最前線の人たちの知見を参照した碩学であったからであり、それに、なによりも、西洋の言語学者の知らなかった日本語で考えることを武器として使えたからである。

日本語構文論の構築にあたって佐久間がその出発点として位置づけたもの、それは、草野清民以来の「総主論争」に決着をつけることであった。総主論争の核心について、佐久間は、簡潔にこう述べている。「一つの構文が少なくとも一つづつの主部と述部、あるいは主語と述語とで組みたてられるというのが従来一般の予想だったところへ、この種の表現にあっては述語を定めてそれの主語を求めると、

Sakuma Kanae qui a construit les assises pour une théorie
de la syntaxe du japonais…es contributions et ses limites
iichiko intercultural Winter 2021, no.153

それ以外にも主語と見るべきものがその前に来るという有様だったので、これをどう取り扱うべきかに迷った。〝総主〟(または〝文主〟)の問題がこうして起こった」[1]。

佐久間は、初めから、西洋語文法のネックに焦点を当てていた。つまり、「主語・述語」関係ではうまく語れない事例を明示することから始めた。特に、主辞＝繋辞＝賓辞という構造を持つ命題文、すなわちコプラ文に依拠した西洋の構文論によっては語れない構文を明示した。言語論理学の枠を外れてもなお、主辞を主語に、賓辞を述語に変更しただけの構文論では語れない構文を取り上げた。このように、西洋諸語と日本語との構文論における巨大な非対称性に、初めから、視線が向けられた。それは、一言でいえば、一文の中に「は」と「が」を同時に含む日本語の構文の特質をとらえることであった。爾来、その代表的な構文として語られることになるのが「象は鼻が長い」型構文である。佐久間による「総主」問題に対する返答は見事である[2]。そして佐久間が三上章の構文論を導く先導者としての役割を果たしたことはよく知られている。西洋諸語の主・述構文によっては語りえない、しかも、日本語において極めて頻繁に用いられる構文を、日本語構文論の要の位置に置くことに成功したのである。

しかし、佐久間の貢献は、なんといっても、西洋諸語における構文論がコプラ文を基底においていることに対して、根本的な不満を突きつけたことにある。ただし、ここにはやや込み入った事情がある。それを最も簡潔に語れば、次のようにいえるだろう。近代の西洋諸語においては、たしかに、「古典論理学の言語理論への侵犯」[3]による、コプラ文中心主義とでもいうべき傾向が見られるのだが、比較文法学の歴史において幾人かの重要な人物(イェスペルセン、ヴァンドリエスなど)の抵抗が問題にされた。佐久間が注目したのは、それである。ところが、ここには逆説的な事情がある。それは、この抵抗を試みた人々が西洋諸語におけるコプラ文の起源を問いながら、現実的には、コプラ文中心主義に抵抗できなかったということである。例えば佐久間が引用しているヴァンドリエスは、西洋語において歴史上のある時期にコプラが誕生したのであり初めからコプラがあったわけではない、ということを力説している(4)。にもかかわらず、現実的にコプラ文が成立したという事実に抵抗できた者はいないのである。この現実を私は逆説的な事態、あるいは悲劇的な事態と呼ぼうと思う。

ところで、この逆説的で悲劇的な事態には佐久間自身も無縁ではあり得ないということが問題なのである。コプラの問題を語る最大の困難が、実は、ここにあるのだ、と私は思う。私にいわせれば、「古典論理学の言語理論への侵犯」の影響を被らなかった西洋の言語学者、文法学者が皆無であったことが問題なのであり、しかも、彼らの影響を避け得なかった者の中には佐久間も含まれることが問題なのである。「侵犯」を口にすることはできる。事実、ヴァンドリエスはそうしている。ヴァンドリエスにならって佐久間もそうしている。だが、そのことは、ヴァンドリエスや佐久間がその「侵犯」を乗り越えたことを意味しない。その「侵犯」を免れたことを意味しない。これが問題なのである。

困難がどこにあるのかをもっとも雄弁に物語っているのが佐久間の引用するヴァンドリエスの次の一節である。「名詞文は、主語と属性語との二項を含むが、二つともいずれも(広義の)名詞のカテゴリアに属している。アリストテレス流の論理学者たちは、構文の型の二種別によく気がついてはいたが、名詞的動詞を導入するという行き方で動詞文を分解して、両方を一つの型だけに帰した。すなわち：

Le cheval *court* = Le cheval est *courant*.

間違いもこれほどがんこだったものは、あまり例がない。そこへ付会した形而上学的観念で固められている哲学者たちは、（〝名詞的〟動詞というほどの意味の）le verbe «substantif» という名称にわざわいされて、この動詞（est）の代表する実体（本質）と、属性語の表示する偶有性とを対立させた。いっさいの命題の両項（主辞・賓辞）をつなぐ必須の鎖であり、いっさいの肯定の表現であり、いっさいの三段論法の基礎である動詞 être の根源的存在を土台として、論理学全体が構築された」[5]。さらに、ヴァンドリエスはこう続ける。「だが、言語学者は、このスコラ学的建設を採用するどころか、それを根こそぎこわしていく。諸言語の大多数のものの事実的証拠に徴すると、動詞文は動詞の être と何の関わりもないし、この動詞そのものが名詞文の中にコープラとしての地位を占めるようになったのは、ずっと後世のことなのだ」[6]。

ヴァンドリエスは、コプラ文の出現の歴史的時期を、彼の時代を含む長いスパンで押さえている。いってみれば、近現代として押さえている。この事実を考えると、コプラ文の問題が俄然複雑になる。ヴァンドリエスは、être 動詞（be 動詞）が「名詞文の中にコープラとしての地位を占めるようになったのは、ずっと後世のことなのだ」といっているが、実際には、現在のコプラの問題が出現した時期、つまり、自分の時代を包含する時期であるといっているのである。したがって、間接的には、自分もまたコプラの出現を現実の問題として生きることを免れなかったことを認めていることになるだろう。ヴァンドリエスのいい方は曖昧である。西洋語において、コプラ表現が現れたのはどの時期なのかということを、実は、明示していない。多分明示できないのである。ヴァンドリエスがいっていることは、以下の二点である。

第一点は、「ずっと後世のこと」というのが、私たちが現にコプラと呼んでいるものが出現した時期のことを指す、ということである。したがって、言外に匂わせているのは、それ以前においては、コプラ表現がなかったということである。そして、コプラ表現の出現以前においては、コプラ表現の起源(原型)をなすものとして、所有の表現があったという推測を述べている。現在私たちがコプラ表現と見なしているものの原型には、例えば、所有を表す表現「持つ」という動詞があったということをヴァンドリエスは仄めかしている(7)。

第二点は、もっと厄介である。ヴァンドリエスの発言の後半部にある「だが、言語学者は、このスコラ的建設を採用するどころか、それ根こそぎこわしていく」という言説は、文字通りに受け止めるわけにいかないものである。なぜなら、現に、コプラ表現が確立されていくことになったという史実が、厳然として、あるからである。それを食い止めたという史実はない。根こそぎ壊していくといういい方は、能天気で現実逃避的ないい方に過ぎない。西洋言語においてこそ、コプラ表現が、現実に支配的な表現の場を占めるようになったのだから。そして、ヴァンドリエスのいい方にも関わらず、古典論理学(言語論理学)の影響が定着することになったのが、コプラ表現の出現の時期に当たっているのであり、その時期以来、現在もなお、連綿としてコプラ表現が続いているという事実があるのである。アリストテレスの論理学が絶大な影響力を発揮する時期、それが、実は、今日私たちがコプラ表現と呼んでいるものが定着した時期に当たるのである。「コプラはある時期にコプラになったのである」というヴァンドリエスのいい方に誤りはないのだが、その時期とは、実は、ヴァンドリエスの時代をも指すのである。その意味では、スコラ学的建設を受け入れた時期、それが、実は、ヴァンドリエスの生きた時代なのであり、コプラ文が幅を利かすことになるのを、なすすべもなく、傍観していた時代なのである。

ヴァンドリエスは、メイエ同様に、「名詞文」と「動詞文」の境界画定を持ってコプラの問題に立ち向かったのだが、コプラ文の特質を語るという点ではかなりの成功を収めている。その意味では、佐久間はヴァンドリエスから大事なものを継承しているといえる。しかし、ここでキッパリといっておきたいが、佐久間の功績は、ヴァンドリエスを超えてコプラの問題に迫っている点にこそあるのである。

メイエとヴァンドリエスの功績は、「名詞文」と「動詞文」の境界画定において、「名詞文」の中に「形容詞文」を含ませたことである。彼らが主に着目したのは、「名詞文」対「非名詞文」の境界画定であった。しかし、肝心の「動詞文」に対しては、次章で語ることにするが、極めて不十分にしか語ってはいない。実は、この点で、佐久間もまたメイエ、ヴァンドリエスの限界を共有してしまう結果になったのである。つまり、佐久間もまた「動詞文」に対する十分な指摘はなし得ていない。しかし、その点に関しては、後に正面から取り組むことにして、ここで、佐久間がメイエ、ヴァンドリエスに対して、「動詞文」と「非動詞文」の境界画定の試みにおいて、一歩先行していることを確認しておこう。

佐久間の功績

確かに、メイエ、ヴァンドリエスは、「非動詞文」として「名詞文」を位置づけることにかなりの成功を収めている。ところが、佐久間が性状詞文と名づけるものに対する省察においては、佐久間が一歩先を行っている。メイエ、ヴァンドリエスがいうように、「形容詞文」は、一種の名詞文である。従って、「名詞文」には、いわゆる名詞文と形容詞文の二種があることをいうのは正しい。しかし、佐久間に比べて、構文論の全体を押さえるという点ではいささか荒っぽい言説になっている。理由は単純である。メイエとヴァンドリエスは、日本語を知らなかったからである。この機会にキッパリといっておきたい。メイエとヴァンドリエスが日本語を知らなかったのは、実は深刻な欠落だということを。世界レヴェルにおける比較文法論の草分け的存在であったこの二人が、ソシュールとミシェル・ブレアルの高弟の二人が、日本語を知らなかったことは大いに悔やまれる。比較文法論の前進にとって非常に悔やまれる事態であったのである。

メイエ、ヴァンドリエスによる、「動詞文」と「名詞文」の境界画定には、実は、佐久間に比べて、重大な欠陥があった。一言でそれをいえば、こうなる。つまり、西洋語においては、「形容詞文」も一種の名詞文と見なしうるのであるが、日本語の形容詞文は、それに比べて、明らかに別の特質をもっている文である。その点に関しては、松下大三郎も山田孝雄も時枝誠記も、明敏な反応を見せた。これら三者は、日本語の形容詞文が、西洋諸語における形容詞文に対して、大きな非対称性を抱えていることを明察していた。一言でいえば、日本語の形容詞文は、それだけで述部を構成できるのであり、コプラ（措定の語詞）を必要としない。メイエ、ヴァンドリエスの観点では、「動詞文」でないものが、すべて「非動詞文」、つまり「名詞文」ということにされてしまう。しかも、西洋語の基準では、名詞文は、性状詞文も含めて、コプラ文とみなされてしまう。しかも、厄介なことに、コプラ文は、be動詞文でもあるとされるわけである。このように、ヴァンドリエスの威勢のいい掛け声とは裏腹に、現実的には、「古典論理学の言語理論への侵犯」に対してなすすべがなかったのである。これが、西洋諸語の中で起きてしまった歴史的経過だったのである。

ここで、私たちは、メイエ、ヴァンドリエスから離れて、佐久間に向かわねばならない。佐久間こそは、日本語におけるコプラ表現の本質に迫る考察を展開したのであり、そのことを通して、メイエ、ヴァンドリエスを超える地点に至り着いたのである。

佐久間は、「物がたり文」と「品さだめ文」の境界画定に加えて、性状詞文と措定詞文の境界画定を加えた。この構文論の視点は優れている。西洋語におけるコプラ文の支配を脱構築させるだけのものを持っている。佐久間は、日本語にはコプラ表現はないといっているのである。西洋諸語においてコプラ表現のモデルにされたのは形容詞文であったのだが、日本語においては、形容詞文がコプラ文になることはないということ、日本語には、形容詞文に対して、西洋諸語におけるコプラ文に該当するものとして措定詞を用いる表現を持っている、ということを明示したのである。そして、措定詞はコプラではないということを示したのである。

それに対して、ヴァンドリエスは、西洋語におけるコプラ表現は、一種の事故によるものであるといっている。だが、それにもかかわらず、西洋語は、現代において、現にコプラ表現を持っているという現実は厳然としてある。それを事故であると見なすのは勝手だが、コプラ表現がないということは決していいて得ないのである。それに対して、佐久間は、「古典論理学の言語理論への侵害」を認めた上で、それでも日本語にはコプラ表現はないという立場を取り続けたのである。

ただ、残念なことに、佐久間には、徹底性が欠けていた。一種の惜しむべき譲歩が見られるからである。そればかりではない。佐久間は、譲歩に加えて、一種の本質的な曖昧さを避け得なかったのである。その曖昧さこそ、実は、彼が「ある」を動詞とみなしてしまう原因だったのである。

佐久間の曖昧さ

佐久間は、西洋諸語と日本語の非対称を、コプラの問題を通して探り当てるという偉業をなし遂げるという賞賛すべき仕事をした人物である。しかし、佐久間は、致命的な欠陥を抱えてもいた。それは、あたかも日本語がコプラを持つ言語であるかのような語り方をしてしまったことである。この点では、功罪半ばするというべきかもしれない。西洋諸語と日本語との間にある非対称を、コプラ表現における非対称として押さえた功績はいくら讃えても讃えすぎるということがないほど優れたものである。しかし、佐久間は、根本的な曖昧さも抱えることになった。そのことに焦点を当ててみたい。しかし、その前に、まずは功の方から語る。

佐久間の文句なしの功績は、代表的西洋語(英語、フランス語、ドイツ語)におけるコプラ問題を、西洋の言語学者を通して、さらには、中国語、ロシア語との比較を通して、厳密に検証したことにある。彼以前にそれをなした者はいない。西洋語におけるコプラ問題の考察において、西洋の最前線ともいうべき学者の知見を参照して、問題点を探り当てたことは、今日においてもなお、文句なしの功績として光っている。しかし、佐久間のコプラ論の独自性は、なんといっても、コプラ問題に、日本語文法論の側から光を当てる視点を打ち出していることである。これは、上記の西洋の言語学者にはなし得なかったことである。それをなすに当たって、西洋のコプラ論の問題点を、日本人の目で捉えたという功績は讃えられるべきである。しかし、佐久間は、先駆者として、一つの曖昧さ、ないしは、予断を抱え込むことを避け得なかった。ここでは、佐久間における、功罪の罪の方に焦点を当てて、佐久間がはまり込んだと思われる罠に焦点を当ててみることにする。私の立場は、以下のようなものである。つまり、佐久間の偉大な功績に関しては、全面的に賛同しているということ、ただし、どうしても許容できない問題点が出てきてしまうということ、そして、この後者の検証を主眼に置くということである。

佐久間の曖昧さ、佐久間がはまり込んだ落とし穴、それは、《あたかも日本語にもコプラがあるかのような言説を展開してしまった》という一点にある。佐久間がねぐってしまう結果になったのは、《日本語はコプラを持たない言語である》という単純な事実である。これを言い換えたら、こういえるだろう。佐久間は、日本語にも、コプラに当たるものがあるという観点から語ってしまっている、ということである。実際には、《コプラに当たると思わせるようなものがある》だけなのである。佐久間自身、おそらく、日本語にはコプラはないという見解に立ってはいただろう。そのように思わせる言述を佐久間の中に探すことは可能である。ところが、肝心のところで、佐久間は、曖昧さを抱えているのである。それを、とりあえず次のように表現することができる。佐久間は、《日本語にはコプラはない》という山本哲士のような徹底性*を欠いていた、と。

佐久間における三つの焦点

佐久間のコプラ論の要点は、以下の三点に絞られる。

第一点、日本語における形容詞の位置づけ

第二点、日本語における「ある」という語詞の位置づけ

第三点、日本語の「動詞」の位置づけ

佐久間が抱える曖昧さは、実は、以上の三点において現れる。あらかじめいっておきたいが、この三点は、日本語の口語文法論の総体を鳥瞰させるほど重要なものである。その点でも、佐久間は、他の追随を許さないというほどの偉業をなしとげたといえる人物である。にもかかわらず、佐久間の限界を、この三点をめぐって、指摘できるのである。ここにもまた逆説的な事態がある。なぜなら、この三点に鋭い省察を加えた人物もまた、佐久間を除いて、ほとんどいなかったのだから。

ところで、以上の三点は、ある意味では、三点とも、「ある」という語詞をめぐる省察であるといい得る(8)。先ずは、「ある」を動詞とみなすのか？　それとも、形容詞とみなすのか？　ということに関係し

てくる問題である。佐久間は、比較文法論の草分けの仕事、ソシュールとブレアルの弟子であるメイエ、ヴァンドリエスに注目して、両者による「名詞文」と「動詞文」の境界画定のテーマに立ち向かった。ところで、その際、佐久間が特に注目した一点があった。それが、実は、「日本語の形容詞」の位置づけだったのである。当然、佐久間は、ヨーロッパ語における形容詞の位置づけに関心を向けた。そして、西洋諸語と日本語の間にある非対称に気づいた。そこから、佐久間は、メイエ、ヴァンドリエスに対して、彼らの知らなかった一点に注目することになった。それが、日本語における形容詞の位置についての問いであった。むろん、佐久間以前にも、この点に関心を向けた日本人はいた。山田孝雄と松下大三郎の二人であった。しかし、佐久間は両者と違っていた。日本語の形容詞が西洋諸語の形容詞といかなる点で異なるのかを、正確に押さえることができたのは佐久間だけだったのである。そのことを佐久間は次のように的確に押さえている。「平叙文は(A)物語文において動作・過程の表現の様式をもち、(B)品さだめ文において事物の状況についての表現をそなえ、さらに分かれて、一方では事物の属性または状態を規定する性状規定の構文方式を、他方では関係判断をいいあらわす措定の構文方式を発展させている。このことは、日本語の構文の組みたてについて、はっきり認めることができるが、他の諸種の言語についても、多かれ少なかれ見出すことができると思う」(9)。

次に、第二点であるが、佐久間は、日本語の「ある」と「ない」という語詞に注目した。それは以下のような文脈においてであった。英語・フランス語・ドイツ語におけるbe動詞、être動詞、sein動詞は、今日では、ほとんどもっぱらコプラ的用法を特色とするものになっていて、「存在」の表現は、「もとこれから派生されたものがあるにしても、すでに分化して別の方式を確立している」[10]。「存在の表現と主辞賓辞をつらねるいわゆる繋辞とは、本来的な関係を持つものでは」[11]ない。フランス語の例でいえば、Hanako est Japonaise（花子は日本人だ）、Hanako est à Paris（花子はパリにいる）である。同じ être 動詞の前者がコプラ表現であり、後者が、存在表現である。以上の基本的な確認の後、佐久間は続ける。「日本語におけるこの辺の事情は、一層明らかにその事を示している」、と。「すなわち、現代日本語について見ると、存在文は、肯定的には〝ある〟という動詞で、否定的には〝ない〟という形容詞で組み立てられる」[12]、と。一見したところでは、堂々たる正論に見える。しかし、私にいわせれば、佐久間は危うい橋を渡っているのである。存在文が「ある」という動詞と「ない」という形容詞で組み立てられているかどうかを確認するのは慎重な考察を求められる、といっておこう。次は、存在文に対するものとしての判断文に関してだが、佐久間はこういっている。「甲が乙に合致するという場合、いわゆる説明判断の場合に充用する語詞は、口頭語では〝だ〟〝です〟などとなっているし、文語では〝なり〟となっていて、形態の上からも存在の動詞たる〝ある〟〝あり〟とちがっている」[13]。ここでの佐久間の発言も、一見したところでは、問題がないように見える。ところが、佐久間の言説は曖昧さを抱えている。一言でいえば、共時的観点と通時的観点が、不用意にも、絶え間なく混じり合っている。私見によれば、この点の曖昧さが佐久間の足を引っ張ることになるのである。

「ない」を形容詞とみなすことは問題ない。ところが、その肯定形である「ある」の品詞を確定する際に、佐久間は、慣習に従ってしまった。「ある」を、慣習に従って、「動詞」として受け止める姿勢を貫徹した。しかし、同時に、佐久間自身、「ある」を、文字通りの動詞とみなすことに大きなためらいを見せてもいる。にもかかわらず、惜しいことに、佐久間は、もう一歩省察を先に進めることをしなかった。実は、この点での不徹底が、佐久間の決定的な限界を印づけてしまうことになるのである。

ここから佐久間への反論を試みる。佐久間は、「ある」を動詞と見なしつつ、すんなりとは動詞とは見なせない面がある、という立場で揺れ動いた。その揺れ動きの原因は、以下の二点にある。第一に、日本語の「ある」を、ヨーロッパ諸語に投射して、いわば「である」(措定の語詞)と「がある」(存在の表現)とを重ねて論じてしまうという誘惑に屈したのである。第二に、次の見方に立ってしまっている。西洋語でコプラとみなされる動詞は「定動詞 Verbum finitum」に当たるもので、「〃存在〃の意をあらわすことを一面の職分とする動詞」である。「したがって、これらの動詞に相当するものを日本語について求めると、〃ある〃という語詞がそれに外ならないということになる」⒁。ここには、飛躍がある。一見したところ、通説を揶揄するようないい方になっているが、つまり、その通説に一種の留保を置くというようないい方にも聞こえるが、その実、「それに外ならないということになる」ということを、文字通り受け止める結果になっているのである。

西洋諸語の be 動詞の場合には、もちろん、このいい方は可能である。しかし、問題は、「ある」という語詞の定義としてこのように語ることには大きなリスクが伴うという点である。ようするに佐久間は、西洋語におけるコプラの語源的解釈と、それに該当するとみなされる日本語の「ある」の語源的解釈とを、短絡させてしまったのである。ここには実は巨大な問題があるということに、佐久間自身、気づいていなかったのである。

佐久間の不徹底を次のように表現してみようと思う。佐久間は、言文一致以後の口語日本語を対象に文法論を語っておきながら、一種の未練症状から自由になっていないのである、と。この未練症状は、実に、日本語文法論における最大の問題点をなすものなのだが、日本語の「ある」を規定するのに、言文一致以後の視点に立たずに、いわば、括弧付きの「平安時代」の日本語文法を規範にして見てしまうという国民レベルの予断にとらえられる結果になっているのである。一言でいえば、言文一致以後の「だ」と、書き言葉専用の「である」の関係を想定してしまうという抜き難い性向を、佐久間もまた、免れていないということなのである。三上のいうように、「だ」と「です」は、「である」とは区別して語られるべき語詞である[15]。口語文法論に徹する立場を貫徹して、「である」を「ある」と関係づけてしまう危険から身を引き離すことが肝心なのである。

キッパリといっておこう。「ある」と「である」は、実は、なんの関係もない。「ある」を動詞とみなすにしても、「である」は動詞とはなんの関係もない。「ある」という動詞と関係のあるのは、「がある」という表現の方である。「である」は、西洋語でいうコプラに該当する表現ではあるが、その場合の「である」はあくまでも書き言葉なのであり、口語文法論の枠においては、「である」は、三上のいうように[16]、「だ」あるいは「です」で置き換えないといけない。この点で柳父章の指摘を想起することは重要である。柳父章によれば、「である」という語形は、言文一致の時期に初めて現れた語形なのである。繰り返し力説しておくが、「だ」と「です」は、「ある」という動詞とは何の関係もないと同様に、「である」もまた、「ある」

とは何の関係もないのである。「ある」という動詞と関係するのは、「がある」であって、「である」ではない。「である」が「ある」と関係を持つという思い込みが、例えば、和辻哲郎の錯誤に典型的に現れているように、延々と続いているのである。この錯誤から解放されるためには、例えば、平安時代の日本語文法との連続性を想定するという擬似学問性から身を引き離す必要がある。言文一致以後の口語日本語の枠内で厳密に考える必要がある。ここで強調しておくが、「言文一致」は、平安時代の日本語と現代日本語との連続性を革命的に断ち切った事件だったのである。口語文法の樹立に賭けた佐久間ではあったが、惜しいかな、一つの重大な不徹底を抱え込んでしまった。その不徹底ゆえに、佐久間は、結局は、多くの日本人と同様に、「ある」を動詞とみなしてしまうことになった。しかし、「ある」は動詞とみなしうる語詞ではない。

「ある」の規定がいかなる意味で巨大な問題であるのか?

まず、西洋語の be 動詞だが、コプラ成立の時点においては、be 動詞、être 動詞が、一方では存在の職分を担い、他方ではコプラとしての職分を担うものであるといういい方は正しい。ただし、存在としての職分を担う性格は希薄になり、ほぼもっぱらコプラとしての職分を担うことになった、という事実を忘れるべきではない。ヴァンドリエスがいうように、歴史上の一時期に、コプラはコプラになったのである。言い換えれば、それまで、西洋語にも、コプラはなかったのである。これが第一点である。さらに、私見によれば、もっとも厄介な問題が控えている。《果たして be 動詞はどういう語詞なのか?》という問題が。慣習によれば、be 動詞は「動詞」ということになっている。しかし、私の見るところ、これまで、be 動詞と呼ばれているものの定義を与えた者はいない。ハイデガーさえ与えてはいないのである。存在論の歴史においてさえ、誰も定義を与えてはいないのである。慣習にしたがって動詞であると見なすか、あるいは、形而上学的な文法論の枠の中で、動詞として語られているに過ぎないのである。ハイデガーの「存在」の定義は、かなりは文法論的であるが、厳密な意味で文法論的であるわけではなく、明らかに形而上学的性向を強く帯びている。しかし、「動詞」が、先ずは、文法用語である(あるべきである)ことを忘れてはならない。「動詞」は、be 動詞も含めて、まずは、厳密に、文法用語として規定されねばならない。

ここは一歩妥協して、ハイデガー同様に、be 動詞というのはいかなる動詞なのか? という問いを立てることに甘んじておこう。be 動詞を動詞であるとみなすという前提に立った場合には、佐久間の定義は的確である。「〝存在〟の意を表すことを一面の職分とする動詞」としてある。これが、まさに、コプラ動詞と呼ばれるものを指している。英語の be 動詞、フランス語の être 動詞、ドイツ語の sein 動詞には、すべて佐久間の定義が妥当する。ところが、それは、あくまでも、西洋諸語において、コプラ表現が、コプラ動詞をベースに成立したという条件においてのみ通用する観点である。コプラがコプラになる以前には、通用しない見方である。

実は、コプラ問題の最大の難関がここにあるのである。佐久間がいうように、コプラ表現が西洋語において成立した際に、西洋において、be 動詞における二次元が分離されたのである。「存在」と「コプラ（措定）」の二つに。佐久間は、そのことを、見事に、こういっている。「インド・ヨーロッパ語系の諸国語にあっては、いわゆる〝存在の動詞〟、じつはむしろ措定と性状規定とに専用されるところのいわゆる to be の動詞、あるいは Grundverbum が、コープラとして用いられるようになっていますが、かならずしもいつもこれを必要とするものではないこと、すでにイェスペルセン（O. Jespersen）らの例証したところです」(17)。

be 動詞が、そもそも、いかなる動詞であるのか？　さらには、それは、そもそも、本当に動詞であるのか？　この問いに対する答えが、実は、求められているのである。

ここで、日本語における「動詞」の位置づけに移る。それをなすためには、あらかじめ、次のことを確認しておかなければならない。それは、日本語の「ある」の品詞を確認することである。佐久間は、慣習にしたがって、「ある」を動詞と見なしたが、私は賛成できない。「ある」が動詞であるとは思えないのである。手始めに、広く流通している錯誤を語ることから始める。「ある」を動詞であると見なす人間が、一様に、はまり込む陥穽、それは、日本語の「である」と「がある」という二つの表現を、各々が内部に含んでいる「ある」に結びつけてしまうという陥穽である。実をいえば、佐久間鼎も三上章(18)もこの陥穽にはまり込むことを避け得ていないのである。

この機会に、キッパリと以下のことを言明しておこう。書き言葉専用の語として言文一致の時期に出現した「である」が、いわば、日本語のコプラに該当する語形である。近代のヨーロッパ諸語（英語、フランス語、ドイツ語）においては、措定表現と存在表現とを分化させている。措定表現が、ヨーロッパ諸語においては、コプラ表現をなす。それに対して、「存在」の表現として、独立に、措定表現ないしコプラ表現とは別に、存在表現専用の表現を持っている(19)。ところで、佐久間が明示したように、日本語の場合には、ヨーロッパ諸語以上に、措定表現（「コプラ表現」）と「存在表現」の分化がはっきりしている。現代の口語の日本語においては、措定表現が「だ」、「です」であり、存在表現が「がある」である。「である」は、口語では使われない語形であり、しかも、「である」は「存在」とは無関係であり、もっぱら「措定」のために使われる語形である。実は、和辻哲郎や山田孝雄が日本語の「存在表現」に「である」と「がある」の二形があると思い込んだのは、純然たる錯誤である。前者が、措定表現であり、後者が存在表現なのである。そして、日本語にコプラに該当する語形があるとすれば、書き言葉では、「である」であり、口語では、「だ」「です」である。

ここで明記しておきたいが、佐久間や三上章のように、「なり」を「である」と重ねて語るのは、実は、二重の意味で、踏み外しである。第一に、「なり」は、「である」と、共時態においては、比較できないからである。第二に、「なり」を措定の表現と見なすにしても、「である」の場合のように、内部に「ある」を含む表現にはなっていない。通時論の見方を適用させて、強引に、「なり」の内部に「あり」を読み込もうとする、一種の未練症状があるに過ぎない。そこにあるのは、通時論に対するアプリオリな愛着である。しかし、実は、そうすることの根拠は何もないのである。例えば、三上章における、未練症状の一例に過ぎないのである。残念なことに、三上章ばかりか、明敏な佐久間鼎もまた、この未練症状に身を任せてしまったのである。ここで確認することになるのは、日本語の口語文法論にとっての最大のハードルが、実は、言文一致が抱えている革命性を理解することに存するということである。言文一致革命は、従来の通時論的アプローチの可能性を完膚なきまで粉砕してしまう革命だったのである。日本語の口語文法は、言文一致革命以後の文法論としてしか成立し得ないものである、といっておこう。

次に、口語日本語における(言文一致革命以後の)「ある」という語詞は、動詞とは呼べないものである。もしろ、形容詞に近いものである。前回、「ある」を動詞であると見なすことには無理があることについて、基本的なことを語ったが、今回は、なぜ「ある」を形容詞であると見なすのか、その理由について述べてみることにする。

実は、この問題を扱うには、一つの条件を満たさなければならない。それは、日本語の「動詞」の規定に迫る上で不可欠の条件をなすものである。日本語の「動詞」の類型化を可能にさせるものとして、実は、日本語の格助詞システムというものがある。日本語の動詞の類型化は、日本語の格助詞システムの特質を通して可能になるのである。私は、拙著『日本語と日本思想』の中で、そのことの最初の素描を提示した。その時に語ったこと(20)をベースに再論することにする。

私は、言文一致以後における日本語の動詞、それと、日本語の格助詞、これら二つのカテゴリーの間にある関係に着目した。動詞の分類として、いかなる格助詞と「共起」するかを問うた。結果だけをいうと、「に類」「を」「で」の中の一つをとる動詞という三類型に分類できることを確認した。そのこと

	動詞
1）に	現前動詞：ある、いる、見える 滞留動詞：住む、滞在する・・・・ 方向関与移動動詞：行く、着く、来る・・・・
2）を	方向非関与移動動詞：歩く、通る、渡る・・・
3）で	1）、2）以外のすべての動詞

を、私は、自分なりの表現法として、「に類」、「を」、「で」と共起する動詞というふうに表現することにしているのである。それを、上のように図示した。

（ただし、「に類」と共起する動詞と見なしている動詞の品詞分類には問題があるということを告白しておかねばならない。「動詞」であると見なすか、「形容詞」であるとみなすか、困難な語が問題だからである。慣例に従えば、「動詞」であるとされているのだが、一種の決定不可能性を抱えている語ばかりが問題だからである。とりあえず、次善の策として、「形容詞的動詞」ないしは「動詞的形容詞」と呼んでおくことにしている。）

動詞は、おおむね、「で」と共起する。「ある」「ない」は、「に」と共起する。しかし、もう一つ加えておかねばならない。「を」と共起する動詞もある。それを「方向関与的」なものと「方向非関与的」なものに二分した。

「で」と共起するのが「動詞（らしい動詞）」であり、「に」と共起するのが「形容詞的動詞」であると、とりあえず、いっておく。私見によれば、動詞をめぐる構文論を語るにあたって、もっとも肝心のポイントは、「で」と共起する動詞と「に」と共起する動詞が、構文論にどのように関わるものであるかを確認することである。

「ある」は、「に」と共起する「形容詞的動詞」である。日本語からの類推で語れば、ハイデガーは「ある」を「に」と共起するものとして語っているが、それには理由があるだろう。「ある」と時間性の関係に注目したかったからである。実は、「ある」が「存在」に関わるのは、「ある」がコプラに関わるからである。おそらく、ここに、哲学上の大問題が隠されているのである。ヴァンドリエスは、動詞が、本質的に、「時」に関わるものであると指摘した(21)。その指摘は、極めて重要である。佐久間は逸早くそれに注目した。しかし、佐久間は、問題として提起しただけで、突っ込んだ省察はしていない。実は、おそらく、この問題が、コプラ問題の最大の難関をなすのである。そればかりか、実は、時枝誠記の言語類型論の核心部に関わる問題でもある。しかし、この問題はあまりにも巨大であり、機会を改めて論じる他ない。6章まで先送りにしておく。ただ、一言だけ予告しておくと、西洋諸語で思索したハイデガーが、コプラの問題を起点にして、「存在と時間」をテーマに選んだこと、それに対して、西田幾多郎が、同じくコプラの問題を起点にして、「存在と場所」をテーマにしたこと、この双方と無関係ではあり得ない。実に巨大な一点に関わるものが伏在しているに違いないのである。日本語の構文論の要である「動詞文」の抱える射程の中で、時間に関わる表現と場所に関わる表現の対比の問題が控えていることは間違いないのである。

ここでは、「ある」が、動詞とは見なし得ない語詞であるということだけ確認しておくにとどめる。「ある」は、形容詞的動詞、あるいは、動詞的形容詞とでも呼ぶべき語詞である。「動詞」によりも、むしろ、「形容詞」に近い語詞である。

「は」と「格助詞総体」との境界画定

これまで、佐久間の功罪について語ってきたが、最後に、佐久間がついに気づくことのなかった一点について語らねばならない。しかし、これは実に微妙な一点である。なぜなら、日本語における「は」という語詞についてなした佐久間の功績は一級のものとして評価されているからである。しかし、「は」をめぐる省察において、佐久間が気づくことのなかった一点もあったのである。

佐久間は、「場」の問題に着目した。自分の専門であったゲシュタルト心理学の関心から出てきたものだが、実は、この「場」をめぐるテーマを通して、日本語文法論の核心に迫る省察を展開することになった。提題の助詞である「は」に注目することによって、日本語の構文論が、初めて本格的に打ち出されたのである。もちろん佐久間に何らかの着想を与えた先人はいただろう。その一人が松下大三郎であっただろう。しかし、「は」を「提題の助詞」として語ったのは佐久間なのである。

佐久間の構文論は素晴らしい。日本語の口語文法の定礎を築くものになっている。それについてはすでに語ったことがあるので、それを参照願うことにして(22)、今回私が問題にしたいのは、佐久間が気づかなかった一点である。

佐久間は、草野清民の総主問題に見事な返答を与えた。ただし、佐久間の素晴らしい論述にも一つの限界がある。「は」と「が」の取り結ぶ関係については実に見事な省察を与えた佐久間ではあるが、たった一つ、気づいていないことがある。視界に入っていない一点がある。そのせいで、「は」と「が」の弁別の仕方が不十分なものに終わったのである。

佐久間は、「が」と他の格助詞との関係はつかんでいた。ところが、「は」と「が」の違いについてはうまく語れていないのである。もちろん、両者の次元の違いには気づいていた。しかし、その違いがどこにあるのかを言い当てることができなかった。それは、佐久間が「は」と「が」の直の比較が可能だと思い込んだことに原因があったのである。「は」と「が」の境界画定をなすためには一つの条件を満たしていなければならない。それは、「は」と「が」の境界画定は、「は」と「格助詞の総体」の境界画定を通すことによってしかなされようがないということである。つまり、「は」を、単独に、「が」に比較しても「は」と「が」の境界画定はなされないということである。

要するに、格助詞というものは何かという問いに対して、初めて、「は」の定義が可能になるのである。言い換えれば、格助詞という「カテゴリー」に対して、「は」はいかなる特徴を持つものであるのか、これが問われねばならないのである。

「は」とは何か？　それは、「が」に対して何がいいうるか？　という答えとしては得られない。あくまでも「が」を含む格助詞総体に対して、「は」とは何か？　という問いを発しなければならないのである。言い換えれば、「は」とは何か？　という問いは、「は」というカテゴリーは何か？　という問いとして立てられねばならない。言い換えれば、「は」とは格助詞というカテゴリーに対していかなるものであるか？　という問いとならねばならない。

カテゴリーとしての格助詞の特性とは何か？　まずはこの問いに答えなければならない。私は、『日本語と日本思想』の中で、基本的なことは語った(23)ので、それを参照願うことにして、結論だけを述べる。格助詞とは、原則上、「三つ以上のものから一つ(ないし複数)のものを選び取る」もののことである。それに対して、「は」の特性は、まるで異なったものである。同じ助詞でも、「は」と「格助詞」とは大きく異なるのである。公式化のスタイルで語れば、「は」の特質は、甲と非甲との間の二項対比を特質としている。「は」の特質は、数字でいえば、2を基礎にして機能するということである。決して3になることはない。それに対して、格助詞の場合は、原則上(ここで、原則上というのは、2のケースも、特殊ケースとして含まれるからである)、3以上のものの中からの選定として機能する。

それを、言葉でいえば、「対比」となる。何と何の対比か？　それは、甲と非甲との間の対比である。数字でいえば、2の対比である。「は」の対比は、2の対比を超えることは決してあり得ない。佐久間はそのことに気づいていないのである。

佐久間が、「は」を「提題のハ」と呼ぶ際に、実は、「は」が、「甲と非甲の対比」であることを意識していないのである。この点で、私は、個人的には、「提題の助詞」といういい方は好まないのである。なぜなら、もっとはるかに凡庸な語詞だからである。勿論、佐久間が、「は」を「が」に対して語るということで、苦心惨憺したことは分かる。そして、松下のように、題目を提示するための助詞という意味で、「提題の助詞」と呼んだのはよく分かる。しかし、それでも、佐久間は、以下のことに気づかなかったのである。「甲と非甲」の内部で「甲」を選択する平凡な語詞であること、そして、この対比性こそが、「は」を格助詞から自らを区別する唯一の構造的特質だということに気づかなかったのである。

「は」を提題の助詞と呼ぶのはいいとしても、「は」は、あくまでも、二者択一という対比性を担った語詞であることを忘れてはならない。この一点こそ、「は」を格助詞から区別させる指標なのである。

以上のことをまったく別様に語ることも可能である。本当のことをいえば、佐久間も含めて、日本人が理解していないのは、「は」の規定というよりは、格助詞の規定なのである。日本語の格助詞は西洋諸語の格表現にはまったく似ていない。佐久間の錯誤を一言でいうことも可能である。そのことを示すために、佐久間の次の一節を引用する。佐久間の限界を明示するために。「一般に判断をいいあらわすのに、措定語・性状詞または時として動詞を述語として用いるが、その主語につける助詞は〝は〟をもってするのが普通だ。

甲は　乙だ。

雪は　白い(まっしろだ)。

地球は　回転する。

この場合の助詞〝は〟の荷なう論理的な役割は何だろうか。

語法上の通説として、助詞〝は〟は主語たる格を示す助詞〝が〟と性質を異にするもので、もとより〝格助詞〟に編入することのできるものではない。この場合にも、〝甲〟〝雪〟〝地球〟が単なる主語たる地位にすわることを示すものでないことは、これらの文を、〝は〟を〝が〟で置き換えた文と比較してみると、容易にわかる。しかも判断の表現は、まさしく助詞として〝は〟またはそれに代わるようなものを要求するという趣きがある」(24)。

佐久間が、「は」と「格助詞」の弁別化に至りついていないことは明らかである。佐久間は、「主語たる格を示す助詞〝が〟」が形容矛盾であることに気づいていないのである。「その主語につける助詞は〝は〟をもってするのが普通だ」というい方を見ても、佐久間は、「は」と「格助詞」あるいは「が」との間にある徹底的な非対称性に気づいていないことは明らかだ。佐久間が無知であったのは、格助詞というものの根本的性質に無知であったということなのである。知っているような顔をして、実は知っていないもの、それが日本語の格助詞なのである。私見によれば、いまだに、誰一人として、日本語の「が」に十全な規定を与え得た者はいないのである。したがって、日本語の「は」についても、同じことがいい得るのである。佐久間が行っているような「は」と「が」の比較は、比較が可能だと思い込んでいる人間の比較である。ところが、「は」と「が」は、このような仕方では比較できないのである。

実は、この一点からコプラの問題を再考すべきである。例えば西田幾多郎が、半ば無意識に、行っていたように。

(1) コプラは、「は」と共起する。「は」としか共起しない。格助詞とは共起しない。

(2) コプラは、「甲と非甲」の二者択一の構文の中でのみ機能する。コプラは、現象文には用いない。「は」をもつ文(ただし、「も」と「徒」の場合も含む)の中でのみ用いられる。それを佐久間は、「提題のハ」のある文の中で用いられるといった。

(3) コプラは、命題文の中でしか用いられない。そして、命題文は、「は」を持つ文である。

(4) コプラは、主辞と賓辞を繋ぐ語詞として、命題文の中で用いられるのだが、コプラを持たない言語である日本語においては、「だ」「です」(書きことばでは「である」)が代行する。それを佐久間は「措定詞」[25]と呼ぶ。

(5) しかし、日本語では、主辞を欠く賓辞だけのコプラ文も可能である。例としては、「大漁だ。」がある。

(6) コプラ文は、「は」をとる文の一部に過ぎない。しかも、コプラ文「太郎は日本人だ」は、異種結合である。同種結合の場合は、トートロジーになる。トートロジーはコプラ表現ではない。しかも、西田幾多郎の用いている例文の「赤は色である」も、実は、コプラ表現ではない。判断文(命題文に似ている文)ではあるが、包摂判断文である。赤が色であるためには、赤を包む場所がなければならぬ。それが色である。しかし、色もまた、色であるためには、色を包む場所がなければならぬ。場所による限定がなければならぬ。西洋の同一律をベースにした命題文からは逸脱した文、それを西田は包摂判断文と呼ぼうとしたのである。

西田幾多郎は、トートロジーを退けると同時に、同一律(赤は、赤いものである)をも退けているのである。それはなぜか。私の仮説はこうだ。西田がアリストテレスの命題論を退けたのは、アリストテレスの命題論の前提に不満があったからである。アリストテレスの命題論は、同一律を基本にしている。「ソクラテスは死すべき者である」は命題文である。ところが、「赤は色である」は、同一律に従わない。あくまでも場所による包摂が問題だからである。そして、西田が、格助詞の「で」に着目して円による点の包摂を語ったことと、「赤は色である」の包摂判断文について語ったことには、それなりの理由があったに違いない。6章で、そのことに触れたいと思う。

結局のところ、コプラの問題の核心部に「動詞」の問題がある。メイエ、ヴァンドリエスの限界も、「動詞文」についての言説が脆弱だった点にある。佐久間は、「動詞文」と「名詞文」の境界画定において、この二人を超えてはいたが、それでもなお、「動詞文」について十分な展開はなし得なかった。それは、日本語における「動詞と格助詞が取り結ぶ関係」の全体像が見えていなかったことと関係があるだろう。具体的にいえば、佐久間は、日本語の動詞が、本質的に、格助詞の「で」と共起するという点に盲目であった。その点、西田は、日本語の動詞が、本質的に、「で」と共起するということを直感していた。西田は、判断論をベースに日本語文法に向き合ったという関係上、「動詞文」と「名詞文」の境界画定という問題意識は持たなかった。しかし、判断論の枠の中でという制限を抱えてはいても、それでもなお、格助詞の「で」の特異性に気づいていた。しかも、「で」を「場所」の問題として押さえる視点を持っていた。次章で、佐久間の場所論と西田の場所論が交差する一点をめぐる省察を試みる。それは、日本語の「動詞文」についての省察になるであろう。

【注】

1 佐久間鼎『日本語の言語理論』恒星社厚生閣、1959年、65-66頁。
2 同上、66-68頁参照。
3 同上、94頁。
4 同上、218-219頁参照。
5 同上、217頁。

6　同上、217-218頁。
7　同上、218-219頁参照。
8　同上、145-146頁参照。
9　同上、65頁。
10　同上、146頁。
11　同上、146頁。
12　同上、146頁。
13　同上、146-147頁。
14　同上、142頁。
15　三上章『日本語の論理』くろしお出版、新装版、2002年、46頁。
16　三上はこういっている。「デアルはかえってあとからこしらえた文章（書き言葉）専用の語形である。だから、語感まで正しく表すには、デアルではなく、ダ止めかデス止めにしなければならない」（同上、46頁）。
17　佐久間鼎『日本語の言語理論』前掲書、216頁。
18　三上章『日本語の論理』前掲書、45-46頁。三上もまた、「アリ」と「ある」、「ナリ」と「だ」を、不用意に、通時的に繋げて論じている。
19　佐久間鼎『日本語の言語理論』前掲書、143-145頁、171-172頁参照。
20　浅利誠『日本語と日本思想』藤原書店、2008年、74-121頁。第3章：「は」と「格助詞」との境界画定へ。
21　佐久間鼎『日本語の言語理論』前掲書、152頁。
22　浅利誠『非対称の文法―「他者」としての日本語』文化科学高等研究院出版局、2017年。第6章「佐久間鼎の『切断』あるいは文法論の定礎」、151-180頁。
23　浅利誠『日本語と日本思想』前掲書、32-36頁。
24　佐久間鼎『日本語の言語理論』前掲書、156頁。
25　同上、148頁。
＊　山本哲士『述語制の日本語論と日本思想：主語制「国語」への言語革命序説』文化科学高等研究院出版局、2019年。

6章

構文論の原理素描

はじめに

「日本文法の盲点は、一言でいうならば、構文論の不備です。これは、じつは日本文法にかぎりません。もっとも進んでいるはずのヨーロッパ諸語の文法的解明にあっても、事情は同様だということができます。それにはその形成をうながしながらその適正な進行をまちがった方向へ振りむけて、学問的に望ましいみのりをもち来たすことを妨げた原因があります。それは何かというと、語法的考察にいつもつきまとって来た古典論理学の執念ぶかさなのだと、わたしはあえて公言しようと思います。その論理学的構想は、じつはヨーロッパ語の地盤に生いそだったもので、論理学そのものの合宜性を達成するにも遺憾なものがあったのですが、ひるがえって語法の究明を不当な方途へ誘導して、それの妥当な解明をさまたげるに至ったのです」(1)。このように佐久間鼎が一九五八年に語ってから随分時間

Esquisse pour les principes sur la théorie de la structure de phrase
iichiko intercultural Spring 2022, no.154

が経過した。しかし、佐久間のこの指摘を越えるものを私は知らない。佐久間鼎のこの見立てに従って、今こそ、構文論の原理とでもいうべきものの再考を試みてみたい。

佐久間は、来るべき構文論への展望を持っていた。ただし、佐久間に続く者が、三上章などを除いて、ほとんどいなかった。構文論の原理についての考察において、佐久間は、今でも、突出している。佐久間の構文論は、ヨーロッパ諸語の構文論と日本語の構文論を同時に見すえる試みであった。その際、両者の間にある徹底的な非対称を以下の点に認めた。つまり、前者においては、コプラ表現が特異な位置を占めていること、それに対して、後者においては、それとはまさに対照的に、コプラ表現と呼べるものが、厳密な意味においては、存在しないということに着目した。佐久間の根本的な姿勢は、両者の間にあるこの劇的な非対称を、ギリシア形而上学以来の判断論を通して確認することであった。

もちろん、佐久間は、「語法的考察にいつもつきまとって来た古典論理学の執念深さ」に関連するものとして、例えばハイデガーの存在論のことも考えていたと私は推測する。なぜなら、ハイデガーの存在論にはアリストテレスの論理学をモデルに構築されたものであるという面が色こく反映されているからである。佐久間はハイデガーについて語らなかった。しかし、その理由を推測するのは難しくない。たとえば以下の文章がその理由を雄弁に語っている。「新しい論理学――一般に記号論理学あるいは近世論理学・科学的論理学が、どんなふうに理論を展開しているか、とくに判断論が函数論理学においてどんな取り扱いをうけているか等々を知るならば、学界の光景の一変を痛感するでしょう」(2)。

佐久間は、アリストテレス論理学を重視するハイデガーの存在論に魅力を感じなかったにちがいない。

佐久間が選んだ基本的な立ち位置は、「多元的構文機構」(3)を問う方向に進むことであった。その際、佐久間は、その方向性を以下のように表明している。「ふつうの説き方になっているように見えるいわゆる「主述関係」による解剖の試みは、とくに日本語のばあいに、たちまち壁につき当たってしまうこと――そのことについては、現在の国語学界で相当な問題になっていると思いますが、構文論の根本にかかわる重大問題として提起しないわけにいきません」(4)。

一方で、伝統的な言語論理学に基づく判断論を位置づけ、もう一方で、その判断論のバイアスを逃れることのできるはずの日本語の構文論を位置づけること、それを佐久間は狙った。その際に佐久間を導いたのは、次の確信であった。つまり、西洋諸語における構文論の形成にとっての巨大な障害として、「古典論理学の言語理論への侵犯」があることに着目したのである。このように、佐久間は、最初から、一方では、西洋形而上学の判断論の伝統を背負った西洋諸語の構文論、他方では、日本語の言語理論としての構文論、この両者を比較的に検討することに焦点を定めていたのである。

来るべき構文論の樹立という観点から見て、佐久間の着眼点は、今日においても、突出したものに思える。なぜそのように思えるのかを、私なりに、確認してみようと思う。これを6章の目標に定める。この確認を通して、佐久間が構想した構文の原理論の射程を推し測ってみたい。もちろん、佐久間にすべてを求めることはできない。また、いくつかの理論的甘さも認められる。しかし、来るべき構文論についての考察において、今日でもなお、最前線に位置づけられるべき人物であると私は信ずる。

古典論理学と構文論

佐久間によれば、古典論理学は、古代ギリシア語に基づいて判断論を打ち立てた。判断（アポファンシス）は、名詞（オノマ）と動詞（レーマ）の結びつきとしてとらえられた。しかし、この動詞（レーマ）は、動詞というよりもむしろ述詞というものに当たるverbum（動詞）としての地位を占めるものとされた(5)。こうして、判断形式として「主語・述語」という形が定着することになった。しかし、じつは、これが構文論（言語理論）の樹立にとっての巨大な障害となったのである。そのことを、佐久間は、こういっている。「このような判断論を背景において、文法の――構文における主述関係が考えられたということは、古典論理学の言語理論への侵犯にほかならないわけです」(6)。

それればかりではない。佐久間の見立てが示しているように、この時、西洋形而上学の君臨する基盤ともいうべきものの定着があったのである。ここで、とりあえず、西洋形而上学を存在論とみなす観点から述べることにするが、アリストテレスからハイデガーに至る存在論の支配が確立してしまうというような事態が生じたのである。

佐久間が注目したのは以下の点にであった。つまり、判断の陳述（Prädikation）が、本質的に時間に関与するものとみなされ、「在る」という存在についての言明を含むものとされた(7)。この点に関する佐久間の説明は非常に重要なものであるのだが、それをパラフレーズして語るのは至難のことである。やむなく、そっくり祖述することにする。

「いちばん単純な〝述詞〟は、英語でいえば、“is”またはそれの曲折語形の“was”、“will be”など。これらの語詞が、よってもって一般に、判断をはじめて判断にしたてるところの添加物だというのは、それが判断の真であるか、偽（まちがい）であるかをきめるのだからだと説きます。

そうした考え方から、他の一切の動詞は、そのうちに英語でいえば“to be”に当たる概念を含むので、それだけのせいでレーマタ（レーマの複数形）になることができるとします。“He goes”は、それだから“He is going”と同じわけだということになります」(8)。

佐久間は続ける。

「アリストテレスにとっては、エイナイ（英語での to be）が、こうして単に論理的コープラを意味するだけでなくて、〝実質だ〟とか〝実質のうちに存在する〟というほどのことを意味するのです。判断はこうして、その内容が実在的なものに相当することを表現するのだとします。肯定の判断では、そこで事実上存在する関連が、また否定の判断では事実上存在する分離が言明されることになります。

英語の to be に当たる語詞とその変化形が、語法上の時の意味のほかに存在するという意味での〝ある〟を含んでいること、またそれだから実在的な意味での事象の生起も言明されることになる――そこで真と偽とが実在する者との一致か不一致かを内含する、その意味でうけとられること、そうした考え方にこの判断論の形而上学的なところを見てとることができます」(9)。

この佐久間の説明の中で、ある意味では、コプラの誕生が説明されているように思われる。問題の核心部をなすもの、それは、陳述の時間表現が、ギリシア語の be 動詞（エイナイ）の時間表現と重ねられてしまったことである。つまり、存在の動詞とみなされた「ある」(エイナイ)の活用形を通して、こういってよければ、「ある」が時間表現と結び付けられてしまったのである。このようにして、存在論における存在という意味にとられた「在る」とコプラの本体である「である」とが、連結されてしまうという事態が生じたのである。このように、西洋語でいうところの存在とコプラは、構文論の枢要な概念である陳述(プレディカシオン)に関わるものとして規定されるものであったのである。この点では、日本語におけるコプラと陳述を繋いで語った山田孝雄の考察と並行性があるといえる。しかし、山田孝雄の視界には、陳述が、本質的に、時間に関与するものであるということが入っていなかった。山田は、西洋文法における、陳述とコプラとの関係には鋭い視線を向けたのではあるが、西洋のコプラのもつ射程を正確に押さえることには失敗したのである。その結果、山田は、西洋文法をモデルにして日本語文法における陳述論を展開してしまったのである。しかし、これは、山田ばかりの限界ではなかった。残念なことに、山田以後、特に時枝誠記によって、この山田の限界が増幅された形で、負の遺産が形成されてしまう結果になったのである。それについては、時枝による「天秤型」構文についての言説の読解として、後で語ることにする。

一方のオノマ(名詞)が、判断論でいうところの主語の地位を占めると同時に、他方のレーマ(動詞)が、判断形式における述語の地位を占めるという事態の誕生そのものこそ、じつは、形而上学(存在論)が構文論(言語論)の方向を決定づけることになるものだったのである。繰り返しいうが、それが、佐久間のいう、「古典論理学の言語理論への侵犯」の内実である。この時に起きてしまったこと、それは、構文論の「主語・動詞」関係が、判断論の「主辞・賓辞」関係をモデルに規定されることになったという事態である。じつは、これだけも、巨大な捻じ曲げであったのだが、捻じ曲げはこれだけに止まらなかった。どういうことか? アリストテレス論理学の判断論の中で、「主辞・繋辞・賓辞」という構造が、中心的な場を占めることになったということである。そして、これが日本語の構文論にとっての巨大な障害となったのである。なぜなら、三上章や山本哲士がいうように、そもそも日本語には主述関係なるものがないからだ。にもかかわらず、西洋諸語の文法論をモデルに、山田孝雄以来構築されることになった日本語文法論は、一挙に、巨大な桎梏を抱え持つことになったのである。主述関係が不在の日本語が、西洋文法の抱える構文論の大問題をそっくりそのまま抱え込むことになったのである。これは、いってみれば、三重の不幸であった。第一に、「主語・動詞」関係が構文論の樹立のための枢要な一点であるはずなのに、アリストテレス論理学をモデルに、「主辞・賓辞」関係によってそれが抑圧されてしまったこと。第二に、さらにそれが、言語論に移し替えられて、「主語・述語」関係として押さえられる結果になったこと。第三に、「主語・述語」関係が、アリストテレスの命題論の影響下で、「主辞・繋辞・賓辞」構造論の帰結である「主語・繋辞(コプラ)・述語」構造として押さえられる結果になったこと。以上が、主に山田孝雄の陳述論を通して、日本語文法にもたらされた三重の不幸であった。ところで、この三重の不幸を相手に、果敢な戦いを挑んだのが、日本人の佐久間鼎だったのである。佐久間が山田の文法論を批判の俎上に乗せたことには、むろん、そうするだけの理由があったからである。

「主語・述語関係」から「主題・動詞関係」へ

三上章や山本哲士がいうように、日本語には「主述関係」なるものはない。しかし、そのようにいうことは真の戦いだったのである。その戦いは、現在も続けられている。決着が付けられていないということである。私は、三上の理論を準備した先達として佐久間鼎を位置づけたい。しかし、じつは、佐久間から三上までの距離あるいは、佐久間から山本への距離は長い。根気よく、一歩一歩前進するという歩みが要求される行程であるといわねばならない。

まず、第一に乗り越えなければならない障害がある。その乗り越えは、古典論理学のバイアスによる負の遺産を相手どった戦いにならざるをえない。繰り返しいっておくが、本来、「名詞・動詞」構文として語られるべきものが、アリストテレスの言語論理学の威光のせいで、「主語・述語」構文として語られたのである。このことに抗する戦いにすでに大きな困難が伴う。この戦いのためには、何よりも、佐久間鼎が提起した戦いを継承することが土台とされねばならない。佐久間が取り出した争点は以下のものであった。佐久間がいうように[10]、名詞的動詞あるいは実詞的動詞というほどの意味にとられた Le verbe ≪ subustantif ≫という名称にわざわいされて、この動詞≪ être ≫の代表する実体（本質）と、属性語（形容詞）の表示する偶有性（実体に対する属性）とを対立させるという事態が起きてしまった。その結果、「いっさいの命題の両項（主辞・賓辞）をつなぐ必須の鎖である、いっさい肯定の表現であり、いっさいの三段論法の基礎である動詞 être の根源的存在を土台として、論理学全体が構築された」[11]というような事態が生まれてしまった。このように、ギリシア語のbe動詞（エイナイ）をめぐるものとして、じつは、存在論なるものの基盤が成立してしまったのである。なぜなら、三段論法におけるbe動詞は、Le verbe « substantif »（名詞的あるいは実詞的動詞）と見なされて、コプラ動詞としての機能を担うものとされてしまったからである。この時点で、アリストテレスからハイデガーに至るまで、コプラ文をモデルに「存在」が語られることになってしまったのである。ハイデガーが『形而上学入門』でいっていることは、じつは、そのことである。「なぜ一体、存在者があるのか、そして、むしろ無があるのではないのか？」。この問いへの返答として、ハイデガーは述べている。「この問いの領域の限界をなすのは、端的にいかなる場合にも決して存在しないもの、つまり無だけである。無でないものはすべてこの問いに含みこまれる。しまいには無そのものさえ含みこまれる。ただしそれは、われわれはともかく無について話すから、無もまた或るものであり、一つの存在者であるという理由からではなく、無は無で「ある」からである」[12]。ここでハイデガーがいっているのは、西洋諸語の「ある」が、じつは、コプラの「である」でもあるということである。「存在」の「ある」であると同時に、コプラの「である」でもあるということである。

しかし、いかなる理由からそのようなことになってしまったのか？ハイデガーは、「無がある」の「ある」と「無である」の「ある」を、両方とも、「存在する（ある）」という意味にとっているのだが、ここには明らかに錯誤がある。「無がある」の「ある」は存在するという意味の「ある」であるが、「無である」の「ある」は、コプラの「である」の一部をなしている「ある」であるに過ぎない。ハイデガーは、山田孝雄に似た仕方で、「がある」という表現と「である」という表現を故意に混同したのである。山田が日本語においてそうしたように、ハイデガーは、ドイツ語において、西洋諸語における、そしてドイツ語における be 動詞 (sein 動詞) の二面としての存在とコプラという両形を意図的に混同させたのである。むろん、山田の錯誤はハイデガーの錯誤と同じではない。山田の場合は、日本語の形容詞文をモデルに「存在」と「コプラ」を重ねてしまったのだが、日本語の形容詞は「コプラ」を付加しなくても陳述形をなすことができるのだから、この重ね合わせは全く不要なものだったのである。そのことに着目した当の山田自身が、日本語の形容詞文を、強引に、ヨーロッパ諸語におけるコプラを含む形容詞文をモデルにして、ヨーロッパ諸語の語法の下に語ってしまったのである。これが、その後の百年の不作を帰結させることになってしまったのである。一方のハイデガーは、ドイツ語の形容詞を相手に、山田と似たような誤りを犯したのである。山田とのちがいは、ドイツ語の場合には、形容詞の陳述形がコプラを必要とするという基本的な事実に基づいたものだった。しかし、ハイデガーは、ドイツ語の形容詞がコプラを随伴させるものであることを、あたかも普遍的な言語構造によるものでもあるかのように受け止めたのである。こういう錯誤がハイデガーによってなされてしまったのである。

私見によれば、ハイデガーは、ドイツ語の sein に、言語学的な定義を与えていない。形而上学の慣例に従って、「存在する(ある)」という語詞を動詞とみなして済ませている。しかし、おそらく、西洋形而上学の要人であるデカルト、カント、パスカル、ヘーゲルなども、大同小異だと思われる。おそらく、西洋の存在論の歴史において、「存在」という語詞に言語論的定義を与えたものは皆無なのである。そのことをハイデガー自身『存在と時間』『形而上学入門』の中で語っている。しかし、「存在の問い」を存在忘却の歴史として押さえようとする壮大な試みにもかかわらず、「存在」という語詞を厳密に言語学的な考察をもってなすということはしていないのである。ハイデガーもまた、「ある」を、慣例に従って、動詞であるとみなしているだけなのである。少なくとも、ハイデガーが、存在という語詞に厳密な言語学的定義を与えていないことは明らかである。「無である」の「ある」がコプラの「である」の一部をなす「ある」に過ぎないことは、言語理論の観点に立てば、あまりにも明らかなのだから。

にもかかわらず、ハイデガーの詭弁的な論法が通用してしまった。これは恐るべき事実である。私は、これまで、『存在と時間』『形而上学入門』における「存在」についてのハイデガーの解釈に対する反論を耳にしたことがない。デリダも何も語らなかった。ラクー＝ラバルトも同じである。今にして思うのだが、この点に関して、この二人の友人に質問しておくべきであった。その機を逸してしまったことを悔いている。それはともかくとして、ヨーロッパではハイデガーのこの詭弁が通用してしまったのだけれど、日本人の佐久間の目は誤魔化せなかった、と私は考える。すでに一度語ったことだが、佐久間は、形容詞をモデルに存在を語ったハイデガー流の解釈を想定した上で、キッパリとこういっている。「形容詞に存在の意味が含まれているというような解釈は、ヨーロッパ的語法の見地からのもので、少なくとも日本語については当たらない」(13)と。

「ある」と「ない」

ハイデガーが語っている「存在する（ある）」は、「ない」の否定をなすものではない。存在論でいうところの「ある」と「ない」は、おそらくサルトルがいうように、反対概念ではなく、矛盾概念である。もしも、両者が、同一の品詞であるのならば、「ある」と「ない」は対立概念と見なしうる。ところが、どうやら、存在論における「ある」と「ない」は、対立関係をなすものではないのである。そのことをサルトルはこういっている。「非存在は存在の反対概念ではない。非存在は存在の矛盾概念である。このことは、存在よりも無の方が論理的によりあとであるということを意味している。なぜなら、無は前提される存在を否定するものだからである」(14)と。このサルトルの見方には、存在の次元が無の次元とは違うということが含意されている。無は、あくまでも、「前提される存在」を否定するものとしてとらえられている。言い換えれば、存在の否定が無なのではないということである。存在は、あくまでも、無に対して論理的な優位をもっているということである。それをハイデガーは、無は「無である」ことのできるものである、といっているのだと思われる。ハイデガーがいいたいことは、無もまた存在の一様態たりうるということである。

それに反して、日本語の「ある」と「ない」は、おそらく、共に、形容詞的なのである。「ある」は、現前的である、あるいは可視的であるという意味に近い語詞であり、「ない」は、非現前的である、あるいは、非可視的であるという意味に近い語詞である。「ある」と「ない」は、共に形容詞的語詞として、対立関係をとり結ぶ。別の言い方をすれば、「ある」も「ない」も、どちらも、動詞ではないということである。共に形容詞的語として、一つの対立関係をなすのである。西洋語の「ある」が動詞とみなされているのとは大違いである。

ここで、西洋語でいうコプラ動詞について考えて見るが、日本語の「ある」は、コプラ動詞では絶対にありえない。現代日本語において、西洋語のコプラに当たるとみなされるものに「である」と「だ」があるが、そのどちらも、佐久間がそのように断言するのを躊躇したにもかかわらず、動詞の「ある」とは無関係である。このことは強調されねばならない。日本語の「ある」は動詞ではない。しかし、西洋語におけるbe動詞もまた、ひょっとしたら、動詞ではないかもしれない、ということを、可能的推理として、つけ加えておきたい。佐久間がコプラの定義を与えるのに大いに難渋した理由は、このことと関係があるのだと私は思う。いずれにしても、西洋語における「ある」(存在)は定義の難しい語詞である。慣例に従って動詞であるとみなして済ますのであれば話は別だが。

佐久間による「コプラ」の定義

佐久間によれば、「コプラ」は、ギリシア・ラテン語の実詞的あるいは名詞的動詞(verbum)から出てきたものである。ところで、佐久間は、日本語の「ある」という語詞の定義に関して、極めて曖昧な言い方をしている。少し長いが、その箇所をそっくり引用しておく。

「さて、普通にコープラとして考えられているのは、たとえば

A *is(ist, est)* B.

における英語の to be、ドイツ語の sein、フランス語の être の定動詞 Verbum finitum に当たるもので、語法的にはもちろん人称・数・時などに応じてそれぞれの形をとる。この例について見るとおり、コプラとして用いられるものは、イギリス・ドイツ・フランスの諸国語では、いわゆる《Verbum substantivum, Substantivzeitwort》で、〝存在〟の意をあらわすことを一面の職分とするところの動詞と考えられている。したがって、これらの動詞に相当するものを日本語について求めると、〝ある〟という語詞がそれに外ならないということになる」(15)。

私は、この佐久間の見方に賛同するのをためらう。それは、佐久間の最後の文の真意がつかめないからである。「〝ある〟という語詞がそれに外ならない」ということを、留保をもうけた上での発言とみなすか、文字通りの意味にとっていい発言とみなすかで受け止め方が正反対のものに分かれるからである。じつは、私には、ついに佐久間の真意が測りかねる。私の推測では、佐久間は、確信犯として、このような曖昧ないい方をしたのだと思う。私の見るところ、佐久間による日本語の「ある」についての見解は、非決定性を抱えているのである。私の推測では、佐久間は、曖昧さを払拭する語り方を避けたのである。日本語の「ある」が、西洋諸語における「ある」同様に、存在とコプラの間で揺れる語詞であるといいたいかのような曖昧さを最後まで抱えることを選択したのである。というのは、佐久間の言説には、日本語の「ある」そのものを「〝存在〟の意をあらわすことを一面の職分とするところの動詞」とみなす見解が最後まで付き纏っているのである。つまり、佐久間における「コプラ」の定義の中には、最後まで、「〝存在〟の意をあらわすことを一面の職分とするところの動詞」としてコプラを押さえるという執着が見られるのである。

「(名詞)＋動詞」構造の陳述論

佐久間によれば、イェスペルセンのいうように(16)、言語論理学のバイアスを免れるためには、従来の構文論の要であった主述構文に対して、まずは、「述語」という西洋形而上学の影響下で形成された語「動詞」で置き換えねばならない。ところで、ここで山本哲士のいい方を借りて語るが、主語制言語である西洋諸語と述語制言語である日本語の比較には、ワンクッション必要である。主述構文を論理学のバイアスから解放させるべく、主語・動詞構文に置き換えるのには賛成だが、日本語には、山本哲士がいうように、主語がないのである。したがって、「主述構文」を「主語・動詞」構文で置き換えるのではなく、「(名詞)・動詞」構文で置き換える必要がある。ということは、来るべき構文論は、主述構文に代えて「(名詞)＋動詞」構文を持ってしなければならないということである。西洋語でいう主語の位置に名詞が置かれる構文は、日本語の構文としても頻繁に現れる構文である。しかし、その「名詞」を「主語」と呼ぶことはできない。なぜなら、日本語には主語がないからである。したがって、名詞を頭に持つ動詞構文あるいは、名詞を頭に持たない動詞構文が日本語の構文の根幹をなす二形である。三上章が「述語一本立て」構造と呼んだものがそれである。頭に置かれる「甲ハ」は、「名詞＋ハ」ではあるが、主語ではない。「甲ハ」を頭に置こうが置くまいが、構文的には、どちらも述語一本立てなのである。主語を頭に置かないという限りで、述語一本立てなのである。このように、日本語の構文の最大の特質は、三上がいうように、述語一本立てにあるのである。ただし、三上にも曖昧さが残されている。「述語」という用語のせいである。三上は、アリストテレスの言語論理学の残滓を抱えているというべきなのである。一案として、述語一本立てという表現を、「結び一本立て」で置き換えることを提案しておこう。

ところで、日本語にも名詞文はある。また、佐久間のいうように、性状詞文もある。しかし、日本語構文の中枢部はやはり動詞文にあるというべきである。だが、そこに至りつくためには、二つのハードルをクリヤーしなければならない。三上の述語一本立て(「結び一本立て」と呼ぶべきであると私は考えるが)の構文論は、じつは、二つのハードルの乗り越えを必要とするのである。一つは、上で語った、陳述が本来時間に関わるものであるという点に対する返答を含んでいなければならないということである。その意味では、動詞文ばかりではなく、形容詞文(性状詞文)もまた「時間」に関わるという問題を考慮する必要がある。そして、じつは、これこそがコプラの問題と不可分なのである。もう一つのハードルは、日本語の構文論の要の位置に、「動詞論」を位置づけることである。ところが、この点においてこそ、巨大な欠陥があったということをここで確認しておかなければならない。

時枝の失敗

まずは、西洋語において起きてしまった事故について語っておこう。佐久間があげている例を引く。

「たとえば英語の一文

The man walks.

は、主辞たるthe manと繋辞たるisと賓辞たるwalkingとを含むものと分解される。もとより語法の点からこういう分析は不当でもあるし、一般的見解からも無理だということが明らかだ。論理学者は、これを反省していると思うが、論理学教科書には、いまだにこの種の笑うべきパラフレイズを敢えてするものがある」(17)。

ところで、時枝が『国語学原論』の中で、この笑うべきパラフレイズを、しかも構文論として堂々と行っているのである。時枝は、堂々とこういっている。

「例えば、

The dog runs.

に於いては、runsはその中に繋辞を含んでいるのであるが、これを次のような形に改めて理解するのが常である。

The dog is running.」(18)。

時枝は、西洋において起きた一種の事故を自らの比較構文論の目玉商品として位置づけてしまったのである。彼の有名な天秤型構文の顕著な例文がこれなのである。

それに対して、佐久間は、陳述が本来「時間」に関わるものであるという視点をとっている。時枝は、全く対照的に、動詞の現在形を、いわば英語の「現在進行形」によって、置き換えているのである。

これは、動詞の時間論の観点からしたら、問題の完全な回避にすぎない。そこには、動詞の現在形に対する考察もなければ、日本語の「ている形」についての考察もない。要するに、動詞論を完全に欠落させているのである。

従来、時枝の構文論は、比較言語学の観点からいって、非常に刺激的なものであるとみなされてきた。しかし、時枝には致命的な欠陥があった。それは、英語の構文を天秤型と分類したことそのものにあったのである。なんのことはない、比較構文論の観点から、時枝は、西洋諸語を、英語をモデルに、入れ子型構文の日本語に対するものとして、天秤型構文として語ってしまったのである。ところが、そこには二重の予断があった。第一に、時枝が天秤型として取り出した英語の構文は、ヴァンドリエスが「間違いもこれほどがんこだったものは、あまり例がない」と評言したケースをモデルに選んでしまったのである。その点では、時枝に大きく依拠してコプラについて語った柄谷行人も同じ錯誤にはまり込んでいるといわねばならない。

時枝(や柄谷)による、天秤型に対する入れ子型構造を持つ日本語の構文についての見方も大変に偏ったものである。第一、時枝理論は、日本語の陳述論の根幹を押さえていない。彼のゼロ記号による包摂の理論には、日本語の助詞の「は」が関与しないのである。いってみれば、時枝の陳述論は、日本語の格助詞レベルの包摂だけに注目した非常に偏ったものなのである[19]。三上章の陳述論(述語一本立て)の次元を完全に欠いているのである。したがって、時枝は、来るべき日本語構文論のためには、なんの役にも立たない。西洋諸語の構文論の特質を、一種のカリカチュアによって(ただし、本人はそのように思っていない)、天秤型と呼んでいるに過ぎない。時枝がモデルに使ったのは英語であったが、その英語のレベルにおいてさえ、それを天秤型と押さえるのは、ヴァンドリエスの言い方を借りれば、「間違いもこれほどがんこだったものは、あまり例がない」というケースに該当するものでしかないのである。

結局、時枝の失敗は、構文論における時間の次元を考慮しなかったことである。それは、とりも直さず、時枝には動詞論の視点が欠けていたということである。

動詞と時間、形容詞と時間

イェスペルセンは、構文論の中心に時間の次元をすえようとした。論理学による言語論の捻じ曲げの代表として、従来の陳述論が、判断論のバイアスにより、主語と述語の関係を中核にすえるという行き方になったことに対して、述語という判断論のタームを退けて、代わりに、動詞を置くべきであると主張した。それは、動詞が本質的に時間に関わるものであると考えるからである。

私の推測では、本来、恒常性を属性として持つ形容詞が、動詞と同様に、「時」の表現を担うようになった時にコプラがコプラとして成立するに至ったのである。ハイデガーは、『形而上学入門』において、sein 動詞の現在形を特権視する立場を選択した(20)。彼の「存在」の定義には、動詞の現在時制を特権視する立場が反映している。ところが、ハイデガーは、奇妙なことに、動詞の現在形の特権視と並行して、形容詞の時制についても語っている。

本来、恒常性を属性とする形容詞には、時制が欠けているはずなのだが、動詞の活用に影響されて、いつの間にか、時制形を持つようになった。私の推測では、形容詞が時制を帯びることこそが、形容詞がコプラに変容する原因だったのだ。それまで、コプラは、あくまでも、動詞と関係のあるものと見なされていた。それは、「ある」が動詞であると見なされていたからである。ところが、コプラ動詞と呼ばれたものが、形容詞が活用を持つようになり、あたかも動詞のように活用するようになって、コプラ動詞の活用と形容詞の活用が近接してしまうことになったのである。こうして、アリストテレスにおいて、存在の本質が、属性詞の属性と混同されることになったのである。このようにして、形容詞の「ある、ない」が、動詞のように活用する品詞として、コプラ的性質を担うことになったのである。現在形の「ない」が過去形の「なかった」になるという具合に、動詞の活用にそっくりの形で、活用することになったのである。こうして、コプラが、一方では、存在の「本体」を表すものとして、もう一方では、属性詞の偶有性としての性状を表すものとして、いわば二重性を抱えたものになったのである。このようにしてコプラがコプラとして、おそらく、誕生したのである。つまり、「ある」という形容詞が、一方では、存在としての職分を持ち、もう一方ではコプラの職分をもつものになったのである。

しかし、コプラと存在の二重性とは無縁な場所で、「動詞論」を構文論の中核にすえる文法論も可能であると私は考える。その最前線に日本語文法があると私はみている。

「動詞論」を中核にすえた構文論のために

「で」の準-超越(論)性

私の見るところ、来るべき日本語構文論のための根本に、日本語の格助詞システムがもつ特質を位置づける作業が控えている。詳しいことは、拙著の『日本語と日本思想』を参照願うことにして(21)、ここでは骨子のみを簡略に述べる(後日、再論する機会をもつといっておく)。

ここで、デリダの問いを想起しておこう。デリダは一九八四年に、『哲学の国民性(=国籍)と国民主義(ナショナリズム)』というテーマでセミネールを始めたが、その時、「哲学的固有言語はあるか?」(22)という刺激的な問いを発している。このデリダの問いは、来るべき構文論の考察にとって極めて示唆に富んだものである。まずは、山本哲士の視点を拝借するが、ヨーロッパ諸語が主語制言語であるのに対して、日本語は述語制言語である。次に、デリダの問い「哲学的固有言語はあるか?」を拝借する。少しだけパラフレーズする。「来るべき構文論のための問いとして、普遍的なものを目指すという限りでの哲学的言語として、哲学的固有言語というものはあるか?」。この問いに対する私の答えは、「諾」である。

ラングは多様である。とりあえずの下位区分として、屈折語であるヨーロッパ諸語と膠着語である日本語の区分を採択して語る。形而上学の言説としてよく知られた例をとりあげる。カントの先験的感性論の中で語られている二つの直感形式である空間と時間をとりあげる。これらは、諸ラングにおいても普遍的に通用するものとして語られている。これがいわば、哲学的固有言語の代表株としてのドイツ語（形而上学の言語）による普遍言語的言説であると見なされている。カントの『純粋理性批判』はドイツ語で書かれてはいるが、コンセンサスによって、普遍的ラングによるものと見なされている。もちろん、私も、とりあえず、この見方を踏襲する立場をとってはいるが、ここで、デリダ的な問いを適用させてみることにする。

私が例としてとりあげるのは、日本語である。その日本語における格助詞システムについて語る。私見によれば、日本語の格助詞には、以下のような際立った特質が認められる。それは、《助詞といわれるカテゴリーの中で、格助詞という一類だけが空間表象性を喚起させる》という特質である。私は、この日本語の格助詞システムにおける空間表象性を、いわば普遍的な固有言語をめぐるデリダの問いの中に位置づけたいのである。

私の確認したところでは、日本語の格助詞システムにおいて、格助詞のみが空間表象性を喚起させるという事実があるのだが、その空間表象は、以下の三つの類型に分類しうる(23)。「で」の喚起させる円の形象、「を」の喚起させる形象、さらには、「に類」（に、へ、から、まで）が喚起させる点の形象の三つである。

ところで、私が注目したいのは、日本語においては、この三類型は準・アプリオリなものとでもいうべき空間表象性をなしているということである。ここで、私は、カントのいう二つのアプリオリな感性の形式としての空間と時間に対して、感性のアプリオリな表象としての「空間」の下位形式として、日本語のこの三つの空間表象性を加えてみたいのである。日本語に限っていえば、そうすることはさほど突飛なことであるとはいえない。なぜなら、私の見るところ、この三つの空間表象は、経験のレベルを超えており、いわば準・アプリオリなレヴェルのものだからである。

次の7章で詳述することにするが、これが私の西田の場所論への導入部をなすものである。西田の場所論が、日本語の格助詞の特質と無関係ではあり得ないということをこれまで私は、二〇〇一年以来、語り続けてきた(24)。それの総決算という形で、次の7章で、語ることにしたい。今回は、それの導入部のさわりの部分だけを語ることにする。

日本語の構文論を、「動詞論」の観点から語るために、私は、西田の場所論に依拠したい。格助詞との関係でいえば、西田が場所の形象として選んだのは、じつは、格助詞の「で」であった。これを西田は「円」の形象として押さえたのである。

ところで、西田における、「で」を「円」の形象で押さえる視点は、日本語の格助詞システムと無関係ではありえない。しかし、正確を期しておかねばならない。私の見るところ、「で」を「円」の形象で押さえるための条件というものがある。それは、日本語の格助詞システムが後置詞システムであるということである。この点を考える際に参考になるのが、じつは、三上章による格システムについての省察である。私はこの点について、拙著『非対称の文法』の中で確認したことがある(25)。三上の説明の中でとりわけ私の興味を強くかき立てたもの、それは、ラテン語文法における格助詞システムが、現代日本語の格助詞システムに非常に近いということである。ヨーロッパ諸語のそれに比べて際立った違いが認められる。ヨーロッパ諸語においては、格システムは、現在では、前置詞システムとピッタリと重なっている。したがって、語順による格表現などを除いて、あるいは、直接目的、間接目的を示すケースを除いて、主に前置詞システムとして格表現は処理される。それとは正に対照的に、日本語の格表現は、後置詞である「九つの格助詞」によって、ほぼ完璧に、担われているといえる。この非対称は巨大である。

まず、九つの後置詞に比べて、前置詞の数は、例えば英語やフランス語においてだが、比較にならないほど数が多い。前置詞の単純形の数においてもこの非対称は明らかである。ましてや、複合形を数えたら、この非対称は巨大である。もちろん、日本語においても、複合形がある。しかし、例えば、「に」を例にとるが、複合形とはいっても、「川に」に対して、「川の中に」という程度の差異しかないものばかりである。したがって、九つの後置詞で、ほぼ、すべて処理しうるシステムであるといってよい。それに対して、前置詞システムは、比較にならないほど複雑である。むろん、このような日本語の格助詞の特性を背景に西田は「で」を円の形象で押さえたのである。まずはここで確認しておきたいが、三上が見事に示したように、かつてのラテン語の格システムは、現代日本語の格システムに匹敵するようなシンプルなシステムであったのである[26]。ところが、ラテン語に近いロマンス語系の言語であるフランス語、あるいは現代英語は、極めて複雑な前置詞システムを抱える言語になっている。まずはこの点における非対称が顕著であることを前提にして語る。

西田が場所論としての哲学的立場を打ち出した際に、日本語の格助詞に着目したことは疑いえない。

それが西田にとって意識的なものであったかどうかを確認するのは容易ではない。ただ、『場所』(一九二六年)の中に明らかにそのように推測させる文が出てくる。西田は、三つの格助詞に注目したといえる。「が、を、で」の三つである。例えば次の文は、この三つの格助詞が喚起させるイメージ形象にピッタリと呼応したものである。「我とは主語的統一ではなくして、述語的統一でなければならぬ、一つの点ではなくして一つの円でなければならぬ、物ではなく場所でなければならぬ」[27]。個物は、「が」あるいは「を」に対応する。つまり、個物が「主体」の位置に置かれた場合には「が」に、「客体」の位置に置かれた場合には「を」に、対応するという違いはあるが、イメージ形象(空間表象)としては「点」とみなされている。一方、「場所」のイメージ形象は「円」と見なされているが、格助詞「で」に対応するものであるといえる。ところで、ここで私は、西田が「円」の形象性(空間表象性)を「で」に対応するものであるとみなした際に、そうすることの根拠をどこに見出していたかを問うてみたい。西田自身、それを一度も、明示的には、語ったことがないだけに、推測に頼るほかないのだが、西田が、「点と円」の形象について語ったことの背景には、相当に複雑な思考の歩みがあったにちがいない。

『場所』というテクストに限らず、『善の研究』の時期から、西田は一貫して「於」という漢字への偏愛を隠さなかった。たとえば、「有は無に於いてある」「物は空間に於いてある」[28]という言い方におけるように。

もちろん、現代日本語では格助詞の「で」を使うケースにおいて、一貫して、「に於いて」といういい方をしている。西田にとっては、「に於いて」が「にて」に当たるものとしてあった。ところで、西田においては、おそらく、漢文の「助字」(より正確には「介詞」)の「於」と「に於いて」が重ねられているのである。ここで是非とも想起しておきたいのだが、漢文の「介詞」の中でも、「於」は際立って特異な存在である。ここで、漢文における「於」についてのまさに驚嘆すべき特質に注目してみたい。「『於』は場所・場合・目的・対象・離脱・出発・帰着・類別・理由・原因・比較・受動などをあらわすときに用いる助辞で、英語でいえば前置詞にあたり中国の文法学者が『介詞』と名づけているものの一つである。この『於』は国語の口語で『何々に・へ・から・より・で』などにあたる場合に、その語の前に置いて用いられ、また対象を明示するときは『を』の場合にも用いる」(29)。この説明から分かるように、「於」は、現代日本語でいえば、格助詞の全体(九つ)のうち、「の」を除くすべてになりうる、という特異性を抱えた助字(介詞)である、といえる。私の推測では、西田は、「於」という漢字を通して、ある重要な直感を引き出したに違いない。

日本語の格助詞は、西田がそのことに気づいていたかどうかは不明だが、助詞のカテゴリーの中で、以下の特異性をもつ。つまり、すべての助詞の中で、格助詞だけが、必然的に、空間表象を喚起させる、という特異な性質を有している。その意味では、西田が、場所を円の形象で押さえたことに不思議はないし、また、個物を点の形象で押さえたことにも不思議はない。しかし、肝心な点は次のことである。日本語の格助詞の総体(九つ)において、「で(にて)」は特別な地位を占めている助詞であるということである。九つの格助詞の中には、もちろん「で」も含まれる。にもかかわらず、「で」は、同時に、《あらゆる格助詞が、「で」という格助詞による「限定(包摂)」を可能性の条件としているという限りにおいて、これら九つの格助詞の外部にある(外部=超越的な場所から、九つの格助詞の存在を可能ならしめるものとして、外部にある)》。このように、《内部にあり且つ外部にある》という「で」の構造は、デリダが「Oui の数」[30]の中で語っているフランス語の“oui”の構造と同形(アナロジカル)である。デリダは、フランス語の《oui》の地位を規定するのに、「準-超越(論)的」という形容詞を用いている。「超越的もどき」といった意味である。むろん、中世哲学の伝統を踏まえた用語法である。中世哲学(神学)における超越概念(存在あるいは神)を念頭においた用語である。他の存在者の存在を外部から下支えするような場所にある「存在」を指している用語法である。ところで、デリダが着目しているのは、“Oui”の在り方が、一方では、中世哲学の超越概念のように、存在物に対して、外部にあり、他方では、他の語彙の中の一つであるという限りで、内部に場を占めているという二重性を抱えているという点に、である。つまり、《外部にあるにもかかわらず、内部にも場を占めている》在り方をしているということがいいたいのである。次回、西田の場所論について述べる時に改めて語ることにするが、このデリダの準-超越(論)的構造は、西田における「於」(=場所)についての哲学的解明を与えてくれるものであると私は見なしている。

西田が場所論の中で、三つの格助詞を通して場所について語っただろうということにはすぐに気づいた。しかし、これら三つの格助詞の相互関係をとらえるのに、どうしても決定打を見出せずにいた。そんな時であった、私がデリダの「準-超越(論)的」という表現に出会ったのは。一瞬のうちに私の脳裏をよこぎったものとは、西田においては、《で》(=「にて」、「に於いて」)が準-超越(論)的な地位にあるものであるにちがいない、という確信めいたものであった。ここから私の「於」の解読が始まったのである。結論だけを述べることにする。私は、日本語の「で」が準-超越（論）的なものであることに思い至ったのである。それはこういうことである(31)。日本語の格助詞の中で、「で」は特異な存在である。この格助詞は、他の全ての格助詞の「可能性の条件」（存立根拠）をなすものである。全ての格助詞が、じつは、「で」による「二重の構造」として成り立っているのである。具体的にいえば、「が・で」「に・で」「へ・で」「から・で」「まだ・で」「と・で」という、「（存立根拠として）《で》を背後にもつ二重構造」として成立しているのである(32)。しかも、「で」もまた、「で・で」という、「《で》を背後にもつ二重構造」として成立しているのである。私には、こちらの方が、《oui-oui》構造以上に、デリダのいう準-超越的特性を具現しているものに思える。西欧における“oui”の構造がユダヤ・キリスト教の伝統に深く根ざすものであるのに対して、西田の「にて（で）」の構造が、神学的な背景を無視しても成り立つ、日本語の言語構造そのものから引き出しうる特性であると思えるからである。

とりあえず、「で」の準-超越（論）的特性についての説明はこれで打ち切りにして（次章、西田の場所論を語る際に立ち返ることにして）、「で」と日本語の動詞システムとの関係に視点を移すことにする。これまでも何度か語ったように、日本語の動詞は、本質的に、格助詞のどれを取るかによって（どの格助詞と共起するかによって）決定されるという法則がある。ここでもう一度その法則を図示することにする（次頁上図）。

この図にある1)と2)に当たる動詞の数はごく限られている。圧倒的多数が3)に当たる。この特質は、

	動詞
1）に	現前動詞：ある、いる、見える 滞留動詞：住む、滞在する・・・・ 方向関与移動動詞：行く、着く、来る・・・・
2）を	方向非関与移動動詞：歩く、通る、渡る・・・
3）で	1）、2）以外のすべての動詞

動詞の数を増やせば増やすほど顕著になる。日本語の格助詞システムの法則性とはこのようなものである。

日本語の動詞の大半は、この図に見られるように、「で」と共起するのである。繰り返しいっておきたいが、動詞の数が増えれば増えるほど、限りなく一〇〇%に近づいていくという法則性を抱えている。要するに、ほんの少しの動詞（「に」と共起する動詞と「を」と共起する動詞）を除いて、ほとんどすべての動詞が「で」と共起するのである。

西田がどこまでそのことに意識的であったかは分からないが、西田の直感は、日本語の動詞システムの特質を射止めていたのである。それを言葉でいえば、こうなる。西田は、日本語の動詞が、本質的に、「で」と共起するということを感じ取っていたのである。その意味では、西田の場所論は、日本語の構文論に何か重大な示唆を与えるものでもあるのである。

西田における「で」と場所、三上の述語一本立て

山本哲士のテーゼを先取りしていえば、西田は、西洋形而上学の枠を踏襲した上で、判断形式の問題を、西洋の主語制言語への疑問提示の形で追求した。その結果、おそらくは日本語を通して考えたがゆえに、西洋の主

語構文主導型の思考様式に対して、根本的な疑問を提起する方向に進んだ。それが、西田の「場所の論理」を呼ばれるものである。ごく簡単に図式的にいえば、西洋型主語制言語構造に対する、日本語の述語制言語構造を対置したのである。ここで、一挙に核心に迫ることにするが、次章で詳述するように、西田の場所の論理を支える根本構造である述語構文論のエッセンスを、文法論の枠の中で、独自の仕方で打ち出したのが佐久間を師にもった三上章なのである。場所の論理の西田は、あくまでも西洋形而上学の土俵で西洋形而上学に対峙した関係上、「主語」と「述語」を基本タームとして語った。しかし、それでも、西田が至りついた地点とは、判断形式を述語主義の立場から語ることであった。それに呼応するような形で、三上は、構文論として、「述語一本立て」理論を打ち出したのである。それが三上章の「虚勢的係り」論(33)である。簡単にいえば、日本語の文の根本的な構文論的特質として、《主語を欠いたまま、述語だけで(つまり述語一本立てで)成立する文構造》を取り出してみせたのである。ここでいっておきたいが、師の佐久間以上に西田の場所論に合流したのが三上章なのである。

次章まで西田の場所論と日本語の構文論との関係を問う作業は先送りにするが、ここで肝心の一点について予告しておけば、西田における「円」(場所)による「点」(個物)の包摂構造、しかも多重な包摂構造は、三上のいう「ピリオド越え」における虚勢的係りの多重構造にピッタリと呼応しているように思えるのである。

【注】

1 佐久間鼎『日本語の言語理論』恒星社厚生閣、1959年、91頁。
2 同上、94頁。
3 同上、91頁。
4 同上、91-92頁。
5 同上、190頁。
6 同上、94頁。
7 同上、93頁。
8 同上、191頁。
9 同上、191頁。
10 同上、217頁参照。
11 同上、217頁。
12 マルティン・ハイデガー『形而上学入門』平凡社ライブラリー、1994年、13頁。
13 佐久間鼎『日本語の言語理論』、前掲書、154頁。
14 Jean-Paul Sartre, *L'être et le néant*, Gallimard « tel », 2020, P.56.
15 佐久間鼎『日本語の言語理論』前掲書、142頁。
16 同上、92頁参照。
17 同上、155頁。
18 時枝誠記『国語学原論（下）』岩波文庫、2007年、54頁。
19 浅利誠『日本語と日本思想』藤原書店、2008年、49-54頁参照。
20 マルティン・ハイデガー『形而上学入門』前掲書、111頁。ここでハイデガーはいっている。「動詞の基礎形は一人称単数現在直接法、たとえば、legô 私は言うである」。
21 浅利誠『日本語と日本思想』前掲書、34-36頁参照。

22　浅利誠『ジャック・デリダとの交歓』文化科学高等研究院出版局、知の新書005、2021年、177頁。
23　浅利誠『日本語と日本思想』前掲書、32-36頁参照。
24　「西田幾多郎と日本語」(『環』第4号、2001年冬号、130-140頁)、『日本語と日本思想』前掲書、第2章「二つの包摂格助詞と係助詞」、41-71頁。「本居宣長、西田幾多郎、出口なおの日本語」(『三田文學』127号、2016年秋号、225-230頁)。
25　浅利誠『非対称の文法』文化科学高等研究院出版局、2017年。第5章のⅢ「三上章の『格概念』をめぐって」、141-147頁。
26　同上、124-125頁参照。
27　『西田幾多郎論文集Ⅰ』岩波文庫、1987年、141頁。
28　同上、125頁。
29　小川環樹、西田太一郎『漢文入門』岩波全書、1957年、14頁。
30　Jacques Derrida, « Nombre de oui » in *Psyché*, Galilée, 1987, P. 639-650.
31　「本居宣長、西田幾多郎、出口なおの日本語」(『三田文學』127号、2016年秋号、228-229参照)。
32　同上、229頁。
33　浅利誠『非対称の文法』前掲書、220-222頁。

7章

西田幾多郎の場所論と構文論

はじめに

西田幾多郎の場所論について言語論の視点から語るのは容易ではない。しかし、この難しい課題に挑戦してみようと思う。西田の「場所の論理」と呼ばれているものを、構文論の視点から考察してみようと思う。この試みにおいて私が真っ先に留意したいことから述べる。西田の場所論は、意識論として展開されている。「場所」の問題への西田の接近は、意識の働きを判断の論理形式に即して根拠づけることによってなされた。その際、西田が主に考察の中心に位置づけたのはカントとフッサールの意識論であった。西田は、「意識の野」を、場所(一般者)としての性格を持つものとみなしたのだが、そのことは判断の論理形式のうちに明瞭にあらわれると西田は考えた。その際、西田の考えの核心にあったものは、判断とは特殊(主語)が一般(述語)のうちに包摂されるという考えであった。そして、

Théorie sur le basho et théorie sur la syntaxe
chez Nishida Kitarô
iichiko intercultural Summer 2022, no.155

西田が判断の「述語面」に目を向けたのは「意識の範疇は述語性にある」(1)と考えたからである。このように、西田は、意識論として場所論を展開したのだが、その基本的な見方は、以下のようなものである。「判断の立場から意識を定義するならば、何処までも述語となって主語とならないものということができる」(2)というのが西田の基本的な考えであり、その背後には、「意識の範疇は述語性にある」という見方がある。

ところで、こうした西田の思考を背後から支えているものに日本語の構文論のとらえ方があったように思われる。山本哲士のいうように、日本語が述語制言語であるということ、そのことを西田は直感していたのだと思われる。このことを端的に確認する方法がある。それは、「は、も、徒」の係り構造に注目することである。私見によれば、この中で、「徒（ただ）」の係りが、日本語の構文の最大の特質をなすものなのである。ところで、この「徒」(いわば零記号としての)の係り構造に見事に対応するものがあるとすれば、それこそが、西田の規定する「場所」(無としての場所)の働き(機能)なのではないだろうか。

日本語は、主述関係に基礎を置く西洋語に比べて、二重の意味で、非対称的である。第一に、「は、も、徒」が日本語の構文における「係り受け」(3)構造の「係り」の部分をなすことができるということである。いうまでもなく、この「係り」の部分は、西洋語の主述構造における「主語」に対応するものではない。「は、も、徒」の係りは、「主語」を必要とする西洋語の構文と著しい非対称をなしている。そして、その非対称性が最もラディカルに顕現するケースが、「は、も」を必要としない「徒」が「係り」の部分を担うケースなのである。のちに見るように、そのことを見事に認識したのが三上章なのであり、それを三上は、「虚勢的係り」(4)の構造と名づけたのである。

主語を持たない言語である日本語と「包摂判断論」

西田の包摂判断論を問題にするに当たって、西田が定めた目標を確認する作業が必要である。真っ先に留意すべきこと、それは、西田が単なる判断論をベースに議論を展開しているのではなく、あくまでも包摂判断論をモデルにしているということである。これには、もちろん、戦略的な意味が込められていたはずである。西田が、包摂判断文をモデルに選んだ背後には、日本語の構文の特質についての西田なりの省察があったに違いない。私の推測では、西田が包摂判断文をモデルにした時点で、とりわけ、アリストテレスの論理学との対決という志向があったはずである。この点をあらかじめ押さえておくべきである。

西田は西洋形而上学の伝統の枠を、とりあえず、アリストテレスの三段論法における判断形式をモデルとして設定していたはずである。ところで、この点を吟味する試みとして我々には貴重な先人の省察がある。佐久間鼎の省察である。ここでそれを参照することにする。

佐久間はいう。「アリストテレス論理学で、おそらくいちばん重要な地位を占めるのは、その三段論法と名づけられる推論形式でしょう。[中略]そこにはアリストテレス当時の所説があまり変更されずに取りいれてあって、アリストテレスから由来するという例：

スベテノ人間ハ死ヌベキモノナリ。
ソクラテスハ人間ナリ。
故ニソクラテスハ死ヌベキモノナリ。

もそのまま借用してあるのがふつうです。」(5)。

ところで、この点を確認したあと、佐久間は、アリストテレスによる「判断についての所論にすこし触れることにしましょう」というふうに続ける。「判断論では、三段論法についての所論でよりも、一歩を進めたところがあります。判断（アポファンシス）は前提（プロタシス）とつぎのように区別されます。すなわち判断のほうは、一般に他種のいいまわし、たとえばねがいやのぞみと異なって、〝真だ〟、もしくは〝偽だ〟といういいまわしなのです。［中略］前提の規定は、論理的形式的規定だけのことで、一方判断のほうは何か実在的なものをあらわすという含みがあります。判断はオノマ（名詞 nomen）とレーマ（動詞、というより述詞というのに当たる verbum）との二部から成る。」(6)。

このように佐久間は、判断が三段論法の推論における「前提」の一歩先をいくものであることを述べた後で、問題の核心に迫って、彼の論述を次のように進めている。「判断の陳述は、同時に〝時〟のいいあらわしを伴って、〝在る〟という存在についての言明を含むとします。いちばん単純な〝述詞〟は、英語でいえば、“is” またはそれの曲折語形の “was”、“wille be” など。これらの語詞が、よってもって一般に、判断をはじめて判断にしたてるところの添加物だというのは、それが判断の真であるか、偽（まちがい）であるかをきめるのだからだと説きます」(7)。

次に、佐久間は、注目すべき一点に、鋭く説き及んでいる。そのまま引用する。「そうした考え方から、他の一切の動詞は、そのうちに英語でいえば "to be" に当たる概念を含むので、それだけでレーマタ(レーマの複数形)になることができるとします。"He goes" は、それだから "He is going" と同じわけだということになります」(8)。

ここで想起すべきなのは、時枝誠記の言語類型論である。時枝は、まさにここで佐久間がいっていることを、英語における「天秤型」(9)の言語類型の根拠として採択したのである。しかし、佐久間は、時枝の言語類型論には与しない観点に立っていたということはいっておかねばならない。英語をモデルに言語類型を構想することの限界と危険を、おそらく、佐久間は知悉していたのである。

佐久間によれば、「アリストテレスにとっては、エイナイ(英語での to be)が、こうして単に論理的コープラを意味するだけでなくて、〝実質だ〟とか〝実質のうちに存在する〟というほどのことを意味するのです。判断はこうして、その内容が実在的なものに相当することを表現する」(10)とみなされることになる。そして、ここで、佐久間は、西田の場所の論理における要点の一つに関わる点を指摘することになる。それこそは、オノマとしての主辞(主語)が、判断機能として、「存在(実在)」の根拠とみなされ、それをアリストテレスは「ヒュポケイメノン(基体)」とみなす、という一点である。

ところで、このアリストテレスによる基体の定義に対して、西田は、『善の研究』以来、「純粋経験」という概念を以って、対立的視点を打ち出していた。つまり、西田は、アリストテレスにおける主語と述語の分離(主客分離)に対して、主客未分あるいは非分離の立場を対置させる視点に立っていた。

要するに、アリストテレスによる形而上学的実体としてのヒュポケイメノンの定義に対して、西田は、「無」としてのヒュポケイメノンの定義を対置させたのである。このように、西田の場所の論理の根幹には、アリストテレスによる「主語」としての基体（ヒュポケイメノン）を「述語（無）」としての基体によって置き換えるという志向が初めから抱かれていたのである。そして、この置き換えにおいて、西田は、「インドヨーロッパ語系のうちギリシャ、ローマの古典語から近代のゲルマン系、ラテン系の諸語に通じてほぼ共通にあらわれるコープラ的表現」(11)を日本語の構文論の側から徹底的に吟味するという方向で問題を提起することになるのである。

ここで問題点を整理しておくが、西田が徹底的な執拗さを持って吟味することを試みたのは、アリストテレスにまで遡りうる「伝統論理学」(12)の根底にある一点に対してであった。それは、「構文における語法的コープラ」を、「論理的コープラとして通用」させるという一点に対してであった。このことこそ、山田孝雄ばかりではなく、今日の日本文法論の論者たちをも、一貫して呪縛し続けている一点なのである。佐久間が注目したのがこれであった。そのことを佐久間は見事ないい方で次のように述べている。「論理学はアリストテレス以来、なんらやり直しをする必要がなく、したがって学問のたしかな道をもっとも古い時代から踏みしめて来て、少しも変わるところがない――そうカントが述べた」(13)と。このことを考えただけでも、西田の戦いがいかに大変なものであったかは想像に難くない。西田は最初からアリストテレスのみならず、カントをも相手にして、西洋形而上学との対決の姿勢を持ち続けていたのである。

さて、ここで、西田による西洋形而上学との対決に関して、金谷武洋の重要な指摘を参照することにしたい。「主語が不可欠な言語は、パルムターの報告によれば、地球上に八つしかなく、それが今、七つになろうとしているのである(David Perlmutter, *Deep and Surface Structure in Syntax*, 1971)」(14)。私の興味を掻き立てずにおかないのは次の一事である。アリストテレスのギリシア語に並んで、現行の言語の中で、形而上学の言語と呼べるものが、大筋において、ゲルマン語系の言語であるドイツ語、ドイツ語とフランス語の両方の影響を受けた英語、それにラテン語系(ロマンス諸語)の言語であるフランス語、この三言語であるということである。いわば、西欧の形而上学の言語としては、この三言語が独占的な役割を演じてきたということである。これら三言語に対する西田の立ち位置に私の興味は向かう。ウラル=アルタイ系の一言語である日本語で思考した西田の形而上学的且つ非形而上学的省察を位置づけること、それは強い興味を掻き立てずにおかない。ところで、西田の戦略は屈折している。それにはもちろん理由がある。西田が掲げた目標そのものが必然的に抱えることになる理由であるといっておく。つまり、あくまでも、西洋形而上学の土俵の中で、日本語による思考の可能性を探ることを目標にしたという事情があったのである。ここには一種の逆説的な試みがあるといわねばならない。なぜなら、西田は、日本語には「主語」がないということを、西洋形而上学の基本的なタームである「主語」、「述語」を用いながら、論証しようとしたのだから。ここにこそ、西田の立場を難しいものにした根本的な理由があったのだと思われる。要するに、西田は、「主語」というタームを使いながら、しかも、日本語には「主語」がないのだということを論証しようとしたのである。西田の論述を恐ろしく難解なものにした、おそらく、最大の理由がここにあるのである。

西田がアリストテレス以来の西洋形而上学の言語を「主語」のある言語、「主語」が指揮する言語とみなしたことは明らかである。しかし、正確を期しておこう。ここで、上で見た金谷武洋の視点を借りることにする。金谷の視点を私なりに受け止めて、以下のようにいっておきたい。西洋形而上学の言語とは、アリストテレスのギリシア語を筆頭に、おおむねドイツ語、英語、フランス語という三ヶ国語を指すといっても大過なしといえるのではないだろうか。これらの言語の中には歴史的に過激に変貌を遂げた英語も含まれる。もちろん、ラテン語の果たした役割を無視するわけにはいかないが、それでも、この四つのラングが西欧形而上学の主役を演じてきた言語だったという言い方は可能であろう。西田がこの四言語を相手にしたことはよく知られている。これらの言語を相手に西田は英雄的に戦った。たった一人で戦った。印欧語主導の流れに対して、ウラル＝アルタイ系の言語である日本語の構文についての考察を以って対峙した。これが『善の研究』から「場所の論理」に至る西田の戦いであったといっておきたい。

西田は、「場所の論理」を構築するにあたって、日本語の構文についての彼なりの省察を武器とせざるを得なかった。ところで、ここで注目すべきこととして次のことがあったということを忘れてはならない。それは、西田が、言文一致期の日本語に対する鋭い感受性の持ち主だったということである。西田は、日本語の《である》という語詞に対して激しく抵抗した。この抵抗がなかったとしたら西田の場所の論理は存在できなかった、と私は推測している。かくも重要な意味を持つ一点であったはずなのである。次に私が注目したいのは、西田が、本居宣長の係り結びの構造を、彼独自の直感力で押さえていたのではないかということである。このことを論証するのは容易ではないのだが、私は、ここで、次の一点に注目してみたい。それは、本居宣長と西田幾多郎に共通する反時代的考察ともいうべきものについてである。私の見るところ、宣長の係り結び論には明らかに反時代的考察があった。そのことを、大野晋や渡辺実の常識的見方は取り逃したのである。彼らの推測とは反対に、宣長は、伝統的な係り結びが、室町時代に消滅したのではなく、動詞のあるいは形容詞の「終止形」で結ぶ形として、逆に一般化したとみなしていたのである。私は、この宣長の革新的な視点に、それに劣らずラディカルな視点によって合流したのが西田であったと考えたい。

まず私は、宣長が、事後的に見て、彼の時代を、明治期の言文一致という変革に比すべき変革の時期として受け止めた、という視点に立っている。宣長は、おそらく、『詞の玉緒』の時期を、明治の言文一致革命以前に日本語を襲った異変の時期として押さえていた、と私は推測している。一言でいえば、宣長が立ち会った異変とは、「終止形で結ぶ」係り結びという形で、係り結びという形式が、一般化されるという大異変であったということである。そして、この宣長の発見に匹敵するようなものとして、西田が、言文一致期に翻訳語として誕生した日本語の《である》という語詞を、和製コプラ表現として受け止めたのだと、私はみなしている。これを、ここで、宣長と西田による天才の一撃と呼んでおきたい。なぜなら、この両者の天才の一撃が存在しなかったとしたら、西田の場所の論理は存在しえなかったと私には思われるからである。

西田による「包摂判断論」の射程

アリストテレスの判断形式（命題形式）の特質として、西田は、コプラを含む判断形式（命題形式）を考えた。その際、西田は、最初から、アリストテレスの母語であるギリシア語における判断形式と日本語による「包摂判断論」における判断形式との間にある非対称を、構文論の観点から押さえる視点に立っていた。両者の違いは、アリストテレスの判断論がコプラをベースに成立している言語形式であるのに対して、日本語における包摂判断文にはコプラが不在である、という一点に巨大な非対称があると西田は押さえていた。実際、この非対称に注目することによってのみ、西田の場所論の読み解きが可能になるのである。

ここで、あらかじめ、二つの論点を明示しておくことにするが、まず西田は、アリストテレスに対して、日本語の構文が持つ本質的な非対称を突きつけたのである。それは、日本語にはコプラがないということである。これが第一点である。次に、日本語にコプラがないということは、日本語には、コプラ表現としての時間論がないということでもある。これが第二点である。ただし、コプラと時間というテーマに関しては、後日の課題として先送りにすることにして、7章では、大雑把な指摘にとどめる。私の推測では、コプラがコプラになったのは、コプラが時間表現と合体した時点であった。ヴァンドリエスやイエスペルセンの推測によれば、コプラ動詞は、もともとは、「存在」の動詞とは無関係であった。それが、ある時期に、存在動詞と癒着するに至ったということである。しかし、この癒着は、「存在動詞」が時間の次元を抱えることになったという点に存したのだと私は考える。もともとは、西洋諸語における「存在」動詞が、動詞とみなしうるものであったかどうかは疑問である。しかし、ハイデガーにおいては、sein が動詞とみなされている。その上で、ハイデガーは、sein の現在形を特権化してこの動詞の時間構造を語った。このこととハイデガーにおける時間中心主義とは無縁ではありえない。詳しい検討は先送りにさせていただくが、私見によれば、ハイデガーの時間論が根拠にしているものとして、コプラ動詞の持つ時間の次元があるのである。

西洋形而上学の伝統とは対照的に、西田は、「時間」にではなく「場所」に注目した。それが、実は、すぐ後で語るが、日本語の格助詞システムの持つ独自性に深く関わる事柄なのである。ごく単純に説明すれば、アリストテレスがコプラをベースに判断論＝構文論を構築したのに対して、西田は、日本語における動詞の包摂機能（場所論おいて動詞が果たす包摂＝限定の機能）を対置させたのである。とりあえず、ここで私は、アリストテレスがモデルにした判断文をコプラ文による判断文というふうに単純化させて語ることにする。コプラ文の判断形式は、主語である名詞、それと、述語である名詞あるいは性状詞を、コプラで繋ぐ形式である。そして、原則的に、主語の位置にある名詞を「特殊」として、その「主語（特殊）」を述語としての「一般」によって限定するという形式である。これが、コプラを介在させた限定の形式であり、範例としては、「ソクラテスは人間である(Socrate est un homme.)」を挙げることができる。

それに対して、一方の西田の包摂判断論は、どの点でアリストテレスのコプラ文の判断論と違うのか？　西田が範例としたのは「赤は色である」[15]である。フランス語で表記したら、Le rouge est une couleur. である。一見したところ、形式的には「主語・コプラ・述語」と同形であるように見える。しかし、日本語にはコプラが存在しない。実は、この一点に問題が収斂されるのである。それでは、西田は、「赤は色である」という判断文をどのように押さえるのか？　この点を確認しないといけない。

西田は、「赤は色である」という日本語を、場所の論理の枠の中で押さえようとする。それを西田の言葉でいえば、赤があるためには、赤が「何かに於いてなければならぬ」[16]という論法をとる。「赤」が個物（主体）であり、「色」が場所として押さえられる。ところで、西田の場所論の要の位置にある「円（場所）」による「点（個物）」の包摂の構造が、実は、日本語の構造そのものに由来するということを、おそらく、西田は直感していたのである。言語論の観点からこれをいい直せば、西田は、《円による点の包摂》ということで、格助詞の「で」による格助詞の「に」の包摂を考えていたのである。これが第一点である。

あとの一点は、西田が、言文一致体成立以後の日本語で思考した人物であったという点である。西田は、「……は……《である》」という文形式の使用に対して執拗に抵抗した人物であった。この文形式を、驚くべき執念と一貫性を持って、「……は……《でなければならぬ》」で置き換えたことは周知のことである。これまで、このことに関して、多くのことがいわれてきた。しかし、私を納得させるものに出会ったことがない。私は、全く別の推測をしている。西田が頑強に拒否したのは、アリストテレスのコプラ表現だったのだ、と私は理解する。日本語の表現形式でいえば、《である》がコプラ表現と見なされるが、西田は、《である》という、柳父章によれば[17]、言文一致期に翻訳語として誕生した表現に抵抗を試みたのである。なぜなら、この日本語におけるコプラの代用品ともいうべき《である》を、コプラを持たない日本語の中で使用することに抵抗したかったからである。ここには、実は、アリストテレスの《コプラ依存型》の論理形式に対する西田独自の批判が見られる。しかも、それが、日本語自体にも向けられていたのである。言文一致の時期に生まれた、いわば、和製コプラ表現である《である》という語詞の峻拒である。西田の場所論の代名詞ともいうべき有名な表現として、《個物があるためにはそれが於かれてある場所がなければならぬ》、あるいは《点があるためにはそれが於かれてある場所《で》(円)がなければならぬ》があるのは周知のことである。ところで、この表現においては、《である》という言文一致期に成立した、和製コプラ《である》が使用されていないのである。この語詞を西田は頑なに退けているのである。再び繰り返すが、西田は和製コプラの《である》という語詞を《でなければならぬ》で置き換えているのである。しかも、その置き換えは徹底したものであった。そこにこそ、西田の、アリストテレスに対する徹底的な距離化の意思を認めるべきである。西田の包摂判断論は、アリストテレスのコプラ文の判断論を徹底的に退けているのである。これが第二点である。

以上の二点を、あらかじめ押さえておくべきことをいっておきたい。さて、次に、西田の場所の論理が、日本語の構文という観点から見た場合、どのような特質を持つものであるかの検討に移る。

日本語の文法論の観点からいって、西田幾多郎の場所論の最大の特質は、場所論が、日本語の「格助詞」システムと「係り助詞」システムの間の「協働」に存することを根拠にして成立している点にある。

㈠ 西田の場所論は、一方では、格助詞システムに関わる。

㈡西田の場所論は、もう一方では、係助詞システムに関わる。

そして、この二つのシステムが「協働」するメカニズムに西田は着目したのである。以下、それを検証してみることにする。

「格」と「係り」の「協働」について

西田の場所論は、まずは、日本語の格助詞の特性に依拠している。その特性とは、《助詞のカテゴリーの中で、格助詞だけが、空間表象性を抱えている》という点にある。これについては拙著の『日本語と日本思想』[18]の参照を願いたい。前回少し語ったように、西田は、円の形象に当たるものを「で」として、点の形象にあたるものを「に」として、押さえた。西田の場所の論理は、「で」(円＝場所)と「に」(点＝個物)によって織りなされた世界として押さえられている。その意味では、西田の場所の論理を支えているのが、一つには、格助詞のシステムである、と私には思われる。これが第一点である。時枝誠記が西田から継承しようとしたものも、実は、西田における格助詞による包摂構造であった。

しかし、西田の場所の論理には、時枝が見逃すことになったもう一つの次元があった。それが、係助詞の包摂の次元である[19]。西田の場所の論理において、むしろ最重要な意味を担っているのが、実は、係助詞による包摂なのである。西田の場所論は、「格助詞」による包摂と「係助詞」による包摂という二つの次元をもつ理論なのである。以下、それについて検証する。

繰り返すが、日本語の構文論の観点からいって、西田の場所論は、包摂判断文をモデルにして構築された世界である。判断文をモデルにしているという限りでは、西田の言説空間における構文の基本形は、おおむね、提題文、すなわち「甲ハ云々」という形式の文である。おおむねというのは、「は」による文ばかりではなく、「も、徒」による文のケースをも含むからである。しかし、大雑把には、「は」を持つ文の世界であるといってよい。そして、「は」は、山田孝雄以来、係助詞と名づけられているものの代表的助詞である。ところで、西田が係助詞の「は」に注目したのには、具体的な理由があった。西田の場所の論理における基本的な構文は、包摂判断文だが、格助詞(のみ)によっては判断文を構成することができないからである。判断文をベースに論述を展開するという西田の選択においては、佐久間鼎が提題文と名づけた文形式を必要とする。これが、西田が、係助詞システムに関心を向けざるを得なかった根本的な理由である。ところで、西田の場所の論理は、「……は……」という構文を基本にした世界であるが、円(場所)による点(個物)の包摂という構造は、日本語の構文論のレベルでは、三上章のいう「ピリオド越え」の構造に呼応するような《提題化されたものを円が多重に包摂する》という構造を抱えている。西田の場所論においては、場所による場所の包摂の多重構造が想定されているのである。

格助詞システムと係助詞システムの「協働」ということを西田は構想していたと私はいった。それでは、いよいよ、西田における、形而上学レベルの構想と構文論レベルの構想がどのように分節されているかという点を検討しなければならない。

西田においては、西洋形而上学の枠の中で日本語の構文を押さえるという選択がなされている。このような選択をした最大の理由は、おそらく、西洋形而上学の枠組みを与えたアリストテレスの論理学の吟味を目標に定めたからである。事実、西田が構文として中心に位置づけたのは、アリストテレスの三段論法の構文であった。そこにおける基本的な構文は、コプラ文としての構文であった。ヴントの分類を拝借して、三上章が以下のように見事に語っている通りである。「心理学者ヴントは判断を賓位の性質から区別して、㈠物語（説話的）判断、㈡記述的判断、㈢説明的判断の三種とした。ところで、普通の形式論理学で取扱う判断は、右のヴントの区別によれば、説明的の判断である。物語的および記述的判断も取扱わないことはないが、これらはみな説明的判断の形式に改造して考察するのである、と言っている。「……は……」という形に変えてしまうというわけである」[20]。

西田もまた、ヴントにならって、説明的判断を基底にすえる立場を選択したといえる。ところで、説明判断文の形式は、形而上学の伝統においては、コプラ文の形式をとる。文形式としては、「ソクラテスは人間《である》」という《である》（コプラ）を持つ文がモデルとされる。

ところが、ここに巨大な問題が持ち上がる。形而上学の言語であるギリシア語、それに連なるヨーロッパの主要語であるドイツ語、英語、フランス語、それとウラル＝アルタイ系言語である日本語の間には、巨大な非対称がある。端的に、日本語にはコプラが存在しないということがある。したがって最初から、この非対称を考慮した比較が必要とされる。

日本語にはコプラが存在しないという意味において、日本語における「ソクラテスは人間である」という文を西洋式に「主語・コプラ・述語」構文とはみなしえない。日本語においては、「主語」を持たずに、「提題のハ」を持つ文に変えなければならない。つまり、佐久間や三上のいう、提題文に変換しないといけない。日本語の提題文は、「……は……」の文である。ここで、飽くことなく繰り返し力説しなければならないが、提題文は、「主語」をもつ文とはまったく異質のものである。そもそも、日本語には主語なるものがないのである。

ところで、日本語に主語がないということを論証するのに最も有効な方法として、西田の包摂判断文の検証があるということを、ここで、いっておきたい。最も有効であると敢えていうのは、西田が形式論理学の伝統に則って位置づけた包摂判断文を通して検証することによって、頑迷この上ない誤認を決定的な仕方で退けることができると思うからである。「日本語に主語はいらない」とする金谷武洋のテーゼは、金谷自身によって、「百年の誤謬を正す」というふうに言い換えられているが、この誤謬を正す最も有効な論証を西田の言説の中に認めうるというのが私の見方なのである。

西田のメリットは、「判断文」というアリストテレス以来の言語論理学の用語を用いて、アリストテレス論理学のローカル性を明らかにしている点にこそある。西田によって、決定的な仕方で、アリストテレス論理学のローカル性が確認されることになったのだと私はいいたい。それは、以下のような操作であった。つまり、インド＝ヨーロッパ語の代表的なものとしてのアリストテレスの母語であったギリシア語のローカル性をウラル＝アルタイ系の膠着語である日本語によって明るみに出す（あるいは相対化させる）操作であったのだ。そして、西田のアリストテレス論理学に対する代案は、日本語による論理的表現の構造として提示されている、ということを私はいいたいのである。以下、そのことを確認してみることにする。

西田による日本語の論理表現構造の提示

最初にいっておくべきことがある。それは、西田の判断論とは、動詞の判断論である、ということである。別のいい方をすれば、西田の判断論とは、名詞あるいは性状詞の判断論ではない。つまり、アリストテレス論理学におけるような、述語の場所に「コプラ＋名詞」あるいは「コプラ＋性状詞」が来る構文のコプラ判断文ではない。包摂という一点から構想された西田の判断論(包摂判断論)においては、コプラ文における限定(コプラ的限定)は最初から退けられている。おそらくそれは単純な理由による。すなわち、コプラ的限定は、アリストテレス論理学が依拠する限定の仕方であって、コプラを持たない言語である日本語による論理学に馴染まないものだから、という理由からである。西田は、あくまでも、日本語の論理学においては、動詞による包摂に支えられた「限定」が問われるという一点に固執する。言い換えれば、「限定する」という動詞次元の限定が問題である判断論だけを対象にしているのである。それが西田の場所論における判断論の次元なのである。

もう一度繰り返す。アリストテレスの論理学において主要な役割を演じているのは、コプラ文レベルにおける「限定」である。山田孝雄の表現を借りていえば、どちらも、構文の「陳述」(コプラ)と「属性語」の次元が問われるケースである。それに対して、西田が着目したのは、コプラ動詞(be動詞)レベルの限定でも属性語レベルの限定でもなく、あくまでも《動詞らしい動詞》レベルの限定である。

ところで、西田がこのようなアプローチを選んだ背景には、もちろん、日本語そのものについての考察があった。それを、私は、西田における、二重の関わりとして上で述べておいた。ここで、その具体的な説明に移る。

第一に、私は、《西田は、日本語の格助詞のシステムからの着想を得た》という根本的な推測をしている。西田が、日本語の格助詞システムにどのような関わり方をしたかということは、拙著の『日本語と日本思想』の中で[21]述べた通りである。要点だけをいうと、西田が《包摂＝限定》ということで考えていたのは、格助詞の「で」（円の形象）を伴った動詞（《動詞らしい動詞》）による限定であった。

第二に、西田は、動詞による「包摂する」（限定する）という次元を問題にしたのである。アリストテレスのように、コプラ文における「限定」のことを問題にしたのではなかった。これが、根本的なレベルでの、西田における包摂判断文のメカニズムである。西田が挙げている例でいえば、「赤は色である」という判断文における、あくまでも動詞レベルでの、包摂＝限定のことである。一見したところ、「赤は色である」という判断文は、「ソクラテスは人間である」という日本語表現の判断文に似ている。ソクラテスという「特殊」が人間という「一般」によって限定される判断文に似ている。しかし、西田にいわせたら、それはコプラ文としての判断文でしかない。あくまでもコプラ的限定が問題になる形式だからである。なるほど、ある意味では、「赤は色である」もまた特殊（赤）が色（一般）によって包摂＝限定されるという形式であるとみなしうるのだが、西田が独自なのは、「赤は色である」という判断文の「色である」が、決してコプラ表現に還元されないということなのである。ここにある構造は、西田にとっては、「赤」（名詞）が、「色」（名詞）《である》というふうに《である》（コプラ）によって限定されるのではなく、あくまでも、「赤」(特殊)が「色」(一般)によって《包摂される》(＝限定される)という動詞レベルの包摂が問われているのである。ここに、西田は、掛け金を積んでいるのである。コプラによる限定は、あくまでもコプラを含む命題文による限定に過ぎず、場所(述語)＝色による限定は別の次元にあるということがいいたいのである。言い換えれば、ここにあるのは、コプラ的限定ではなく、あくまでも、場所＝述語による、動詞としての限定であるということがいいたいのである。その時に西田の念頭にあるのが、日本語の格助詞の「で(円の形象)」による包摂＝限定なのであるが、同時にまた、《で》による包摂＝限定は、動詞的次元でのものであるとみなされているということが重要なのである。あくまでも、動詞の《包摂する＝限定する》が想定されているからである。これを、私は、西田の包摂判断論における動詞の次元、動詞による包摂の次元と呼んでいるのである。

判断形式としては、形式論理学(言語論理学)の形態をとってはいるが、実はそれに収まらない次元を抱えているというべきなのである。それが《動詞による包摂＝限定》の次元である。西田が徹頭徹尾退けるのは、コプラ文としての限定である。理由は単純である。西田は、アリストテレス的《コプラ文による限定》を避けたかったからである。それはなぜか？　西田がコプラ文による限定を迂回させたかったのは、インド＝ヨーロッパ語(ギリシャ語)におけるコプラ文を使った判断文を回避したかったからである。西田が、間接的に主張しているのは、おそらく、以下のことである。(1)ギリシア語あるいはヨーロッパ諸語にはコプラがあるが、日本語にはコプラがないということ。(2)したがって、ヨーロッパ語におけるコプラ的限定が日本語には存在せず、その代わりに、日本語の格助詞の「で」が開く空間性＝場所性と共起する動詞による包摂＝限定という包摂判断文における包摂＝限定があるということ。

ここで、この非対称を別の角度からとらえる試みをしてみよう。佐久間鼎の説明図式(22)を利用する。佐久間は、コプラをめぐる日本語とヨーロッパ諸語（ドイツ語、英語、フランス語）との非対称に注目しつつ、以下の三つのレベルにおける日本語の判断文に注目している。

㈠ 断定文：助詞なしで事柄をしかと断定する文。「だ、です、のだ、のです」によって断定する文。
㈡ トートロジー文：「甲は甲だ」というトートロジーの文。
㈢ 認定の文：動詞や性状詞の基本形で叙述する限定文。

西洋諸語の命題文においては、コプラ文として、㈠と㈡に該当する形が用いられるのが一般的である。そして、トートロジー文は稀にしか使われない。普通の命題文は、佐久間のいう「断定」の文である。ところが、西洋諸語と日本語の間の徹底的な非対称が持ち上がるのが、実は、この断定の文のレベルにおいてなのだ。ここで注目すべきなのは以下の一点である。西田の「断定」文には《である》をもつ文は含まれないという一点である。理由は単純である。日本語にはコプラが存在しないからである。その意味では、㈠の断定文はコプラ文ではない。なお、㈡のトートロジー文（同一律の文）もコプラ文ではない。この点には留意しておかねばならないのだが、コプラ文の定義の中には、暗黙に、以下の条件が含まれているのである。つまり、コプラ文は、一種の非トートロジー文であり、主語と述語を繋ぐコプラは、あくまでも《同一のものではない》もの同士を繋ぐものである、ということである。これを異種交配させるものと言い換えることもできるだろう。主語と述語があくまでも《同一のものではない》《異質のものである》ということが含意されているということである。

要するに、西田は、ギリシア語（アリストテレスの母語）におけるコプラ文的判断文が、日本語には適用できないと考えた。なぜなら、西田は、包摂＝限定が、あくまでも「場所的限定」でなければならないと考えたからである。言い換えれば、日本語の格助詞の「で」を伴った「場所」による限定＝包摂を西田は考えていたということなのである。なるほど、ギリシア語においても日本語においても、言語論理学の観点からしたら、外見的にほぼ同一のものに見えるもの、それが包摂判断文ではあるのだが、両言語の非対称を考慮した場合には、二つの全く異質な判断形式であるといわねばならない、と西田は考えた。西田が、場所の論理で、あくまでも円（一般）による点（個物）の包摂にこだわったのは、西田にとって、この非対称が決定的に重要だったからである。西田が徹頭徹尾《場所による個物の包摂》、《円による点の包摂》にこだわったのは、アリストテレスの基体概念に対する批判のせいだったのである。西田にとっては、基体（ヒュポケイメノン）は、述語（場所）の側にあるものであって、主体（個物）の側にあるものではないのである。そのことをいいたいがために西田は執拗に「主語面・述語面」という用語を用いて、アリストテレスの立場に対する対立点を繰り返し主張し続けたのである。そのことを、金谷武洋は、次のように簡潔に表現している。「主体は、どこかに置かれてあるのであって、その場所なくしては主体は存在しないではないか。我々は外部観察者ではありえない。アリストテレスの主張とは逆に、主体（主語）は場所（述語）に包摂されて存在するのだ、と。これが西田の名高い「場所的論理」と呼ばれるものの要点だ。さらに西田は日本語の文章構造を援用する。日本語では、明らかに主語よりも述語に比重がおかれている、と指摘して西洋の「主語の論理」に対する「述語の論理」を主張した」(23)。私は、この金谷の見方に、基本的に、賛同するが、それをもう少し具体的に論じようとしているのである。

西田が、場所の論理にこだわった背景には、もう一つの理由があったように私には思われる。それは、西洋形而上学の根本的趨勢に対する懐疑であったと思う。それを一言でいったら、西洋形而上学の時間中心主義に対する不満であったと私は理解する。デカルト以来、この根本的趨勢は明らかである。デカルト、カント、ヘーゲル、ハイデガーを通すだけでもこのことは明らかである。最もあからさまに時間中心主義を打ち出したのが『存在と時間』のハイデガーであることはよく知られている。時間中心主義は、私見によれば、デカルトの二つのレス論(24)以来のものである。いや、アリストテレス以来のものであるというべきかもしれない。それは、ヒュポケイメノン論に始まるともいいうるからである。ある意味では、基体を主語(主体)に認める立場に、すでにその萌芽があったといえるはずだからである。それに対する抵抗を試みたのが西田である。基体を主体から場所に移動させたのが西田である。デカルトとカントによる「空間」と「時間」の規定に対しては、日本語の特質に着目して、格助詞の空間表象性に依拠する形で、一線を画そうとしたはずである。これは、前回述べたように、カントの先験的感性論に匹敵するレベルでの操作であった。日本語の格助詞の空間表象性＝場所性は、西田にとっては、準アプリオリなレベルのものであると思えたに違いないのである。

ハイデガーによる現存在（ダーザイン）の空間性

ハイデガーは、『存在と時間』の中で、現存在の空間性を語った。しかし、現存在の空間性は、現存在の時間性の次元を語るための伏線として語られているに過ぎない[25]。ハイデガーは、あくまでも、現存在（世界内存在としての主体）が時間的存在であることを語っている。そこには、主客の非分離性を前提とした西田のいう場所性の次元が、見事に欠けている。大筋においては、ハイデガーはあくまでもデカルトの二つのレス論に固執する立場を選択したのである。大筋のところでは、ハイデガーの立場は、デカルト的であると私は思う。

もう一ついっておけば、ハイデガーの時間論に馴染んでいたデリダは、独自の時間論を展開している。私の注意を引きつけるのは次の一点である。デリダは、一貫して、時間を贈与のテーマ[26]と結びつけているのだが、私の目には、デリダの立ち位置は、プラトンのコーラに関して西田が読み込もうとしたものと奇妙なコントラストをなしているように見える。デリダは、彼の贈与論において、与えることと受け取ることとは表裏の関係にある、という点を力説しているが、西田はその見方に与しないだろうと思われる。なるほど、デリダ自身、『コーラ　プラトンの場』（未來社、2004年）の中で、「受け取るとはいったい何を言わんとしているのか？」（53頁）という問いを発している。しかし、西田によるコーラの受け止め方は、デリダに比べて、力点が微妙に異なっているように思える。このことも含めて、私は、西田の場所論には、ハイデガーやデリダの盲点を突くものがあるように思う。そして、そこでもまた、西田の日本語、それとハイデガー、デリダの形而上学の言語との間にある根本的な差異が作用しているように思えるのである。しかし、この点は後日の課題として、先送りにしておくことしかできない。

三上章による動詞の類型化

さて、ここで、西田の場所論と三上章の関係に目を転じてみよう。西田の「場所論」をとらえるためには、動詞の三類型(27)という視点が不可欠である。西田の場所論における動詞論という観点からすると、日本語文法論の中では、三上章の理論が西田の動詞論に近いと思われる。ただし、三上の動詞の押さえ方は、実は、大きな問題を抱えている。三上は明らかに一つの予断を抱えている。三上は、「位格」の格助詞と共起する動詞への偏愛のせいで、格助詞の「で」と共起する《動詞らしい動詞》に対する位置づけを間違えている。

時枝誠記の包摂論

ここで、時枝誠記による西田の受容の仕方に一言しておきたい。時枝が西田の影響下で《辞による詞の包摂》を考えたことは疑いを入れない。しかし、時枝は、西田の場所論から着想を得ておきながら、文法論としては、あくまでも鈴木朖の「言語四種論」に依拠して論述を展開した。この点に関しては、『日本語と日本思想』を参照してもらうことにして(28)、以下の指摘だけにとどめる。

時枝は、「三重の盃」(29)という形で西田を継承しようとした。ところが、「三重の盃」には西田の場所論のほんの一部分しか取り入れていない。西田における格助詞レベルの包摂だけに着目し、鈴木朖の《辞による詞の包摂》を適用させるだけでとどまっている。それには理由があった。時枝は、日本語の構文をとらえるのに、格助詞に注目はしたのだが、西田のもう一つの面である係助詞の次元を飛ばしてしまったのである。具体的にいえば、「梅の花が咲いた」という現象文をモデルにして、係助詞を含む提題文を除外して語ったということである。時枝の「三重の盃」は、この現象文をモデルにした図解(30)であり、格助詞レベルの包摂構造を越えるものを持たない。ところが、西田の場所論において肝心なのは、格助詞レベルの包摂構造ではなく、あくまでも係助詞レベルの包摂構造なのである。いわば、西田の観点は、三上章の「ピリオド越え」の観点に非常に近いものであるといえる。三上も西田も、おそらく、日本語の構文における最も根本的な趨勢として、係助詞の「は」の機能の仕方、あるいは、《徒の係り助詞》(零記号としての係助詞)の機能の仕方として押さえたのである。西田の場所論における「円」による「点」の多重な包摂の構造は、三上のピリオド越えの構造に呼応するものであると私には思われる。それに反して、時枝には、この次元での包摂構造はまったく見られない。徹頭徹尾、格助詞レベルの包摂構造に着目しただけで終わっている。

本居宣長の係り結び

本居宣長においては、係り結びの主役は「は、も、徒」の係りと「動詞」の終止形の結びによるものである。その際、格助詞による「係り受け」は、前者に比べて、それを補助する機能を果たすものであるといえる。三上が、きちんと論理的に係ると形容した現象を指す。しかし、これはあくまでも格助詞レベルの係り受けであり、「係り結び」次元の「係り受け」ではない(31)。西田の場所論が独自なのは、一方で、格助詞の「で」の空間表象性に大きく依拠しておきながら、その実、根本的には、本居宣長の係り結びのメカニズムに寄り添って場所の論理を構築していることである。

私は『日本語と日本思想』の中で次のように述べた。今も私の考えは変わっていない。「三上による文法論への宣長の取り入れ方が、大野晋や渡辺実のそれと比べてかなり特異(異質)なものであるように思えるからである。三上は、あたかも係り結びの衰退・消滅を認めていないかのように議論を展開しているように思えるのである」(32)。私は、現実的には、係り結びという現象が、「終止形で結ぶ」という形で、逆に、一般化したとみなすべきであると考える。

現代日本語においては、係り結びの活動は、あくまでも「は、も、徒」と「動詞の終止形」(「形容詞の終止形」をも含む)の間にある関係としてある。結びが「形容動詞」あるいは「措定の助詞」の「だ」、「です」、あるいは書き言葉専用の「である」である場合には、日本語の係結びは西洋語でいうところの「コプラ文」に当たる表現であるとみなしうる。だが、ここで注意しないといけないのは、日本語には、本来の意味でのコプラ表現は存在しないということである。単に、西洋語で慣例上いわれてきた「コプラ表現」に、形態上、対応しているかのような表現があるにすぎない。コプラ表現を必要としない日本語においても、この種の表現形式を認めうるということなのである。

にも、慣例上、長年の伝統を引きずる西洋形而上学の言語形態によって表現しうるものとして、西洋語でいうコプラ表現に当たるものが用いられるということなのである。

西田の戦略は、日本語の思考を、西洋形而上学の言説によって展開することであった。したがって、西田は、日本語の構文論の中で、コプラについて語っている。西田の立場は、西洋形而上学という伝統の中で「場所の論理」を語ることであって、あたかも西田は、形而上学の言語をそっくり受け入れているような体裁をとっている。しかし、他方では、西洋形而上学の枠の中に収まらないものに注目している。主述関係における述語が形容動詞あるいは措定詞の場合に限られるケースにおいては、ヨーロッパ諸語と日本語との間に、外見上、さほどの非対称性がないようにも見える。ところが、結びが「動詞」あるいは「形容詞」である場合には、日本語においては、コプラ表現に該当するものは存在しない、と西田は見ているのではないかと思う。ここにこそ西洋語（印欧語）と日本語の徹底的な非対称性がある、とみなしているといえるのではないか。西洋語では、ギリシア語のbe動詞（エイナイ）をモデルに、be動詞をコプラ動詞とみなすという伝統を抱えているのだが、西洋語における意味でのbe動詞というものを持たない日本語には、本来の意味でのコプラ表現は存在しない。にもかかわらず、日本語にもコプラ表現があると考えられてきた原因は、日本語の「ある」を動詞とみなすという錯誤による。しかし、日本語の「ある」は形容詞的語詞であり、動詞であるとはみなしえない。要するに、日本語には、西洋でいわれてきた意味における「コプラ動詞」なるものが存在しないのである。

日本語における「係り結び」の基底部をなすものというべき《「は、も、徒」の係り対「動詞の終止形による結び」》という構造においては、西洋語におけるコプラ表現の関与する余地がない。私が、西田幾多郎の場所論に注目するのは、一つには、このことがあるからである。西田は、場所を円の形象で押さえた。現代日本語においては、この円の形象は、格助詞の「で」が喚起させる形象である。西田の場所論における「係り結び」の構造は、実は、「は、も、徒」の係りと動詞の終止形(形容詞の終止形のケースをも含む)の結びとの間に成立する呼応関係としてである。

西田による係り結びの構造においては、係りはあくまでも「は、も、徒」であり、決して格助詞を取らない。それには理由がある。「は、も、徒」の係りは、三上章がいう意味での、「ピリオド越え」の可能性を秘めたものだからである。この「ピリオド越え」の次元は、格助詞の係りの次元を超えている。格助詞の係りは、三上のいうように、短く、論理的に、きちんと係ることを使命とするものだからである。いってみれば、格助詞の係りは、「補語」レベルのものであり、動詞の終止形による結びにおける「係り受け」ではない。

このように、三上が現代日本語の最も根本的な構文論上の特質として取り上げた「係り受け」構造は、西田が考えていた日本語の構文論の特質にピッタリと呼応するものなのである。「我とは主語的統一ではなくして、述語的統一でなければならぬ、一つの点ではなくして一つの円でなければならぬ、物ではなく場所でなければならぬ」(33)という西田は、判断論の枠の中で、しかし、日本語の構文論の根本構造として、三上の取り出した「係り受け」構造に、三上以前に、着目していたといえるのである。

しかし、最後にいっておきたいことがある。西田の包摂判断論においては、包まれるものは、提題化されるものとしてある。言い換えれば、包まれるものとは主語的なもののことではない。佐久間のいうような意味で、「課題の場」(34)を指すものであるというべきであろう。その意味では、西田が問題にした包摂は、「で(場所)」でよる「に(個物、主体)」の包摂というような単純なものではない。西田が包摂として考えていたのは、むしろ「場所」による「場所」の包摂のことである。この場合の「場所」を私は敢えて《提題化されうるもの》と呼んでおきたい。その意味では、西田においては、ヒュポケイメノン(主語としての基体)の包摂が問題にされているのではない。ある意味では、日本語の格助詞の「に」によって表象されるような「個物」の「場所」による包摂が問題にされているのでもない。あくまでも「場所」による「場所」の包摂が問題なのである。《で》による《で》の包摂が問題なのである。西田が考えていた包摂とは、この意味では、宣長のいう「徒(ただ)」による結びの構造を喚起させずにおかない。しかも、三上章が「虚勢的係り」と呼んだものの結びの構造を喚起させずにおかない。場所が包むものとは、場所によって包まれる「課題の場」のようなものであると思える。しかも、徒の係りが問題な場合には、「課題の場」が空であることもできるだろう。このように、私の目には、西田が場所論として語った《場所が場所を包む》構造は、三上が望見した「虚勢的係り」の構造に、ピッタリと寄り添うものであると映る。私は、三上のいう「ピリオド越え」にピッタリと呼応するものとして、西田のいう場所による場所の多重の包摂というものがあるのだと受け止めたい。三上のいうピリオド越えの構造、西田のいう場所による場所の多重なる包摂の構造、この二つは、二つながら、共に日本語の構文論が可能にさせているものなのだと私には思える。そして、西田の場所論は、このような日本語の構文論の特質を考慮したものであるように思える。

【注】

1 『西田幾多郎哲学論集Ⅰ』岩波文庫、1987年、140頁。
2 同上、140頁。
3 浅利誠『非対称の文法 「他者」としての日本語』文化科学高等研究院出版局、2017年、188頁参照。
4 同上、187-188頁参照。
5 佐久間鼎『日本語の言語理論』恒星社厚生閣、1959年、189-190頁。
6 同上、190頁。
7 同上、191頁。
8 同上、191頁。
9 時枝誠記『国語学原論』(上) 岩波文庫、2007年、269頁。
10 佐久間鼎『日本語の言語理論』前掲書、191頁。
11 同上、192頁。
12 同上、192頁。
13 同上、193頁。
14 金谷武洋『述語制言語の日本語と日本文化』文化科学高等研究院出版局、2019年、18頁。
15 『西田幾多郎哲学論集Ⅰ』前掲書、90頁。
16 同上、67頁。
17 柳父章『翻訳語成立事情』岩波新書、1982年、113頁。
18 浅利誠『日本語と日本思想』藤原書店、2008年、30-36頁参照。
19 同上、58-67頁参照。

20 三上章『日本語の論理』くろしお出版(新装版)、2002年、11頁。
21 浅利誠『日本語と日本思想』前掲書、54-57頁。
22 佐久間鼎『日本語の言語理論』前掲書、209頁参照。
23 金谷武洋『述語制言語の日本語と日本文化』前掲書、118-119頁。
24 ハイデガーが注目しているのは、デカルトの有名な二つの実体の区分である。つまり、res gogitans(思惟実体)と res extansa(延長実体)の区分である(マルティン・ハイデッガー『存在と時間』(上)ちくま学芸文庫、1994年、209頁)。
25 ハイデガーは、『存在と時間』の第24節「現存在の空間性と空間」の中で、現存在の空間的次元について語っている。しかし、ハイデガーの次のような論述は、本質的に時間的存在である現存在の空間性が問われているに過ぎない。「空間がともかく世界の構成にあずかるということも、現存在自身が世界=内=存在というその根本的構成において本質上空間性をそなえているということに応じているのである」(249頁)。
26 『他者の言語 デリダの日本講演』(法政大学出版局、1989年)には「時間を ― 与える」(59-145頁)が収録されているほか、『死を与える』という著作もある。
27 浅利誠『日本語と日本思想』前掲書、32-36頁参照。
28 同上、49-54頁参照。
29 時枝誠記『日本文法 口語篇』岩波全書、1978年、213頁。
30 一番目の包摂が、「の」による「梅」の包摂、二番目の包摂が、「が」による「梅の花」の包摂、三番目の包摂が、「た」による「梅の花が咲い」の包摂、 というふうに、「入子型構造」をなしていると時枝は見ており、そのことを「三重の盃」に見立てている。
31 浅利誠『日本語と日本思想』前掲書、110-111頁参照。
32 同上、130頁。
33 『西田幾多郎哲学論集I』前掲書、141頁。
34 佐久間鼎『日本語の言語理論』前掲書、50頁。

西田幾多郎 (1870-1945)

三上章 (1903-1971)

佐久間鼎 (1888-1970)

8章

ヨーロッパ諸語の「他者」としての日本語

はじめに

コプラを持たない言語である日本語を、コプラを核心部において持つ印欧語との比較の下に位置づける試みを続けてきたが、ここに至って、日本語の独自性を、形而上学（存在論）の言語と私が呼ぶヨーロッパ諸語に対する根本的非対称性を抱えた言語としてとらえてみようと思う。日本文法樹立に尽力した先達たちがモデルとして参照してきた印欧語は、実は、一度も、形而上学（存在論）の言語とみなされたことはなかった。しかし、私は、ここに至って、先達たちが対象とした言語とは、実質的には、古代ギリシア語、ラテン語、ドイツ語、フランス語、英語の五言語であり、それを私は形而上学（存在論）の言語と呼ぶことにする。このことを言い換えると次のようにいうことができると思う。

La japonais comme «autre» pour les langues européennes—
Tokieda Motoki et Sakuma Kanae
iichiko intercultural Autumn 2022, no.156

つまり、日本語が形而上学（存在論）の言語の世界的支配を免れた言語としての地位を獲得したかもしれないということである。少なくとも、ウラル＝アルタイ系の言語の中で、中国語でも朝鮮語でもなく、日本語こそがその地位を獲得しただろうということである。もう少しはっきりいえば、日本語こそが、形而上学（存在論）の圧倒的な威光に対して、したがって、形而上学の言語の世界的支配に対して、コンプレクスを持つことを拒否する地点に、ようやくにして、達したのではないかと思う。私にいわせれば、おそらく、「主語」とは、形而上学の言語の文法論の名残にすぎないのである。そして、ヨーロッパ諸語は、いまだに、アリストテレスの言語論理学のバイアスのかかった文法論を遵法しているのである。そこからの解放は、おそらく、日本語の未来にかかっているのである。

日本語の口語文法の樹立を目標にした先人は多数いたが、ほぼ例外なく、それと意識せずにではあったが、日本語文法を西洋の形而上学（存在論）の言語をモデルにして語ってきたと私は考える。その代表的人物として山田孝雄、時枝誠記、佐久間鼎の三名に絞って語ってみたい。

この選択は、大きくいって、以下の二点を考慮してなされた。第一に、山田孝雄と時枝誠記の二人に、私は印欧語の文法に対峙するものとして日本語文法を位置づけようとした明瞭な意思を認める。この二人には、印欧語に対して日本語独自の文法を認めようとする意思が明瞭である。それは、日本語文法を、国学の伝統を踏まえる方向で押さえるという意思であった。山田が大きな一歩を踏み出し、それに続いた時枝が、山田を一歩前進させようとしたのだが、その際「詞と辞」の文法論として日本語をとらえるという目標が掲げられた。この二人は、明瞭に意識していたわけではないが、柄谷行人が正当にも力説した「漢字仮名交用文」という千年の奇跡的な歴史をもつ日本語のエクリチュールの伝統の持つ意義、それを踏まえることによって日本語の口語文法を打ち出そうとした。それに対して、佐久間は独自の姿勢を見せた。私はもう一人、三上章を除外してはいないが、三上が佐久間に対して加えた重要なものはあったことは確かだが、基本的に佐久間の理論をベースにする構えであったといえる。私が対象をこれら三者に絞り込むことにしたのは、一つには、前二者によって日本語文法論が「詞と辞」の文法論として提示されたことに世界史的な意義を認めるからであり、もう一つには、佐久間によって、日本語文法が、西洋形而上学のバイアスから初めて解放されたと考えるからである。ところで、前二者には、「詞と辞」の文法論を打ち出すという大胆な野心があったことは疑わないが、いまだに西洋形而上学の威光に屈するという面が見られた。一つには、激しく変貌を遂げた英語に異常な影響を受けるという愚かしい面が見られた。しかるに、佐久間にはそれが見られない。むしろ、佐久間によって、日本語文法が初めて西洋形而上学（存在論）の言語に対して、一つの「他者」としての地位を顕揚するに至った。少なくとも、佐久間には、西洋形而上学の言語の文法論に対するコンプレクスはない。その意味でも、佐久間鼎の果たした役割に最大限の敬意を払う立場に私は立っている。日本語の口語文法の真の出発点に、一見奇妙に見えはするが、アリストテレスの構文論に対する批判、「古典論理学の言語理論への侵犯」(1)に抗する必要を執拗に主張した佐久間の姿勢があったことを重視したい。しかし、時枝の文法論に注目する理由についてもいっておかねばならない。時枝の文法論においては、印欧語と日本語の境界画定の試みにおいて、彼の言語類型論の視点が大きな影響力を与えることになったという事実を無視するわけにはいかない。時枝による、天秤型言語＝印欧語に対する風呂敷型言語＝日本語という図式の影響力は、ある意味では、絶大である。ところで、時枝が、彼独自の言語類型論を打ち出すに当たって、英語をモデルに選んだことの帰結は絶大である。その時枝の言語類型論の流布に貢献することになった柄谷の時枝論について少し語ることにしたのも、時枝の影響力を深刻なものとして受け止めたいからである。それにまた、印欧語と日本語の比較対照に取り組んだ佐久間鼎の前に立ちはだかる理論家としての時枝の存在は無視しえるものではない。その点に焦点を当てて時枝と佐久間を対比させてみようと思う。

時枝誠記の文法論

山田孝雄以前から、日本語を「詞と辞」の文法論として語った者はいた。しかし、代表者は、やはり、山田孝雄以上に時枝誠記である。その時枝の文法論を柄谷行人が「文字論」(2)という視点から取り上げている。私は、拙著『日本語と日本思想』(2008)を準備していた時点で、柄谷の「文字論」に強い衝撃を受けた。その柄谷は、時枝誠記の口語文法論を以下のように評定している。「明治以後西洋の言語学を機械的に適用する日本の言語学界において唯一ユニークな仕事をした時枝誠記は、こうした国学者による「詞」と「辞」の区別を新たな視点からとりあげた」(3)。ただし、柄谷を再読して気づいたのだが、柄谷による時枝文法論の位置づけには、明らかに偏向がある。その上、柄谷は、時枝が英語をモデルにして言語類型論を打ち出したことに疑問を感じていない。柄谷の時枝論(4)を再読して感じるのだが、柄谷にとって、時枝の文法論は、自分なりの形而上学的省察を展開するための理論(口実)とみなされているように思える(5)。柄谷の見方を相対化させる策として、次の一点に注目することにする。「詞と辞」の文法論における各自の立ち位置が、上記の三名、つまり山田孝雄、時枝誠記、佐久間鼎において、甚だしく相違するという一点、にである。

「辞」の定義において、山田は、時枝とかなり遠い関係にあり、逆に、佐久間に対しては、かなり近い関係にある、ということの確認から始める。このことを別様にいい直せば、以上の三名の中で、時枝の立ち位置が極めて特異なものであるということである。この点を柄谷は視界から外している。しかし、この点は決定的に重要なものに思えるので、ここで、まずは次の一点を確認しておきたい。つまり、時枝の「辞」の定義の下位区分が、山田と佐久間に比べて、極めて特異なものであるという点を、である。

まず、「辞」の根本的な下位区分においては三者の間にさほどの差はない。一般的な意味でいわれる「助詞」(静辞)と「助動詞」(動辞)という下位区分においては大同小異である。ところが、「助詞」(助辞と呼ぶべきだが、とりあえず慣例に従っておく)の下位区分においてはラディカルな差が出ている。佐久間は、「は」という助詞(助辞)を、おおむね、山田の分類にしたがって、「係助詞」とみなしている。一方、時枝は、「は」を、「限定を表はす助詞」の中の一つとして分類し、事実上、「は」を「係助詞」とはみなさない立場を選択している。すでに、ここに、巨大な問題がある。なぜなら、山田孝雄が、「陳述」という観点から、「は」を係助詞として規定することを提案したのに対して、そして、佐久間は、基本的にこの山田の見方に同意したのに対して、時枝は、「は」を陳述に関わる助詞とみなすことをキッパリと拒否しているからである。この対照性は人を戸惑わせる。

時枝は、一方では、「は」を、格助詞の「が」と同列に置き、他方では、副助詞（「限定を表はす助詞」）の一つとして位置づけているのである。ここには、実は、時枝による、あからさまな本居宣長に対する宣戦布告があると私はいいたい。もちろん、時枝が、本居宣長を理解できなかったといういい方も可能ではある。しかし、「詞と辞」の文法論の先駆者として本居宣長と鈴木朖の二人に言及している時枝が、宣長の理論を理解できなかったというふうに受け止めるのは現実的ではない。私は、時枝による宣長に対する宣戦布告は確信犯的なものであったとみなしている。つまり、時枝が本居宣長の理論を理解できなかったとはみなさない。逆に、本居宣長の文法論の核心部をなすものを、鈴木朖の「詞と辞」の言語論に依拠することによって、巧妙に抑圧させたのである。時枝の目玉商品である「零記号」論を打ち出すにあたって、時枝にとって、鈴木朖の理論が好都合であったのであり、鈴木に欠けている次元を本領とした宣長の理論が邪魔だったのである(6)。時枝が宣長の「は、も、徒」の係りと文末の終止形による結びを重視したことを、つまり、それを日本語における根本的な陳述の表現形式であるとみなしたことを、なぜ頑なに拒否したのかということを考えると時枝の狙いが解明できる。

ここで、問題を鮮明にすべく、誇張法的いい方をしてみよう。「は」という語詞をめぐる時枝の規定、それと山田と佐久間の規定との間には、実は、日本語文法を二つのまったく別次元のものとみなすというほどの差異が表明されているのである。「は」を係助詞とみなす立場、それと、「は」を「限定を表はす」語詞とみなす立場、この二つの立場によって、まったく違った日本語文法が構想されていることになるのである。もしも、時枝の選択が合理的なものであったとしたら、山田孝雄と佐久間鼎の文法論は、致命的な錯誤を犯した文法論ということにならざるをえないだろう。かくまで、時枝の立ち位置は巨大な問題を抱えているのである。時枝は、山田孝雄の文法論をたたき台にして自らの文法論を構想した人間なのだから、日本語に固有の文法論樹立の大先達の一人である本居宣長の「係結び」を意識していなかったとは考えられない。にもかかわらず、「詞と辞」の文法論を再考するという賭けに打って出た時枝は、鈴木朖の「言語四種論」にもっぱら依拠するという選択の下に、公然と宣長の「係結び」の担う役割に目を伏せるという立ち位置をとっているのである。この場を借りていっておきたいが、日本語の言語論を「詞と辞」の言語論として位置づけ直した時枝について、「文字論」という注目すべき論考において語った際に、柄谷行人は、実は、この点を完全に見逃したのである。

佐久間鼎の着眼点

ここで、佐久間の立場を、『日本語の言語理論』(1959) における「日本語における判断の表現」(7) を例として取り上げて、佐久間の根本的な見方を確認することから始めたいと思う。佐久間は、時枝とはまったく対照的に、最初から、日本語の「は」という語詞の特異性に執拗に食い下がる姿勢を貫徹させた。その際、佐久間は、印欧語 (特に古代ギリシア語) のコプラ表現に着目し、ギリシア語の be 動詞 (エイナイ) の二重性に着目した。つまり、ギリシア語が、英語でいう be 動詞に当たる語 (エイナイ) の持つ二重性、コプラ性と存在性という二重性を抱えた言語であるという、日本語に対するギリシア語の徹底的非対称に着目した。佐久間が「日本語における判断の表現」に着目したのは、両者の間の非対称を押さえることの重要性を感じていたからであるに違いない。

佐久間は、コプラが本質的に「判断」に関わるものであることに目を向けた。佐久間の考察が、はじめから、日本語の「は」という語詞に向けられることになるのはこのことと関係がある。なぜなら、印欧語のコプラ表現に対して現代日本語における判断の表現が、「が」ではなく、「は」という語詞の使用と切り離し得ない関係にあることに気づいたからである。佐久間が注目したのは以下の諸点に対してであった。第一に、アリストテレスの判断論における構文(命題)と印欧語における判断文との間には、コプラ表現という強固な共通性が認めうること、第二に、一方の日本語における判断の表現は、「は」という語詞の使用を必須の条件としているが、日本語の「甲は乙だ」という構文は、アリストテレスの三段論法におけるコプラ表現、あるいは幾つかの現代のヨーロッパ諸語におけるコプラ表現に対応するものではないこと、以上の二点に佐久間は着目していた。

ここで私が注目したいのは以下の一点である。つまり、現代日本語における判断の表現が、格助詞の「が」を伴う表現によってではなく、あくまでも「は」という語詞の使用を必須の条件として持つという点に最初から佐久間の視点が定まっていたという一点である。佐久間が注目したのは、「は」という語詞を持つ判断の構文が、格助詞の「が」を伴う構文形式とは異質であるという一点に、であった。このことは、とりもなおさず、佐久間が、暗黙に、以下のことを表明していることになるだろう。つまり、日本語の格助詞「が」を伴う構文は、決して「判断文」の形式を取ることがない、ということである。実は、ここに巨大な問題が伏在している。それは、印欧語には、日本語の「は」を伴う構文による判断形式に当たるものがないとした場合、印欧語には、あたかも、日本語の格助詞の「が」を伴う構文以外の構文が存在しないということが推論されることになりはしないか？　実は、印欧語と日本語の非対称の根本に関わる推論が問われているのである。この点には、もう少し先で、詳しく立ち返らねばならないが、とりあえず一言だけあらかじめいっておけば、佐久間は、おそらく、印欧語の判断の構文は、いわば、日本語の格助詞の「が」（印欧語における「名格」あるいは「主格」をなすもの）に対応したものであって、日本語の「は」に対応するものではない、と推論していたのだと思われる。つまり、形而上学の言語であるヨーロッパ諸語は、判断形式の表現としては、いわば、日本語の「……が」に当たる構文以外の構文を持たないということである。ここには実に巨大な問題がある。この点に関しては、ヨーロッパ諸語と日本語の間にある最大の非対称として、「格変化」システムの有無の問題があるという点から語ってみる予定であることをいっておく。

佐久間は、次に、「は」を伴う構文における、言文一致以後の日本語の助動詞である「だ」（あるいは「です」）の果たす機能に着目した。言い換えれば、佐久間は、日本語の判断形式として、「は」と「だ」の双方が、つまり、係り助詞の「は」と助動詞の「だ」が同時に関わっていることに思い至った。言い換えると、佐久間は、日本語における判断の表現は、一方では、「は」という助詞（助辞）を、他方では、措定の助動詞（助動辞）を含むということを言明している。しかし、佐久間が細心の注意を向けるのは次の一点に、である。つまり、「だ」という助動詞（これを佐久間は「措定」の「だ」と名づける）を、日本語の伝統的表現との類推から、「なり」に当たるものであるとする見方をキッパリと退ける必要があるという点に、である。ということは、古語の日本語の「なり」を現代日本語の「は」という語詞と連結させて語ることの危険(論理的矛盾あるいは通時論的予断)を退けたかったということである。

佐久間は、古代ギリシア語の「コプラと存在」の二重性に対する日本語の判断表現の独自性を、「第四の要素」の参与(8)という謎めいた表現によって表明している。そして、来るべき判断表現論の、普遍的レヴェルにおける可能性の先頭の位置に、日本語の「は」という語詞の機能を位置づけようとしたのである。残念なことに、佐久間の省察はここで止まっており、あと一歩の踏み出しが見られない。それをなすのは佐久間以後の我々が担うべき役割であるということになるだろう。

佐久間が、日本語の判断の形式にこだわったのは、判断の表現のレベルにおいて、日本語をアリストテレスの古代ギリシア語に対比させて語るという意図があったからである。この点を私は特に重視したい。佐久間は、日本語に対する印欧語の独自性を、アリストテレスの言語同様に、まさに「コプラをもつ」という一点に認めようとしたということを私は重視したい。佐久間が注目したのは、ギリシア語における判断の表現が、「主語・述語」構文というばかりではなく、「主語・コプラ・述語」構造の構文としてあるということ、にであった。

印欧語に対して、日本語における「判断の表現」は、以下の二点において根本的に非対称的である、と佐久間は見ている。第一に、現代日本語にはコプラが欠けている。したがって、古代ギリシア語の表現に近いものとして、口語においては、「は」と措定の語詞である「だ(です)」を伴う構文があるだけである。しかし、ここで、日本語文法論の暗黙のコンセンサスをなしているものについて一言しておかなければならない。それは、アリストテレスの「A is B」に当たるものとして、「AはBなり」を想定するというコンセンサスである。佐久間によれば「日本版の古典論理学」の伝統ということになるのだが、山田孝雄以来、無数の日本人がこの操作を、無意識に、採用してきた。佐久間は、それを認識論的障害とみなし、大きな抵抗を試みている。佐久間は、説得力を持ってこのことを語りえなかったのだが、私は、佐久間を代弁する立場をあえて選び、佐久間のいいたかったことを語ってみようと思う。

私の推測では、佐久間がギリシア語に対する日本語の独自性を以下の点に見ていたことは疑いえない。つまり、本居宣長が「係結び」の終止形での結び(動詞の場合と形容詞の場合の二つがある)の機能として取り出したものにこそ日本語の構文の本質的特質があるということに、である。佐久間の宣長継承があるとすれば、まさにこの一点にこそあるといわねばならない。極めて重要な一点なので、詳述する。佐久間による、「判断の表現」としての限りでの、古代ギリシア語と現代日本語の比較対照の視点は明瞭である。この点を明示すべく、以下のいい方をすることにしたい。佐久間が退けているのは、現代日本語文法を安易な形で通時的に語って済ませることである。「AはBなり」を当ててアリストテレスの判断論に該当するものとするという操作をいかに糾弾するかという点で佐久間は大きな困難を覚えたことは確かである。佐久間の次の発言にはこの困難の思いが付き纏っている。「アリストテレス＝スコラの古典形式論理学では、その判断論をA est B. という言明の形式にもとづけて、そこに判断の根本形式を認めたのです。これがずっと今日に及んでいるわけですが、日本語にはそのまま移すわけにいきません。そこで日本版の古典論理学では、これをA（甲）はB（乙）なりとして、〝主辞〟―〝コープラ（繋辞）〟―〝賓辞〟の三者に対当して〝なり〟をコープラのように取り扱っています。その際〝は〟という助辞の存在理由と重要性とは、ほとんどまったく関説されません。この取り扱い方は、すこぶる不当なものといわなければなりません」(9)。

佐久間のこの表現は説明になっていない。ましてや、佐久間は、「〝は〟という助辞の存在理由と重要性」について何の説明も与えてはいない。

しかし、佐久間がいわんとしていることをパラフレーズしたら、以下のようになるだろう。第一に、日本語の口語文法においては、アリストテレスの判断の表現を、「AはBなり」という構文によって置き換えてはならない。それは、「なり」に対当する日本語の口語の表現として「だ（です）」を当てることには無理があるからである。逆の言い方をすれば、佐久間にいわせたら、口語日本語における判断の表現は、「AはBだ」であり、「AはBなり」ではないということである。このことを言い換えたら、佐久間は、言文一致以前と以後の日本語に一種の断絶を認めているといえるだろう。佐久間は、「……だ」という表現が言文一致期に、柳父章が明示したように、「……である」同様に、翻訳語として出現した表現であることを押さえていると思われる。ところが、厄介なのは、「AはBだ」という日本語の表現が、アリストテレスのコプラ表現に対当するものではないということを説得することである。あるいは、アリストテレスのコプラ表現に対当する日本語の表現は、日本における「古典論理学」の翻訳であった「AはBなり」なのであるということを説得することである。このことを説得させるために、佐久間は、結局のところ、一種のトートロジーに頼ることになる。つまり、《日本語はコプラを持たない言語である》という大原則を繰り返すことにならざるを得ない。《日本語にはコプラがないのだから、なるほど日本語の「AはBだ」は印欧語のコプラ文のように見えはするが、コプラ文ではない。日本語の「AはBだ」は、日本語の「AはBなり」ではない》というトートロジー的な言い方をせざるをえない。言い換えれば、佐久間がいわんとしていることは、「AはBだ」という日本語の構文は、決してコプラ文ではないということを、トートロジーによって繰り返すのみである。このことに説得力を持って答えることはできなかった。佐久間は、「その際〝は〟という助辞の存在理由と重要性には、ほとんどまったく関説されません。この取り扱い方は、すこぶる不当なものといわなければなりません」ということを繰り返すばかりなのである。佐久間がいいたいことを弟子の三上が代弁するようにしてこういっている。「……は」という高級な表現は、西洋語にはないのだと[10]。しかし、それだけでは問題は片づかない。それでも、佐久間がいわんとしていることを次のようにパラフレーズして語ることは可能だろう。この「は」の機能は、ギリシア語におけるコプラの機能には還元できない、ということを佐久間はいいたかったのである。ここで思い当たるのだが、佐久間の「は」の押さえ方は、三上のそれと、ある意味では、大きく異なっていることである。なぜなら、三上は、『日本語の論理』の中で、「日本語のコプラはハであろう」[11]といっているのだから。三上は、佐久間が、印欧語のコプラ表現に該当するとみなされうる日本語の表現を、主に助動詞(動辞)の側から考えようとしたのとは対照的に、「は」(静辞)の問題として受け止めたということである。

私の見るところ、佐久間は、ギリシア語におけるコプラ表現とはまったく異質な、動詞あるいは形容詞による終止形の結びという根本的な構文論的特質を日本語は有しているということをこそアピールしているのである。あと一歩前進させてみよう。日本語における判断の表現は、コプラ表現とは無関係に、動詞あるいは形容詞の終止形で結ぶという形式が問題なのであり、それを、西田幾多郎は、「動詞による包摂の次元」[12]として押さえたのである。要するに、本居宣長の係結び論を受ける形で、西田は、日本語の判断表現の根幹には、《「は」＋「動詞の終止形」》という形があることを論証しようとしたのだった。佐久間が、究極的にいいたかったこともまさにこのことである、と私は思う。要するに、佐久間は、以下の二点についていいたいのである。第一点は、日本語にはコプラがないということ。ただし、アリストテレスの判断文に非常に近いものとして「AはBだ」という構文があること。しかし、(三上がいうように)印欧語には「は」という高級な語詞がないこと。しかも、「だ」は、措定の語詞であり、コプラ(日本語の「なり」に当たるもの)ではないこと。以上のことを佐久間はいいたいのだと思う。もう一つは、日本語の陳述の表現の根本は、本居宣長のいうところの、動詞あるいは形容詞が、「は」という語詞を「係り」としてもち、文末において、終止形で「結ぶ」表現としてある、ということがいいたかったのである。要するに佐久間がいいたいのは、日本語における「判断の形式」、したがって陳述の形式は、根本的に、「係り」の次元では、「は」を持ち、「結び」の次元では、形容詞あるいは動詞の終止形による「結び」という形式を持つ、ということである。その意味では、佐久間は、本居宣長の係り結びが抱える日本語の射程に意識的であった訳ではなかったにもかかわらず、日本語の判断の表現が、本質的に、宣長の係り結び論に繋がるものであることを感じ取っていたといってよいだろう。

さて、ここで是非とも次のことを指摘しておけねばならない。佐久間は、日本語の構文の最も根本的な「陳述」形を、宣長の終止形による係結びの陳述形に認めていた。ところが、またしても時枝がその見方に抵抗しているのである。そもそも、提題の構文の存在を認めない時枝は、日本語の「陳述」の問題を、「零記号」を使って処理しようとした。しかも、現象文レベルの陳述を問題にしつつ「零記号」論を駆使した。いってみれば、時枝の究極的な包摂とは、現象文(「梅の花が咲いた」)の文末に想定した零記号の包摂なのである。その点に関しては、拙著の『日本語と日本思想』(13)を参照いただきたい。

とりあえずの結論をいっておけば、本居宣長と西田幾多郎の判断表現論には、日本語の「は」と文末の終止形での結びによる「協働」があるということである。この点が時枝の文法論には完全に欠けているのである。時枝が、「は」という語詞の特異性に全く無感覚だったせいである。いや、もっと正確にいえば、彼の「零記号」論をでっち上げるために、「は」を係り助詞とみなすことを意図的に避けたということなのである。これが時枝における宣長への宣戦布告の挙措の正体だったのである。

時枝誠記と佐久間鼎

「詞と辞」の構文論・文字論の本質は、「詞」と「辞」の関係論である。しかし、この関係論においては、「詞」(概念的なもの)は問題の核心に関わらない。従来の品詞論でもほぼ用が足りる。それに反して、「辞」の機能の方は、極めて重要な役割を担うものとしてある。ところで、「辞」というカテゴリーの焦点になるのは、一つは、「は」という特異な語詞の位置を画定することであると私は考える。もう一つは、「助動詞」という「辞」のカテゴリーの包括的な把握が重要である。ところで、以上の二つの焦点となるテーマは、日本語における「判断の表現」を問うという一点に問題が収斂する。そのことに焦点を当てていたのが佐久間鼎である。私の知る限り、佐久間以外にこの問題に正面から向き合った者はこれまで一人もいなかった。佐久間にそれが可能だったのは、佐久間がアリストテレスの言語論理学を相手に日本語の特質を問い詰めたからである。彼の言い方によれば、「古典論理学の言語理論への侵犯」(14)に抵抗することを課題として引き受けたのである。しかも、二重の意味でそれを引き受ける姿勢をとった。一つには、印欧語の抱える、印欧語内部の問題として、もう一つには、日本語の問題として。

ところで、佐久間が「詞と辞」の文法論のどこに着目したかを時枝のケースに比べると、力点の置き所があまりにもかけ離れているのに驚かされる。まずは、時枝のケースを概観してみよう。時枝は、「辞」を助動詞と助詞に二分する視点をとる。そして、国学の伝統を踏襲して助動詞を「動辞、活用あるてには、動くてには」と呼ぶ(15)。このように、時枝は、「辞」を、一方では助詞レベルの「てにをは」とみなし、他方では助動詞レベルの「てにをは」とみなす。しかし、こういう一般的な抽象論の枠を設けることからは日本語の「辞」の核心部を押さえることは難しいだろう。佐久間が、「辞」の総体の中から、一方では、活用のない「てにをは」の中の「は」に焦点を当て、他方では、活用のある「辞」の中の「だ」(「です」)に焦点を当てたのに対して、時枝の「辞」=「てにをは」の押さえ方は恐ろしく広漠として抽象的である。それればかりではない。時枝の抽象性は鈴木朖のいう「心の聲」をめぐって極点に達する。

時枝による「辞」の下位分類である助詞としての辞そのものの規定が、次の引用に見られるように、恐ろしく包括的であり抽象的である。《以上のやうな経過をとる表現に対して、よろこび、かなしみ等の主観的情意を、客観化せず、また概念化せず、そのまま直接に表現する語がある。その著しいものは、いわゆる感動詞であって、「ああ」「おや」「まあ」「はい」「ねえ」等がこれに属する。鈴木朖は、「さし顕はす」ところの語に対して、このような語を「心の聲」と呼んでゐる。心の直接的な表現で、客体化、概念化の作用を含まぬ意味であろうと思ふのである。現今文法書で説かれてゐる助詞、助動詞、接続詞、感動詞を大體これに入れることが出来るのである》(16)。こんな定義法から何か具体的な理論を引き出すことは期待できないだろう。だが、もちろん、時枝が与えている「辞」の定義には、この引用に見られるように、一般的レベルで語られているものばかりではなく、具体的な面もある。ここで、時枝による「助詞」の下位分類を検討してみよう。

『日本文法・口語篇』では「助詞を次の四種に分つこととした」と時枝はいう。つまり、「格を表はす助詞」「限定を表はす助詞」「接続を表はす助詞」「感動を表はす助詞」の四種に分類している(17)。

第一の「格を表はす助詞」は以下のように提示されている。「事柄に対する話手の認定の中、事柄と事柄との関係の認定を表現するものであるから、感情的なものは無く、殆どすべてが、論理的思考の表現であると云ってよい」(18)。時枝は、私なら、口語日本語の格助詞として九つ挙げるのに対して、一一数えている。また、「萬葉集は歌集である」の「は」、「夏より暑い」の「より」も入れている。時枝の分類でオリジナルなのは、このカテゴリーの中に「萬葉集は歌集である」の「は」(19)を入れていることである。

第二に、「限定を表はす助詞」であるが、時枝がオリジナルなのは、この中に「甲は勉強してゐる」の「は」を入れていることである。

以上の時枝の分類から、すでに、以下のことが確認できる。第一に、時枝が、包括的レベルで「辞」の定義を与える時と、具体的なレベルで「辞」の定義を与える時との間にある飛躍（隔たり）が私を驚かせる。鈴木朖の「心の聲」という表現を使って「辞」に包括的な定義を与えている時の時枝と「格助詞」に定義を与えている時の時枝は、同一人物とは思われない。具体的レベルの定義においては、格助詞の方は、すでにみたように、「感情的なものは無く、殆どすべてが、論理的思考の表現であると云ってよい」と表現されている。この具体的レベルの時枝の定義にはほぼ全面的に賛同できる。なぜなら、格助詞とは、大まかにいって、「誰が？ 何を？ どこで？ 何時に？ 誰と？」何々する（何々した）に対応する表現だからである。しかも、この点は、洋の東西を問わず普遍的である。その意味で、私は、時枝のこの定義には少しも違和感を覚えない。むしろ、三上章の、提題の助詞（係助詞）の「係り方」に対する、格助詞の「係り方」を、「小さくキチョウメンに係る」[20]係り方と形容していることを想起させてくれる適切な定義であるという印象を受ける。ところが、時枝が、「辞」を包括的に押さえる際に与える定義は、まるで別人によるものであるように思える。上で見たように、なにせ「現今文法書で説かれている助詞、助動詞、接続詞、感動詞を大體これに入れることが出来るのである」と堂々といっているのだから。

ところで、柄谷は、すでに見たように、時枝を極めて高く評価しつつ、こういっている。「明治以後西洋の言語学を機械的に適用する日本の言語学界において唯一ユニークな仕事をした時枝誠記」と。その際、時枝による「辞」＝「てにをは」として語っているのは、鈴木朖の「心の聲」を念頭において時枝が与えている「辞」の定義についてである。《時枝は、「詞」は客体的で、「辞」は主体的であるという。その場合、主体的とは、思考主体ではなく、けっして概念にならないような感情、気分といったものを意味する》[21]といっている柄谷は、明らかに鈴木朖の「心の聲」を念頭においている。柄谷の時枝論の中には、時枝による具体的レベルにおける辞(例えば格助詞)についての定義はすっぽりと抜け落ちている。柄谷が問題にしているこの第一の側面は、大した重要性を持たないものとして無視していい。ところが、時枝の「限定を表はす助詞」の定義に関しては、話は別である。非常に深刻な問題を抱えているからである。時枝が例文として挙げている「甲は勉強している」という文は、複数の解釈を可能にさせる。佐久間のいう「提題文」とみなすこともできれば、「は」を、三上のいう「第二のハ」、「提題文」以外の文の表現であるとして受け止めた場合には、三上のいう「第二のハ」[22]、つまり副助詞の「は」とみなしうる。この二つの可能性がある。ところが、時枝は、第一の可能性をキッパリと退けている。その結果、論理的必然として、副助詞の「は」を持つ文とみなされることになる。しかも、それればかりか、時枝は、格助詞表現の中にも「は」を持つ文(「萬葉集は歌集である。」)[23]を入れているのである。したがって、時枝は、意図的に「甲ハ勉強している」と「甲ガ勉強している」の弁別化を飛ばしていることになる。まさに驚くべき挙措であるといわねばならない。

ここで特に読者の注意を促しておきたいのだが、要するに、時枝は、日本語の構文の要である提題の表現を認めない立場に立っているのである。その意味では、論理的必然によって、「甲が」は(主格補語の形ではないものとして）「主語」の形とみなされることになる。要するに、時枝は、主格補語の形を「主語」とみなす立場を選んでいることになるのであり、時枝にとっては、「提題文」は存在しないということになる。言い換えれば、時枝は、提題文の存在を認めないという意味で、ある意味では、現象文だけを相手にしていることになるのである。要するに、日本語にも、印欧語同様に、「主語」しかないといっているのである。

日本語から「提題の表現」を取り除いたら、どういう結果になるか？　問題はここにあるのである。結果は明らかである。日本語には、印欧語同様に、「主語」の表現だけが、つまり「提題」の表現を持たず、もっぱら「主語」の表現だけが存在するということが帰結する。要するに、日本語には、実質的には、「……が」という主格補語の語形しかなく、この語形は、印欧語における「主語」に当たるものであるということを時枝はいっていることになるのである。ここで時枝の挙措がいかに重大な推測を根拠にしているかに思い至る。時枝は、それとしての自覚のないまま、以下の推測に身を任せているのである。つまり、印欧語は、いわば、《「……は」という提題の表現を持たず、もっぱら「……が」という格助詞表現の判断文しか持たないようなものである》という推測をしているということになる。私は、ここに、時枝による本居宣長に対する確信犯的宣戦布告の意思を認めたい。時枝は、鈴木朖の「言語四種論」をもって本居宣長の『詞の玉緒』を退けたばかりではない。おそらくは宣長をその源泉に持つ日本語における「提題文」すなわち、「……は……」文を消去させる挙に出たのである。この時枝の巨大な挙措に対抗するものとして、幸にして、私たちは、佐久間と三上の構文論を持っているのである。

ここで、私の見解を述べる。最も根本的な日本語の構文は、佐久間と三上が力説している通り、《甲は＋動詞の終止形》あるいは、《甲は＋形容詞の終止形》である。それに対して、アリストテレス＝スコラの古典論理学がモデルとした（西洋形而上学の）最も根本的な構文は、「A is B」「A est B」「A ist B」であるが、佐久間によれば、「日本版の古典論理学」においては、この西洋の構文を「AはBなり」として受け止め、「主辞―コプラ―賓辞」に対当するものとみなした。その際、もちろん、「……は……なり」をコプラ表現として取り扱っているわけである。山田の陳述論は、実は、このことを根拠にして語られていたのである。

ところで、佐久間は、おそらく最も切実な問題を次のように表現している。「その際〃は〃という助辞の存在理由と重要性とは、ほとんどまったく関説されません。この取り扱い方は、すこぶる不当なものといわねばなりません」。しかし、すでにいったように、佐久間は説明を与える代わりに自ら感じている〃もどかしさ〃を表明しているに過ぎない。佐久間の言い方はいかにも不十分である。にもかかわらず、実は、佐久間は、言葉少なに、肝心のことをいわんとしているのだと思う。

第一に、日本語においては、「甲は乙なり」という古語表現を、コプラ表現とみなすという操作を、伝統的に、行ってきた。もちろん、佐久間は以下のようないい方はしていない。つまり、言文一致以前の日本語と言文一致以後の日本語を通時論的に語りうるという前提を自らに許しているだけのことである、とはいっていない。しかし、私は、佐久間のいわんとしていることをこのように受け止めることができると思っている。おそらく佐久間は、《甲は乙なり》に対して、《甲は乙だ》という表現形式は、言文一致期に出現したものであると考えていたはずである。

第二に、そもそも、日本語には、コプラに相当するものがないのだという見解に佐久間は立っている。従って、《A is B》あるいは《A est B》を日本語の古語的表現である「AはBなり」という日本語に翻訳してはならない、という立場に立っている。

第三に、佐久間がいいたいこととは、アリストテレスの最も根底的な構文である古典論理学の構文「主辞—コプラ—賓辞」に当たるものが日本語には見当たらないということ。

ここから佐久間は、最も根本的な問いを発していると私は考える。つまり、日本語における「は」という助詞(助辞)の果たす文法機能の画定に迫るにはいかにしたらいいのか？という問いを。佐久間は、「提題の助詞」という名称を与えることによって「は」の定義に迫っているのだが、佐久間が特に勢力的に語ったのは、「は」と「も」についてである(24)。ところで、ここで思い当たるのは、佐久間に先行する理論家がいたことである。それが「は、も、徒」の係結びについて語った本居宣長である。ところで、ここで「徒」の「係り」に注目すると、「は」という語詞の次元が別様に見えてくる。印欧語のコプラ表現と徹底的に非対称的な次元が見えてくる。ところが、佐久間の考察はその点には向かわなかった。佐久間の後の我々の課題としてそっくり残されたということになろう。

さて、ここで、次の点を問題にしてみよう。佐久間の前に立ちはだかる文法論を時枝が用意していたということを。またしても時枝が。それは、佐久間が日本語の「なり」を口語文法の中で使用することには問題があることを主張したのに対して、時枝は、真っ向から対立する立場をとっているのである。時枝は佐久間の前に立ちはだかるようにして、佐久間が措定の「だ」として提示したものに対して、《指定の助動詞「ある」》をぶつけている。時枝はそれをこう説明している《指定の助動詞「ある」は、元来、詞としての動詞「あり」が陳述を表はす辞に転成したもので、指定の意味から云えば、前項の「だ」と同じであるが、文語では、接続機能の少い「に」「と」と結合して、「なり」「たり」という助動詞を構成する》(25)。これを、おそらく、佐久間は、時枝による大いなる挑戦として受け止めたはずである。少なくとも、文語と口語を通時論的に繋いで語ってしまう時枝の口語文法論を前にして、呆然たる思いに駆られたに違いない。この佐久間と時枝の違いは、実は、次の一点に関わるものなのである。つまり、佐久間は、日本語の口語文法を語る際に厳守すべき絶対的条件として掲げているものを時枝は公然と無視している、という一点に関わるものである。佐久間は、口語日本語における措定の「だ」による表現、それと、「日本版の古典論理学」に由来する「「なり」「たり」という助動詞」による表現、この二つの表現の境界画定を絶対視する立場をとっているということである。つまり、時枝のように、口語表現と文語表現の、通時論的にまったく無差別な使用を自らに固く禁じているのである。佐久間はあくまでも日本語の口語文法について語っているのである。その点、時枝の口語日本語文法の中では、この原則が守られていないのである。

上で見た時枝の「助詞」の分類とは大きくかけ離れた分類として、佐久間は、助詞を以下の三点に絞り込んで問題にする。(1)係り助詞。(2)格助詞。(3)その他の助詞。むろん、この下位区分は、佐久間の基本的な着眼によって方向づけられたものである。佐久間の視点の核になっているものは、助動詞の

「だ」、それと、係り助詞の「は」との間にある関係を問うことに存する。ところが、時枝はこの二点を認めることを頑なに拒否している。第一に、助動詞の「だ」が言文一致期に誕生したものであることを無視している。第二に、佐久間が「提題の助詞(助辞)」として取り上げた「は」という語詞の存在を決して認めようとしなかった。

時枝とは対照的に、佐久間は、「は」という語詞が本質的に日本語の判断表現の次元における陳述の問題に関わるものであるとみなしていた。そして、佐久間は、日本語の「は」が本質的に関わる「陳述」の形というものが、以下の三種に下位分類されるということを考えていた。つまり、「甲は」を片割れとして持つ日本語の陳述形には、以下の三つの次元があると見ていた。(1)措定の「だ」の次元。(2)形容動詞の「だ」止めの次元。(3)形容詞と動詞の「終止形での結び=陳述」の次元の三つである。ほぼこの図式に当たるものを佐久間は次のように表現している。「一般に判断をいいあらわすのに、措定詞・性状詞または時として動詞を述語として用いるが、その主語につける助詞は〝は〟をもってするのが普通だ。

甲**は**　乙だ。

雪**は**　白い(まっしろだ)。

地球**は**　回転する。」[26]

ここで、改めてアリストテレスのギリシア語(形而上学、存在論の言語)と口語日本語との間の根本的な差異を想起しておく。上記の「助動詞の次元」における三つの次元として挙げたもの：(1)措定の表現。(2)形容動詞の表現。(3)動詞と形容詞の終止形の陳述の表現。これに対して、アリストテレスのコプラ文は、これら三つの次元の弁別を欠いていると佐久間は見ている。逆にいえば、そこに、古代ギリシア語に対する口語日本語の独自性がある、と見ている。もう少し具体的にいえば、(1)と(2)は、ギリシア語におけるコプラ表現の次元に相当する表現であるとみなしうる。しかし、最後の(3)は、ギリシア語には相当物がない。逆にいえば、(3)の次元の日本語表現にこそ、アリストテレスの言語に対する絶対的独自性があると見ている。そして、ここで力説しておきたいのだが、この次元の日本語表現について語った最初の日本人が、本居宣長だったということである。以上が、私が確認しておきたい第一点である。つまり、日本語の「助動詞」レベルにおいて確認しうる一点がそれである。ただし、ここで一言説明を加えておく必要があるだろう。私は、「措定の表現」だけでなく、「形容動詞の表現」と「動詞と形容詞の終止形の陳述の表現」をも「助動詞」レベルの事象として語った。そのことについての説明が求められだろう。

「形容動詞の表現」における活用語尾の「だ」のことを私は考えているのだが、この「だ」を助動詞の「だ」とみなすのには無理があるだろう。しかし、佐久間が問題提起したように、この二つの「だ」の境界画定は非常に微妙なものである[27]。佐久間が執拗に「だ」にこだわったということだけいっておきたい[28]。次に、「動詞と形容詞の終止形の陳述の表現」に関してだが、助動詞は、「動詞」あるいは「形容詞」のすぐ後にくっついて使われるケースが多い。その中で、「終止形」の場合には、助動詞はくっつかない。いわば零の助動詞がくっつくケースであるとみなしうる。その意味で、私は、「終止形の陳述の表現」の一つとして零の助動詞も加えて論じているのである。

ところで、宣長が「てにをは」とみなした活用のない辞の中で「は」を特定して取り出した佐久間の功績は讃えられるべきである。佐久間が、「てにをは」という辞の次元で、「は」の次元と「に、を」に代表される格助詞の次元に焦点を当てたというふうに私は見ている。実質的には、「は」と格助詞の「が」との関係に視線が向かっていたと私は感じる。しかし、その点に関しては、三上章との比較を通して語り直す必要があるだろう。

狂った言語、現代英語

さて、ここで、佐久間と時枝の根本的な差異について語らねばならない。時枝の名は出してはいないが、明らかに時枝の言語類型論における最大の問題点を佐久間は取り上げている。

《たとえば英語の A dog is barking. のような構文を、前述の形式にあてはめて説くようなやり方を、日本語での表現のばあいにも適用しようとすることは、きわめて無謀なくわだてといわなければなりません。

ヨーロッパ諸語において、つなぎの役割をするこの種のいわゆる実質動詞 (Verbum substantivum) は、日本語における措定の〝だ〟に相応するわけですが、これは動詞と見るにしても、ごく特異なものであることをまぬがれません》(29)。

佐久間の言い方は鮮明さを欠いた、いかにも婉曲的なものではあるが、パラフレーズして語ることは不可能ではない。英語の ing 形の構文を、「前述の形式にあてはめて説くようなやり方」とみなしている際の佐久間の念頭にあるのは、時枝が「天秤型」の構文として語ったものを指していることは間違いない。そして、時枝の言語類型論の立て方そのものの批判を、間接的に、表明している文章として読める。ところで、佐久間の時枝に対する留保点のポイントは、以下の二点として語られている。第一点は、「A（甲）はB（乙）なり」という構文に当たるものとして"A dog is barking" という構文を受け止めることは、「きわめて無謀なくわだて」であるとみなしている。ただし、それ以上の説明を佐久間は与えてはいない。第二点は、「ヨーロッパ諸語において、つなぎの役割をするこの種のいわゆる実質動詞(Verbum substantivum)」についての見方が表明されている。要するに、ヨーロッパ諸語におけるコプラ動詞について佐久間は語っているのである。コプラ動詞が、いわゆるコプラの次元と、もう一つの「実質(存在)」の次元の双方を兼ねているということをいっているわけだが、まず、佐久間は、ヨーロッパ諸語におけるコプラ表現に対応するものを日本語に求めるとしたら、「日本語における指定の「だ」がそれに当たる」といっている。ところが、それに続く次の表現は極めて曖昧である。「これは動詞と見るにしても、ごく特異なものであることをまぬがれません」という曖昧ないい方をしている。

ここで思い出されるのは、佐久間がこういういい方をしている背後には、「日本語における指定」の「だ」は決してコプラではないという確信が隠されている事は間違いない。

ここで、私なりに佐久間のいいたいことを解きほぐして語ってみたい。日本語の「ナリ」を含む文としては、「犬は、barking（吠えるもの）ナリ」が考えられる。英語でいえば、《isというコプラを使って、動名詞形 barking と組み合わせる》構文《A dog is barking.》がそれに当たる。ところで、その英語の構文に対応する日本文は、《動名詞（吠えるもの）＋ナリ》という形の構文であるといえる。しかし、これは、あくまでも英語の ing 形（動名詞形）についての解釈であり、英語以外の「ヨーロッパ諸語」、例えばフランス語では決してうまくいかないものである、と佐久間はみなしている。実は、佐久間が引用しているヴァンドリエスの見解も同じである[30]と私は推測する。彼もまたフランス語をモデルにしたら、英語の ing 形に依拠した推論は完全に狂っているとみなしているはずである。時枝あるいは、時枝の論理を敷衍させた柄谷は、英語の ing 形という極めて特異な例に疑問を抱くことなく、理論的一般化を急いでしまったというべきなのである。I think が I am thinking に変換可能であるというのは[31]、狂った英語としての限りで可能なのであり、ドイツ語でもフランス語でも、こういう現象はまったく見られない。同時に、これは、テンス論におけるスキャンダルの典型例であり、Taro is making pizza at home.（太郎は家でピザを作っている）というスキャンダラスな現代英語の文に典型的に現れている。フランス語では、Taro fait de la pizza à la maison. という現在テンス形の文がそれに当たる。だいいち、現代英語においても、原則的には、現在進行形ばかりではなく、フランス語同様に、現在テンス形の存在は認められている。その暗黙の前提を抱えつつ、現代英語は、フランス語の現在テンス形を現在進行形で置き換えるというルールをでっち上げて平然と構えるラングなのである。しかも、こういう文法論上の事故が事故と見なされないほど狂ってしまっているのが現代英文法なのだと私は思う。

柄谷の時枝解釈は、ある意味では、非常に魅力的なのだが、ヨーロッパ諸語の中における英語の特異性についての説明がなされていないという限りでは、非常に危ういものであるといわねばならない。

ところで、佐久間は、英語をモデルにした特異な言語類型論に極めて懐疑的ではあったが、英語をモデルに展開された時枝の言語類型論（あるいは柄谷による時枝の構文論の一般化）に対して、有効な防御はなしえていない。

現代の国際レベルでの言語理論（特に文法論）が返答を迫られている大きな問題がここにある。私たちが返答を迫られている深刻な宿題であるといっておこう。ただし、この点に関して、私は、『非対称の文法』（文化科学高等研究院出版局、2017年）の中で、日本語のテイル形は「進行形」でないといういい方で、私なりの返答はしてある。現代英語の進行形は狂気の形態なのである、といいたかったのである。

【注】

1　佐久間鼎『日本語の言語理論』恒星社厚生閣、1959年、94頁

2　柄谷行人『〈戦前〉の思考』講談社学術文庫、2001年、129頁。

3　柄谷行人『ヒューモアとしての唯物論』講談社学術文庫、1999年、112頁。

4　以下の三つの論考がある。『〈戦前〉の思考』所収の「文字論」（129-164頁）、『ヒューモアとしての唯物論』所収の「非デカルトコギト」（92-116頁）、『ヒューモアとしての唯物論』所収の「エクリチュールとナショナリズム」（65-91頁）。

5　柄谷の時枝論には、形而上学的レベルの省察としては、キラリと輝く知見が数多く散りばめられている。

6　時枝の零記号論は、本質的に、鈴木朖の包摂論の一般化を基礎にしており、宣長の包摂論のレベル、山田孝雄のいう意味での「陳述」レベルの包摂を飛ばして議論している。

7　佐久間鼎『日本語の言語理論』前掲書、214頁。

8　「判断の表現の様式はヨーロッパの古代語と日本語とで大いに異なり、近代のヨーロッパ諸語にも共通な〈S+C+P〉の順

序が日本語のばあいに対応せず、日本語の表現において、なんらかの論理的意義をもつ、第四の要素が参与していることがわかります」(佐久間鼎『日本語の変語理論』前掲書、214頁)。

9 佐久間鼎『日本語の言語表現』前掲書、214頁。

10 「だからわれわれは、ハとガをそろえている点では、インフェリオリティ・コンプレックスの立場にない。自負できるのは、もちろんガよりもハ、すなわち「について」の助詞である。ヨオロッパにない文法手段である」(三上章『日本語の論理』くろしお出版(新装版)2002年、76頁)。

11 三上章『日本語の論理』前掲書、6頁。

12 『季刊 iichiko』Summer 2022, NO. 155, p.121。本書7章188頁。

13 「時枝の「包摂」概念」『日本語と日本思想』藤原書店、2008年、49-54頁。

14 佐久間鼎『日本語の言語理論』前掲書、94頁。

15 時枝誠記『日本文法・口語篇』岩波全書(改訂版)1983年、29頁。

16 同上、53頁。

17 同上、185頁。

18 同上、186頁。

19 同上、188頁。

20 三上章『続・現代語法序説』くろしお出版、1972年、98頁。

21 柄谷行人『ヒューモアとしての唯物論』前掲書、112頁。

22 三上章は「〝ハ〟の重出」の問題を重視して、こういっている「第1の〝ハ〟は主題らしい主題で、その勢力は文末に及び、さらにピリオドを越えようとする。第二位以下の〝ハ〟はいわば副題(sub-topic)で、その勢力もやや弱く、対比、逆説、否定を表わすことが多い」(『文法小論集』くろしお出版(新装版)2002年、63頁)。おおむね三上はこの第二、第三の「は」を副助詞とみなしているといえる。

23 時枝誠記『日本文法・口語篇』前掲書、186頁。

24 同上、156頁参照。

25 時枝誠記『日本文法・口語篇』前掲書、159頁。

26　佐久間鼎『日本語の言語理論』前掲書、156頁。この引用文の中で、以下の二点を指摘しておくべきだろう。第一に、「その主語につける助詞は〝は〟を持ってするのが普通だ」という表現は、「甲は」という提題文がまだ通用していない状況を想定した場合のいい方であり、いわば譲歩した言い方である。無論、佐久間は、この形を「主語」であると考えてはいない。第二に、佐久間は、あくまでも性状詞（形容詞と形容動詞を合わせたもの）という用語にこだわるので、私のように、形容詞と形容動詞を分離して語る立場は取らない。さらには、本居宣長の係結び論のようには「動詞と形容詞の終止形」というような括り方はしない。

27　佐久間は、形容動詞の「- da（終止形）」と措定詞の「da.（基本形）」に注目して、「形容動詞はナダ活として性状詞の一種となるが、措定詞は活用のない点においてこれに類していることが一見して明らかだ」といっている（『日本語の言語理論』前掲書、147頁の注の1）。

28　「活用の点から見ると、文語の〝なり〟と〝あり〟とは同趣だが、口語における〝だ〟は、全く〝ある〟とかけ離れている。形容動詞の語尾の活用と似ている」（同上、147頁）と佐久間はいっている。

29　同上、214頁。

30　「名詞文は、主語と属性語との二項を含むが、二つともいずれも（広義の）名詞のカテゴリアに属している。アリストテレス流の論理学者たちは、構文の型の二種別によく気づいてはいたが、名詞的動詞を導入するという行き方で動詞文を分解して、両方を一つの型だけに帰した。すなわち：le cheval court = Le cheval est courant. 間違いもこれほど頑固だったものは、あまり例がない」（佐久間鼎『日本語の言語理論』前掲書、217頁）。

31　柄谷はいう。「西洋言語では、「在る」という意味での be という動詞は、“being” という概念になります。つまり、“A is” が “A is being” と変えられます。しかも、どんな文も、“be” を含むものに変えられます。“I think” は “I am thinking” に変えられる。いたるところに be 動詞があらわれるわけです。そして、この “be” は “being” に変えられる。つまり、主語や述語の位置に置かれる概念になります。ヨーロッパで存在論と呼ばれてきたのは、このような文法から来るものです」（『〈戦前〉の思考』前掲書、158頁）。この柄谷の堂々たる解説は人を強烈に魅了する。しかし、柄谷は、英語の例のみから一般化を急ぎすぎたというべきだろう。

9章

形而上学の言語と日本語の間の根本的非対称

日本語の提題文

私が形而上学の言語とみなすヨーロッパ諸語にも提題表現はある。しかし、日本語の提題表現とは非対称をなす。金谷武洋にならって、日本語の提題文の構造を「題述文」と「主文」の二本立て(1)とみなすならば、ヨーロッパ諸語の構文の方は、提題表現が「主文」から切り離されたものとしてあるという限りで、「主文」のみによる一本立てということになる。この非対称は巨大だ。

第一に、ヨーロッパ諸語の題述表現が「主文」から切れているということは、構文論的に、「主文」のみの文としてあるということである。それに対し、日本語においては、「題述文」と「主文」の二つが、構文として、併行し、両者を合わせた一文としてあるということだ。言い換えれば、日本語の方は、

Dissymétries fondamentales entre les langues
de la métaphysique et le japonais
iichiko intercultural Winter 2023, no.157

第一に、題述表現がそれ自体一つの「文」をなし、一文の中に「題述文」と「主文」が同居する形をなしているということであり、第二に、「題述文」が「主文」を包摂する形をなしているということである。両言語の構文上の非対称を例示する文として各々二つの文を列挙してみる。

《日本語の題述文》:

例文1:「昨日は、甲が乙に丙を紹介しました。」

例文2:「甲は、乙に丙を紹介しました。」

《ヨーロッパ諸語の「題述表現」と「主文」》:

例文3:〝As for 昨日、甲が乙に丙を紹介しました。〟

例文4:〝As for 甲、甲が乙に丙を紹介しました。〟

ポイントになるのは、例文4である。「題述表現」の〝As for 甲〟(2)は、たしかに日本文の「甲は」に対当する表現であるといえる。しかし、日本文との非対称をなす点は、「主文」の中に主語の「甲が」が場を占めていることである。三上が、「「主語」は、主格が或る特別なはたらきをする国語の場合に主格に与えられる性質、としか考えられないものである」(3)といっている時の構文論的特質が問題であるということである。例文4の「甲ガ」という「主格」が「或る特別な働きをする」というケースについていっているのであり、この「甲ガ」は、日本文における《主格補語としての「甲ガ」》なのではなく、《主語としての「甲ガ」》なのであり、ヨーロッパ諸語においては、「主格が或る特別な働きをする」ということなのである。もう少し分かりやすく言い直せば、〝As for 甲〟の「甲」が「主題(提題)」であると同時に、主語文における「主格」でもあるという構造になっているということである。つまり、ヨーロッパ諸語の主語制言語においては、「提題表現」が、あたかも、「提題」と「主語」とが重なっているかのように機能するという構造になっているのである。

それに対して、日本語の題述文においては、堤題の「甲ハ」が、《主文の中の述語》の語末まで「係る」という構造を持つがゆえに、「題述の二本立て」構文であると同時に、《主文の中の述語》に対して、(「主語」を欠いているという点で)「述語一本立て」の構文をなしているのである。ところで、ここで、次の一点について是非とも語っておかねばならない。それは、上の例文2「甲は、乙に丙を紹介しました。」に関して、である。この日本文においては、「甲は」という堤題表現が、実は、例文4の「主文」における「甲が」を兼ねるという構造になっているのである。それが三上のいう《「は」による「が」(格助詞)の兼務》の構造なのである。具体的にいえば、堤題の「は」が、「甲ガ乙に丙を紹介しました」というふうに、「甲ガ乙に丙を紹介したコト」という名詞句内部の「甲ガ」という主格表現を「兼務」しているという構造があるということなのである。

以上のことを、一九四二年以来、主張し続けたのが三上章であった。一九四三年の「現代語法の問題」という論文の中で、次のようにいっている。「主語タイ述語などといふ物尺を以て我々のセンテンスに臨むのは少々お門違ひである。まず「主語」という有害無益な用語から攘夷してかゝらねばならぬ」(4)、あるいは「我が国文の組立は主語タイ述語ではなく、言わば述語一本建なのである」(5)といっている。

このように、三上は、一貫して、ヨーロッパ諸語の構文を「主語タイ述語」とみなし、それに対する日本語の組み立てを「述語一本建」として押さえたのである。

金谷武洋は三上のいっていることを独自の視点から語り直している。金谷によれば、「文法関係を持つ」文が、「主文」であり、《主文から切れている》表現としての提題の表現が、いわば「主文」に付加された形（"As for 昨日"、"As for 甲"）をなしているということである。そして、その「主文」が、「文法関係を持つ」とされるのは、「主文」が「格助詞」による格構文として構成されているからである、とされる。

ところで、金谷の以上の省察は、核心を突いてはいるのだが、ヨーロッパ諸語（特に英語）と日本語の提題表現の根本的な差異を指摘するだけに終わっているといわねばならない。金谷はいう。「「主題」は文に義務的ではないが、もし主題がある場合には題述二本建（Topic – Comment）の有題文となる。主題とは、述語の間に文法関係も持たずに、たんに聞き手の注意を引くために文から切り取って「いいですか、これについて話しますよ」としめすためのものだった。それが対話の場面でのトピックである。英語であれば「As for 〜」あるいは「Concerning 〜」などにあたる主文の外に立つ表現で、それは主語などではない」(6)。

実をいえば、金谷はここでヨーロッパ諸語と日本語の間にある非対称を見事に言い当てているのだが、日本語の題述文が、常に「題述二本建（Topic – Comment）の有題文」をなすということに力点を置いて語ってはいない。それは、金谷が主眼にしているのが、ヨーロッパ諸語の「主文の外に立つ表現」(7)としての「主題」、「それは主語などではない」ということを主張することだからである。つまり、金谷は、こういう言い方で、ヨーロッパ諸語の提題の表現が、「主語・述語文」にとって、あくまでも「主文の外に立つ表現」でしかないということがいいたいのである。惜しいことに、金谷の論述は、もう一歩踏み込んで、両言語の根本的非対称を解明するまでは至っていない。以下、金谷になり代わって、金谷の考察の徹底化を図ることにする。

第一に、金谷の重要な指摘を踏襲する。ヨーロッパ諸語の「主題」とは、「述語との間に文法関係を」持たないという指摘である。第二に、主題とは、「主文の外に立つ表現」であるという指摘である。これら二点を前提に、金谷が触れているヨーロッパ諸語と日本語との間にある根本的な非対称に焦点を当てて見たい。

端的に、次のように斬り込むことにする。ヨーロッパ諸語と日本語の非対称は、前者においては、堤題の表現と「主文」とが、構文上、分離しているが、それに対して、後者においては、構文上、繋がっている、ということに存する。金谷の表現を使っていえば、日本語の堤題文が「題述二本建（Topic－Comment）の有題文」であるのに対して、ヨーロッパ諸語の（提題文ならざる）堤題表現は、「主文」である「主語・述語文」から切れた表現としてあるのであり、一方の「主文」の方は、徹頭徹尾「主語・述語二本立て」(8)なのである。

金谷は、主題表現に対する「主文」といういい方で、英語における主題と、それを含む構文との関係を、主題と主文の関係として押さえているのだが、その際、「主題」を「文法関係」から切れたものとみなし、文法関係を持つものの方を、「主題」に対して、構文論上の「主文」と呼んでいる。金谷の見方によれば、日本語の題述文については、題述構文と「主文」（文法関係を持つ文）との並行関係が成立する。しかも、金谷は、「文法関係」を持つということを、《格関係を持つ》という意味として受け止めている。

そこから、金谷の見方を敷衍すれば、主題を含む日本語の構文を、《提題文と格助詞文の二本立て構文》と呼ぶことができる。しかも、この二本立て構文が、もう一方では、提題文による「述語一本立て」構造をなす、というのが日本語の独自性をなすのである。

つまり、日本語の題述文は、題述表現次元と、「主文」としての格助詞文の次元、その双方において、同一の「述語」が共有される構文になっているということである。実は、おそらく一九四二年以来、少なくとも『象は鼻が長い』(1960年)以来、この点をテーマにしたのが、三上章による「係り受け」理論だったのである。題述文と格助詞文という二部構成をなし、しかも、「述語」を共有する構文における「係り方」について、三上は、題述文における「係り」の方は、述語をなす語の「語末」まで係る係り方であるという。一方の、格助詞文(主文)の内部においては、同じ題述文の「係り」つまり「甲ハ」の《かげの「甲ガ」やおもての「乙ニ」や「丙ヲ」は》、同じ述語をなす語の「語幹」まで係る「係り」であるという。ここで、三上自身による説明を引用する。

「甲ハ、乙ニ丙ヲ紹介シマシ‖タ。

において、提題「甲ハ」は堤題の資格においてこそ文末の「マシタ」と呼応しますが、そのかげの「甲ガ」やおもての「乙ニ」や「丙ヲ」は、せいぜい「紹介シ」までしか係りません。甲乙丙の三者とも丁寧さの「マシ」にはばまれて、文末には達しないのです」(9)。

このように、三上は、日本語構文論の核心を、提題文の「係り受け」ないし「係り結び」の構造としてとらえたのである。その際のポイントをなすテーゼとして以下のものがあるのは周知の通りである。三上によれば、提題の「は」の係りは、文末まで大きく係る「虚勢的」(10)係りであり、「格助詞」の係りは、格助詞文内部の述語をなす語の「語幹」まで「小さく係る」(11)実勢的係りである。つまり、一文の中で、提題の「は」の係りとしての「虚勢的」係りと格関係から成り立つ部分(主文)の係りとしての実勢的係り、この二種類の「係り」が働いているということである。

しかし、それだけにとどまらない。三上は、提題の「は」の係りばかりではなく、そこに提題の「も」、さらには、いわばゼロ提題の「徒」の係りをも加えている。これが三上による「係り受け」論の総体なのであり、その総体の「係り受け(係り結び)」の構造を「述語一本立て」と形容しているのである。この総体としての「係り受け」について、三上は、「一結び、二係り」(12)という言い方をしている。それは、三上の根本的な視点に呼応した表現であるといえる。つまり、三上は、本居宣長の「は、も、徒」の係り結びの中で、最も根本的であるものが「徒」の「係り結び」であるということを表明しているのである。

実は、ここから、ヨーロッパ諸語の文構造に対して、次のような日本語の決定的に独自な構文上の特質が抽出されることになる。それこそが、提題文と格助詞文との《協働》あるいは《役割分担》のメカニズムなのである。おそらく、ここに、ヨーロッパ諸語に対する日本語の最も根本的な非対称性(独自性)がある。その非対称性は次のように要約しうる。つまり、日本語の構文は、題述構文が格助詞文を包摂する形で、題述構文の方を《主文》とする一方で、《主文》の題目が、提題文ならびに格助詞文の双方に共通の「述語」の語末まで係るという構造を持つのである。それに対して、ヨーロッパ諸語においては、題述構文なるものは存在せず、単にトピック化の表現を伴った主語・述語文という構文しか持たない。そして、主語・述語文であるという限りで必然的に「主語タイ述語」という二本立ての構造になっている。それに対し、日本語の方は、題述構文という限りでは題・述(《主題タイ述語》)の二本立てではあるが、金谷のいうように、「基本文」が三つとも述語一本立てであるという特性を持つことから、(主語を持たないという限りで)「述語一本立て」(13)の構文をなすのである。このように、金谷の考察を一歩前進させれば、三上が一九四二年以来いい続けてきたこと、それは、西洋語が「主語タイ述語」の二本立てであるのに対して、日本語は、「主語」を持たない「述語一本立て」の言語である、ということに納得がいくのである。三上の慧眼に改めて脱帽ということになる。また、私の推測では、この非対称を、山本哲士は、「ヨーロッパ諸語=主語制言語」と「日本語=述語制言語」の間の根本的非対称として押さえているに違いない。

最後に是非とも一言加えておきたい。金谷のいうように、日本語の基本文には「名詞文」「形容詞文」「動詞文」の三つがある(14)。ここで、日本語の基本文としての「名詞文」を取り上げてみよう。金谷の挙げている例文に「日本人だ。」がある。これは、「名詞―だ」文である。私がここで注目したいのは次の一点である。金谷が「名詞―だ」文を名詞文とみなしていることである。これを、佐久間のいう措定の

〝だ〟と比べてみる。その時に思い至ることがある。それは、佐久間の次の表現である。「ヨーロッパ諸語において、つなぎの役割をするこの種のいわゆる実質動詞(Verbum substantivum)は、日本語における措定の〝だ〟に相応する」(15)という表現である。ところで、ここには、実は、巨大な問いが伏在しているのである。「名詞―だ」文を名詞文とみなす根拠とは何か？という問いである。私の見るところでは、この問いに対する解は一つしかない。それは、日本語に到来した「言文一致」という革命的出来事の意味を問い詰めることによって得られるかもしれない解である。

形而上学を生み、且つ、育んだ言語である形而上学の言語としてのヨーロッパ諸語、それと日本語の間にある、おそらく最大の非対称、それは以下のように表現できるだろう。すなわち、ヨーロッパ諸語は、三上や金谷が見事にとらえたように(16)、動詞文として成り立っている言語である。その中には、当然、コプラ動詞文（"be" 動詞文）も含まれる。それに対して、日本語は、基本文として、名詞文、形容詞文、動詞文の三つを持つ言語である。言い換えれば、日本語の動詞文は、三つの基本文の中の一つであるに過ぎない。この非対称は巨大である。

ところが、問題を複雑にする一点がある。それが、金谷のいう「名詞―だ」文である。ヨーロッパ諸語と日本語との構文論上の非対称に関わる問題に触れる一点だからである。おそらく、佐久間を終生悩ましたのは、《措定の「だ」とヨーロッパ諸語における "be" 動詞（コプラ動詞）の関係》だったのである。とりあえずの答えは二つに分かれる。「関係がある」という見方と「関係がない」という見方の二つに。

ここで、問題の核心に触れることにする。佐久間のいう措定の「だ」が、"be" 動詞と無関係であるならば、日本語にはコプラがないといえる。その逆の場合には、日本語にはコプラがないとはいえない。この難問に対する解を求めて、次に、「言文一致」を検討してみることにする。

言文一致

「日本語とコプラ」というテーマに取り組むにあたっての最も肝心な作業とは、「だ」「です」という言文一致以後の語詞、「である」という言文一致期に登場した語詞、それと、古文から現代文までを通貫して用いられる、擬古文体の「なり」、これら四つの語詞(準詞あるいは助動詞)の境界画定である。この点で参照できるテクストとして、我々は、三上章の『現代語法新説』の中に、「言文一致」という小見出しの付された一節を持っている。

三上は、日本文のスタイルを、その「基調をなす準詞」の類型によって「ナリ体」「デアル体」「デアリマス体」「ダ体」「デス体」「デゴザイマス体」の六つのスタイルを挙げている。その際、三上は、「口語」と「文語」の弁別化が、「現在の慣用は正しい意味からまるで外れている。慣用ではナリ体を文語と呼び、デアル体を口語と呼んでいる」[17]ことに重大な錯誤があることを指摘している。三上の次の見解は重要である。「「デアル」は徹頭徹尾文語であって、私はこれを談話に使う日本人に会ったことがない」[18]。

ここで、私が注目したいのは、三上が、「私は、文字通りの文語と口語とに当るものを文章体、談話体と呼ぶことにする」[19]という視点を打ち出していることである。ところで、三上の上記の六つのスタイルの中で、三上文法論の基盤をなす以下の四つのスタイルの弁別化が鍵になる。擬古体の「ナリ体」、文章体の普通体をなす「デアル体」、談話体の普通体をなす「ダ体」、談話体の丁寧体をなす「デス体」の四つの弁別化が問題なのである。これら四つのスタイルをトータルに考慮しない限り、三上がコプラをどのように押さえていたかをとらえることができない。

第一の操作として、談話体の普通体をなす「ダ体」と談話体の丁寧体をなす「デス体」の二つを「ダ体」に代表させて語ることにする。こうして、以下の三つのスタイルとしての弁別化に基づいて三上におけるコプラの問題に迫ることにする。つまり、「ナリ体」「デアル体」「ダ体」の三つである。三上の立ち位置は、文語と口語の弁別を越えて、文章体と談話体の弁別を基準として、日本語の「口語文法」論を展開していることにある。私は、こうした三上の立ち位置を、「言文一致」以後の日本文法論における最も根本的な見方であると見なしている。いや、そればかりか、このような見方をしない限り、「言文一致」以後の日本語の口語文法は語り得ないと見なしている。

佐久間鼎のコプラ論において重要な助動詞の弁別は、一方では、「である」と「だ」の弁別であり、他方では「なり」と「だ」の弁別であった。三上章は、佐久間を一歩越えて、「なり」「である」「だ」の三元の同時的弁別を行なっているのである。その意味では、三上の「言文一致」という小見出しの付された一節は極めて重要である。肝心なのは、三上が、日本語の口語文法を、徹頭徹尾、「だ」という準詞（助動詞）を通して語っていることであり、「だ」に対する「なり」（擬古体）ばかりではなく、「だ」に対する「である」をもまた、キッパリと、「文章体」とみなす立場を貫徹させていることである。私見によれば、この三上の立ち位置こそは、三上の口語文法論の核をなすものなのである。この点では、三上は、佐久間以上に明瞭な立場をとっているということを力説しておく。この点にこそ、三上が「言文一致」という日本語を襲った驚くべき革命を重視したことの意味が隠されているのである。

むろん、前章で指摘したように、三上は、『日本語の論理』の中で、日本語におけるコプラの問題を、係り助詞(提題の助詞)の「は」に特定させて語りはしたけれども、実質的には、佐久間以上に、「だ」という準詞(佐久間のいう「提題」の語詞)の問題として語ってもいたのである。佐久間が、日本語におけるコプラについての省察において、「なり」「である」「だ」という三つの助動詞について語りながら、苦心惨憺したのに比べて、三上は、はるかにラディカルに、はるかに明快に同じ問題を扱っている。大雑把にいえば、三上は、日本語の口語文法には、西洋のコプラに対当するものとして、「なり」と「である」があり、それらがいわば和製コプラ的表現として機能すると見なしているのだが、「だ」に関しては、西洋のコプラに対当する表現であると見なすことをキッパリと退けている。この点に関しては、三上の方が佐久間以上に断固とした見方をしている。

佐久間と三上は、共に、「なり」という擬古体は、ヨーロッパ諸語のコプラに対当するものであると見なしているといえる。ところで、ここには実に大きな逆説が伏在している。なぜなら、佐久間も三上も、日本語はコプラを持たない言語であるという立場を貫いているにも関わらず、「なり」に関しては、それがヨーロッパ諸語におけるコプラに対当するものであるという観点に立っているからである。しかし、逆の言い方をしたら、だからこそ、佐久間にとっても三上にとっても、言文一致という革命(異変)を通過した後の日本語の語詞である「だ」をコプラに対当する語詞であると見なすこと、それを徹底的に退けることが絶対に必要だったのである。

日本語におけるコプラの問題が錯綜している最大の原因が、おそらく、ここにある。佐久間も三上も、共に、日本語はコプラを持たない言語であるという立場は厳守しつつも、「言文一致」以前と以後の日本語について語る場合に、見方が二分されているのである。「言文一致」以後の日本語における「だ」という助動詞（準詞）を相手にする場合と、「言文一致」期に生まれた「である」という助動詞（準詞）を相手にする場合、さらに、通時的性格を持つ擬古体スタイルの「なり」を相手にする場合、これらの三つを徹底的に弁別的に語らなければならない。私の知る限り、この弁別化を賭金にした規定を試みているのは佐久間鼎と三上章の二人のみなのである。その意味では、日本口語文法を、「言文一致」革命以後の共時態において語っているのもこの二人のみなのである。私の推測が的外れでない場合には、この事実は実に深刻な意味を持つ。その最大の理由は、実は、ここに、日本語文法におけるコプラの問題を解明するための必須の条件があるからである。

日本語におけるコプラ表現の両翼をなすのは、一方では、「は」であり、もう一方では、「助動詞（準詞）」の「だ（です）、である、なり」である。言文一致という事件を考慮した場合、三上は、「だ（です）」と「である、なり」を談話体（普通体）と文章体（普通体と擬古体）という風に分けている。そして、談話体における助動詞（準詞）としては「だ（です）」一つに特化している（限っている）。その上で、三上は、「日本語のコプラはハであろう」という見方をしている。それに対して、佐久間は、ヨーロッパ諸語に対する日本語の独自性を、一方では、ヨーロッパ諸語には存在しない表現としての「Xは」という提題の表現を、他方では、その対部をなす「だ」という語詞（助動詞ないし準詞）の表現を、セットとして取り出し、ヨーロッパ諸語においてこれに対当するものがコプラ表現であるが、日本語のこの表現は、《コプラを持たない言語である日本語におけるコプラ表現に非常に近いものである》、と見なしている。それに対する私の見方を述べる。

日本語にはコプラがないとは何を意味するのか？　それは、日本語には西洋語でいうところのコプラを可能にさせる"be"動詞がないということを意味する。ヨーロッパ諸語においては、"be"動詞がコプラの成立を支えている。ヨーロッパ諸語における包摂判断文は、《主辞＝コプラ＝賓辞》という構造を持つ。従って、コプラ動詞文がモデルとされている。しかるに、日本語にはコプラ動詞である"be"動詞がない。その代わりに、「Xは」という提題の表現があり、かつ、それが「だ」という助動詞（準詞）の表現とセットになっている。つまり、あたかも、「Xハ……ダ」という形の表現が、ヨーロッパ諸語におけるコプラ表現に対当したものであるかのような体裁をとっている。ところが、日本語にはコプラがない。その理由は単純である。日本語にはコプラ表現を成立させるような"be"動詞がないからである。従って、「Xハ……ダ」が、ヨーロッパ語のコプラ文に近い構造を持っているにもかかわらず、これをコプラ表現であると見なすことはできない。しかし、厄介なのは、「だ」を「である」あるいは「なり」で置き換えた場合には、ヨーロッパ語のコプラ文に対当するものと見なしうる、ということなのである。

《日本語にはヨーロッパ諸語におけるコプラ表現に当たるものがないのか？》。答えは「ある」である。それではそれは何か？

答え：言文一致革命以前には、「なり」という文章体の表現がヨーロッパ諸語のコプラ表現に対当するものであったとはいえる。しかも、厄介なことに、言文一致期に現れた「である」もまた、「なり」に非常に近い表現とみなされてきたということがある。現実的には、「である」と「なり」をヨーロッパ諸語における"be"動詞に対当するものとみなすということがなされてきた。日本語にもコプラがあると考えてきた日本の言語学者は、事実、そのように考えたわけである。彼らが依拠している《通時論的推論》は、「ある」を動詞であると見なして、ヨーロッパ諸語における"be"動詞とのアナロジーを想定した議論になっているか、あるいは、助動詞の「あり」に依拠して同じような操作をしているか、そのどちらかである。山田孝雄、時枝誠記、和辻哲郎など多くの人間がそのような操作を駆使してきたのである。

時枝に典型的に見られるように、語源学的、通時論的論理を使わない限りそれは可能にはならない[20]。その可能性を断ち切るには、「言文一致」という切断に訴える以外に手はない。そして、三上が、佐久間を継承する形で、しかも佐久間から一歩大きく前進して行ったのが、実は、それであったのである。

三上の立ち位置

ここで、三上の立ち位置を検討してみよう。三上の立ち位置：「日本語のコプラはハであろう」の射程を問うてみよう。

(1)「は」は「助詞」であり動詞ではない。従って、三上がいっていることを敷衍させれば、《日本語にはヨーロッパ諸語でいうところのコプラはない》という言明が前提にされていることになる。

(2)「は」は「が」ではない。三上は、明らかに、「が」はコプラではありえないということをいっていることになる。

(3)三上は、ヨーロッパ諸語における、「コプラ表現」誕生以前の「コプラ」について語っているのである。ヴァンドリエスやイェスペルセンのいう、ロシア語をモデルにした[21]、「純粋名詞文」をモデルにしている。それに当たる日本語の表現として、三上は、「柳は緑、花は紅」[22]を挙げている。これは、擬古文の「ナリ」を使って言い換えることができる文である。つまり、「柳は緑なり、花は紅なり」。この表現は、『枕草子』の「春は曙」型の文で、コプラ文であるが、もちろん和製コプラ文である。三上の解明によれば、「端折り」による和製コプラ文(擬似コプラ文)ということになる。それを三上は「端折りの名詞文」[23]と名づけている。

(4)三上の『日本語の論理』は、「文法と論理との接点」[24]として元々構想された著作だったのだが、速水滉の『論理学』[25]を通しての省察であった。命題論理学の図式におけるヨーロッパ諸語(主に英語)と日本語のアナロジーを問う形で、日本語の「は」の定義として、「日本語のコプラはハであろう」といったのである。

ここには三上の以下の根本的な見方が表現されていると見るべきである。

(1)日本語の「Xハ」は主題の表現であって、主格の表現ではない。なぜなら、この「ハ」が「ガ」(主格)を兼務しているとは限らないからである。例えば、「象ハ鼻が長い」の「ハ」は「ノ」を兼務しているのであって、「ガ」を兼務しているのではない。
(2)「Xハ」を、ヨーロッパ諸語における「主辞＋コプラ」の表現であるとみなす可能性はある。その場合には、「Xハ」は、主辞・コプラ・賓辞の最初の二つ分（主辞・コプラ）を合わせたものに相当する。その際、三上のオリジナルな点は、コプラが主辞の側に含まれ、賓辞はコプラを伴わないという見方をしていることである。いわば、「春は曙」型、「僕はうなぎ」型の文をモデルにしている。その際、賓辞には「だ」が不可欠ではないという視点に立っている。
(3) 三上は、「である」「なり」という語詞について語る時以外には、日本語におけるコプラ的表現として、「は」（助詞）を想定しているだけであり、ヨーロッパ諸語における"be"動詞に当たるものをまったく想定していない。

このように、三上の立ち位置は、一見したところ、措定の語詞としての「だ」と提題の助詞としての「は」の二つを通して、日本語にはコプラ表現がないということを表明しようとした佐久間鼎に比べて、一歩後退しているようにも見えるが、その実、ヨーロッパ諸語における"be"動詞に当たるものを全く想定していない三上は、佐久間よりもはるかにラディカルに、日本語には、「Xハ」以外にコプラ的表現がないという立場に立っている、といえる。

三上が、日本語のコプラは「ハ」であろうといったのは、あくまでも包摂判断文をモデルにコプラの問題を問うという枠を設けた上でのことである。それ以外のレベルにおいては、三上は、日本語がコプラを持たない言語であるという立場を貫いているのである。そして、三上だけが、和製コプラ文

（「僕ハうなぎダ」文）の秘密は「端折り」にある、という見事な解を提示してみせたのである。

三上には、措定の「だ」を「動詞」であるとみなす仮定は全くなかった。三上は、コプラの問題が、究極的には、ヨーロッパ諸語における"be"動詞（コプラ動詞）の問題に尽きるということを押さえていたのである。それは、ヨーロッパ諸語と日本語との間にある決定的な非対称が、結局のところ、《ヨーロッパ諸語は、コプラ文も含めて、全て動詞文である》(26)という点にあることを押さえていたということである。ヨーロッパ諸語には、実は、名詞文と動詞文の区別を可能にさせるものは、「動詞」の有無というもの以外には何もないのである。決定的な一点は、ヨーロッパ諸語においては、日本式にいえば名詞文である文もまた、"be"動詞を伴うという意味で、動詞文だ、ということである。金谷武洋も、三上に非常に近い形で、ヨーロッパ諸語は、本質的に、「動詞文」としての構文構造を持つ言語であるという見方に立っている(27)。

ここで、ヨーロッパ諸語における「純粋名詞文、すなわちコープラなしの名詞文」(28)について考えてみよう。本来の意味で名詞文と呼べるものがこの「純粋名詞文」であり、コプラ文は、厳密な意味においては、名詞文と呼べない。なぜなら、コプラ文は、コプラがあくまでも"be"動詞である限りでは、動詞文であるからである。日本語の形容動詞文に当たる文としての名詞文もまた、「主語」が「性状性」（属詞性）と"be"動詞によって繋がれた文であるという限りで、動詞文である。これを別様に言い直せば、金谷武洋のようにいうことができる。ヨーロッパ諸語（特に英語）は、基本文を「主語と動詞」を持つ文(29)とする言語なのである。それに対し、日本語の基本文は、「名詞文」「形容詞文」「動詞文」の三つである。そして、両者の間の徹底的な非対称として、日本語の動詞文は三つの基本文の内の一つでしかないということがある。要するに、ヨーロッパ諸語は全てが動詞文であり、日本語の動詞文は、名詞文と形容詞文に並んで三つの内の一つにすぎないのである。

おそらくは、この巨大な非対称のせいで、これまで、日本語における動詞論の究明作業が遅れてきたのである。端的に、陳述論においてさえ、動詞論が中心的位置を占めてこなかったのである。山田孝雄も時枝誠記も、共に、陳述の問題を、「動詞文」ではなく、「性状詞文」をモデルにして考察したのである。そうした伝統の中にあって、あくまでも動詞の終止形に焦点を当てて日本語構文を捉えようとした西田幾多郎の考察は光っている[30]、と私は受け止めている。

協働論

「日本語の題述文」で述べたことを三上文法の核心という一点から要約したら、一方に《徒の係り受け》という係り結びのメカニズムを、他方に《格助詞と動詞の取り結ぶ》メカニズムをもち、その二つが《役割分担》に従って協働するという一点に集約される文法論であるということである。

三上はこの役割分担論の視点をとる上で、佐久間文法を参照している。三上はいう。「主題は、しかし日本文法では初から重要な役割をする文法概念である。佐久間文法の提題の助詞「ハ」、つまり主題を提示することを本領とする係助詞「ハ」(次いで「モ」)があるからである。日本語では主格を表すことは格助詞「ガ」が受持ち、主題は係助詞が受持つというふうに分担がはっきり分れ、しかも格助詞と係助詞とは無関係（組合わせが自由なという意味）だから、「主語」という用語を適用すべき対象が、語法事実のうちに全然見つけられない」[31]。

三上のいう役割分担が鍵語をなす。そして、この点にこそ、ヨーロッパ諸語に対する決定的な非対称がある。ヨーロッパ諸語が「主語タイ述語」の二元構造を持つ言語であるのに対して、日本語は、「主題タイ述語」の構造を持つ言語である。ただし、そのことをいい直せば、ヨーロッパ諸語が、「主語タイ述語」という二本立て構造の言語であるのに対して、日本語は、「述語一本立て」構造の言語である、ということである。

ここで鍵になるのが、「主題タイ述語」の二本立て構文が、述語一本立て構造と矛盾しないという一点である。なぜなら、「は、も」を係りとして持つ構文も、「徒」を係りとして持つ構文も、「主語」を持たないという限りにおいて、共に、「述語一本立て」構造をなしているからである。三上は、「は、も、徒」の係りにおける「徒」の係り（ゼロの「係り」）の構造が根底的であるとして、「一結び、二係り」ということを強調している。これを、ヨーロッパ諸語との比較でいえば、以下のようになる。日本語は、題述関係（「徒」の題をも含む）と格助詞システムとが協働して機能する言語なのである。そして、これを可能にさせるもの、それが、三上のいう係助詞と格助詞との役割分担なのである。

実は、金谷武洋も、三上と非常に近いことをいっている。金谷は、日本語の構造を、題述関係と「主文」とが文法関係を持たないといういい方をしている。一方の三上章は、題述関係と格関係との「組合わせが自由」であるといういい方をしている。しかし、両者は、結局は、同じことを別様にいっているのである。私はさらに一歩前進させて、日本語の構造の最も根本的なものとして、題述構造と格構造の間に協働のメカニズムが見られるというふうに表現したい。

金谷武洋のように、文法構造を格構造と見なした場合、日本語の提題構造（「は、も、徒」の係りと文末の「結び」の係り結び構造）は、格構造から切り離しうるものである。その意味で金谷のいっていることは正しい。金谷は、「主文にかかわらない」といういい方をしている。私は、同じことを、別の視点からとらえ直したい。日本語の文法構造をもう少し広い意味にとって、《日本語においては、提題の表現と格の表現とは併行関係を取り結ぶという文法構造を持つ。つまり、両者の間には「協働する」という関係がある》、という風にいい直したい。要するに、日本語の構文の根幹には題述関係の構造があり、しかも、その題述構造と併行する形で、格表現世界の構造がある、ということである。

この日本語の構造を押さえれば、ヨーロッパ諸語の「主語タイ述語」の言語世界に対する日本語の非対称を説明しうる。三上の「主語不要論」をすんなりと受け入れることが可能になる。同時に、これまでの頑迷極まる「主語必要論」の誤謬がどこにあるかも説明可能となる。

私は、「日本語とコプラ」の問題を考えて、最終的に、日本語とは、「提題関係の構造と格表現の世界との協働」を根底にした言語であるという結論に導かれることになった。私の結論を別様にいい直せば、ヨーロッパ諸語（西洋形而上学の言語）は、"be" 動詞が特異な役割を担うコプラ文を根底に持つ言語であるが、それに対し、ヨーロッパ諸語にとっての「他者」としての日本語は、コプラを成立させるものである "be" 動詞を持たない言語である、ということになる。

しかし、この非対称が成立するための絶対的条件が一つあるということは是非とも付け加えておかねばならない。つまり、日本語が"be"動詞を持たない言語であるといういい方が可能になったのは、言文一致以後においてである、ということである。

ここから、返答の待たれている一つの問いが出てくる。それは、《「ある」を動詞と見なす方が賢明なのか、それとも、形容詞と見なす方が賢明なのか》という問いである。日本人は、鈴木朖の時代から一貫して、「ある」を動詞と見なしてきた。鈴木朖だけは例外的に「ある」を形容詞（「形状詞」）と見なした。私も、「ある」を形容詞と見なす立場をとっている。この点では、三上の「ある」についての見解(32)にはまったく賛同できない。

佐久間鼎が苦心惨憺した一点、措定の「だ」の表現がヨーロッパ諸語のコプラ文に似ているという問題、この問題もいっぺんに解決するのである。このことを言い直せば、次のようにいえる。「である」も「だ」も動詞ではないということである。確かに、「である」も「だ」も、ある意味では、ヨーロッパ諸語のコプラに非常に近い語詞である。ただし、それらが動詞ではないということになれば、必然的に、コプラではないことになる。

私自身に残された大きな課題としてこの問いを抱えているということだけ表明しておく。私の見るところでは、「ある」は動詞であるとも形容詞であるとも決定不可能な語詞なのである。だからこそ、私は、敢えてこう問うているのである。《「ある」を動詞であるとみなす方が賢明なのか？ それとも、形容詞であるとみなすのが賢明なのか？》、と。

私にいわせれば、日本の言語学者は、「ある」を動詞であるとみなす立場を頑なに守り通してきたのである。「日本語とコプラ」という問題を相手に、「ある」を動詞であるとみなし続けてきた。私は、この点に大きな疑問を覚えている。日本語におけるコプラを「ある」という語詞をベースに語ってきた歴史に大きな疑問を覚えている。ただし、私が「ある」をほぼ形容詞と見なした上で、「動詞的形容詞」あるいは「形容詞的動詞」と呼んでいるのは、やはり決定不可能性を抱えた語詞であると考えるからである。しかも、私が判断(判定)の拠り所としているのは以下のことのみである。私は、「ある、いる、見える」という三語を、とりあえず動詞と見なした上で、ある法則に至りついた。「格助詞と動詞の織りなす日本語のメカニズム」においては、《格助詞の選択が動詞の選択を決定させる》という法則[33]に、である。

私は密かに推測しているのだが、多分、ここにこそ日本語の最も際立った特質の一つがあるように思われる。「ある、いる、見える」の中の「いる」は動詞であると見なしうる。しかし、「ある」と「見える」は形容詞であると見なしうる、と私は考える。それを私は、「可視的である」という形容詞的表現で置き換え可能であると考える。何度でも繰り返しいいたいが、コプラ動詞を伴うドイツ語の形容詞文をモデルにして「ある」の定義を述べたハイデガーは、つまり「空は青い」を「空は青くアル」という風に、「ある」をコプラであると同時に動詞であると見なしたハイデガーは、形而上学の言語の中で議論しているのであり、佐久間のいうように[34]、日本語においては成り立たない議論である。ハイデガーは、存在論を打ち出す際に、日本語を学ぶべきだったのである、と私はいいたい。ただし、ハイデガーが日本語を学んでいたら、一九三五年に存在論をキッパリと捨てる以前に、存在論から離れていた可能性があったかもしれない。

主題と副題

「山田文法の副題への偏りを補正するためには、佐久間文法におもむいて、主題の「ハ」の意味を教わらねばならない。それは、現前の場を離れた、いわゆる「非現場」において提題の役割をつとめるとともに、その提起した題目について残りなく行きわたることを示すというところに本領を持つと認めるべきものなのである。すでに多くの論者に引用されて、あまねく知れ渡っている卓説である」(35)。

三上は、「何々ハ」という(佐久間のいう)「提題」(主題)の「ハ」の本質を問題にする際の条件として、「山田文法の副題への偏りを補正する」必要を訴えている。三上文法のポイントの一つをなす重要な問題、つまり、文頭に置かれる「何々ハ」と「第二以下の位置に現れるハ」との弁別化の問題が提起されている。

おおむね三上は、第一の位置(多くは文頭)に置かれる「Xハ」の「ハ」を係助詞とみなし、「第二以下の位置に現れるハ」を副助詞とみなしている。この三上の規定の仕方はかなり有効ではあるが、いくつかの問題を抱えている。しかし、三上の「何々ハ」論を検討する順序として、とりあえず、三上の主張を確認しておくべきであり、それをなし終えた後に「問題点」の検討を行うのがいいと考える。

三上は、一文の内部における、「全体の主題」を提示する「ハ」(係助詞)と「部分的な副主題、略して副題」を提示する「ハ」というふうに「まずは提示語を二種類に分ける必要がある」[36]とし、例文として以下の三文を挙げている。

(1) 今日ハ私ハ行ケナイ　(他ノ人ヲ誘ツテクレ)
(2) 私ハ今日ハ行ケナイ　(明日ニシテホシイ)
(3) 象ハ鼻ハ長イガ、尻尾ハ割リニ短イ

このように、非常に明快に、三上は一文中に「第一のハ(全体の主題)」と「第二以下の位置に現れるハ」を含む文を紹介している。その際、三上は、二つの極めて重要なコメントを加えている。第一に注目したいのは、「部分提示法による副題は普通「対比」の気分を伴う」[37]という指摘である。私見によれば、ここに三上の「何々ハ」論の抱える深刻な問題がある。第二に私が注目したいのは、「山田文法は「ハ」について、その意排他的にして事物を判然と指定し他と混同するのを防ぐのに使われる、といっていることとである。排他的というのは対比に通じ部分提示語にはやゝ当てはまるが、「ハ」一般については少し強すぎる」[38]という指摘である。この点は、三上が指摘しているように、実は佐久間鼎が夙に山田を批判していっていたことである[39]。山田の用語法には明らかに問題がある。三上の見解に私は賛同する。しかし、「排他」的と「対比」の間には三上が考えている以上に大きな差異がある。三上にもまた用語法の甘さがある。それは、三上が「陰題」について語る際に露見する甘さである。

山田を批判して、排他性と対比性との弁別化の必要を訴えているのは完全に正しい。しかし、三上は、この弁別化を原理的レベルにまで徹底させなかった。

三上は、第二の「ハ」を副助詞とみなしているが、そして、その副助詞の性質として「対比性」を語っているが、私はここに次の問題があると考える。

(1)「は」という語詞は、「全体の主題」(係助詞)の場合も、「副題」(副助詞)の場合も、どちらも「対比性」を弁別特性として持つと私は考える。私の意見では、「は」の対比性は、格助詞の弁別特性である「排他性＝選択性」に対するものとして規定されるべきものである。この点は、『日本語と日本思想』(2008年)以来の私の持論(40)である。私の意見では、「は」は、第一の「は」の場合にも、第二の「は」あるいは第二以下の「は」の場合にも、共に、「対比性」を弁別特性としている。それは、「甲／非甲」という「対比」の構造を持つものなのである。それに対して、格助詞は、すべて、「排他＝選別」の構造を持つのである。

(2)三上による「副助詞」の定義には問題がある。副助詞というカテゴリー自体が曖昧模糊としているということもあるのだが、少なくとも、副助詞の内部で「だけ、ばかり」の排他性と「は」の対比性は同じカテゴリーの中に収まるようには見えない。したがって、私は、三上の「は」の規定において、「は」を係助詞と見なすことには全面的に賛同するが、「は」を副助詞と見なすことに対しては留保を設けたい。ここで問題点を明瞭にしてみよう。「副助詞」というカテゴリーを適用させることに無理があるのである。三上のいう副助詞の「は」、これは「副題のハ」であり、「第二、第三のハ」をさしており、「全体の主題」(提題)とは区別して使われている「は」である。ところが、「副助詞」というカテゴリーにおける「は」は、同じカテゴリーに含まれる「だけ、ばかり、のみ」とは明らかに性質を異にする。副助詞の

「は」は、対比性を弁別特性として持つが、「だけ、ばかり、のみ」は排他性を弁別特性として持つ。このように両者は明らかに異質である。要するに、提題の「は」(係助詞)も副題の「は」(副助詞)も、共に、弁別特性として「対比性」を持つのである。この点では両者の間に差異はない。要するに、「は」の一般的な弁別特性は、「対比性」にある。その点で、三上による「副題」の「は」(第二、第三の「は」)の規定は不正確で混乱している。

(3)私としては、「は」に関しては、山田孝雄の規定である「係助詞」という分類を採用したい。そして、第二以下の「は」に対しては、副題の「は」という規定を採用し、その弁別特性としては、第一の「は」も第二以下の「は」も、共に、対比性(「甲/非甲」)を持つと見なしたい。

以上のことを確認したところで、三上の山田批判に戻る。三上が注目したのは以下の二点である。(1)「Xハ」という提題の表現は、第二のハの用法である「副題」と、いわゆる「主題」とに別れる。山田文法においては、「副題」に重きを置き過ぎているが、その偏りを正すべきである。(2)そこで、まずは、いわゆる提題(主題)の表現としての「ハ」の規定を定めておくべきである。その際に依拠すべき理論として佐久間の「提題」の規定がある。佐久間は、提題の本質的な働きは、「非現場」において提題の役割をつとめることに存するとしている。この佐久間の見方を私なりに言い換えれば以下のようになる。

佐久間が問題にしているのは、「提題」が、いわゆる「現象文」つまり「Xガ……」という形式の文に対する非対称性を持つということである。「は」を持つ提題文が現前の場を離れたいわば「非現場」において機能するのに対して、「が」を持つ「現象文」は、現前の場、現場において機能するという非対称性があるということを三上は佐久間から継承している。ここで三上が注目したのは、実は、以下の点にであった。提題文（「Xハ……ダ」あるいは「Xハ……形容詞の終止形」、例えば「象ハ鼻が長イ」）が、現象文（「Xガ……」、例えば「風ガ吹いた」「梅の花ガ咲いた」）という動詞文、「風が清々しかった」という形容詞文、「風が爽やかだった」という形容動詞文、それらに対して「徹底的に非対称的である」という一点にであった。この一点には、実は、ヨーロッパ諸語には「主語・述語構文」はあるが、「提題（主題）・述語構文」がないという重要な非対称性が含意されていることはもちろんである。

ところで、三上が佐久間鼎の日本語構文論に出会い、自分なりの日本語構文論の構想を始めるにあたって、出発点になったものとは、以下のものであった。三上が「陰題」の構造として理論化することになる日本語の極めて特異な文構造に気づいたことであった。ところで、この三上の出発点をなした考察は、彼が佐久間の「提題」論に出会うことに先行していたのである。三上が佐久間の提題論に多くを学んだことは確かだが、三上が、自力で、日本語の「は」という語詞の重要性に気づいていたということも、同様に、確かなのである。そればかりか、三上は、佐久間の言語論に出会う以前に、佐久間が気づいていなかった肝心の一点にすでに焦点を当ててもいたのである。それこそが、まさに本居宣長の「は、も、徒」の係り結び論（『詞の玉緒』の「三転証歌」(41)）の中で、「は、も、徒」を「右ノ行」に置いて示した係り助詞の働きについての考察だったのである。

この考察に三上が独力で至りついたのかどうかを確認するのは微妙な問題である。しかし、三上を先導した者がいたとすれば、それは、佐久間鼎ではなく山田孝雄であった。この点について金谷武洋の指摘(42)を参照すれば、三上以前に、本居宣長の「は、も、徒」の重要性に気づいたのは山田孝雄であった。山田が日本語の「陳述」を語った際に、「は、も、徒」に注目したのはさすがというべきである(43)。山田の影響の下で、三上が「は、も、徒」という語詞の「陳述」性に目を向けることになったのかどうかを私は知らないが、その可能性は否定しない。しかし、三上が、独力で、「は、も、徒」の「陳述」の問題に思い至ったという可能性もあったと私は思う。

三上は、主に佐久間を参照することによって、それから、山田の陳述論を批判的に継承することによって、「主題と副題」の弁別というテーマに取り組んだのである。ただし、上で見たように、三上の「副題」の規定には重大な欠陥があることを指摘しないわけにいかない。

述語一本立てと「徒」の係り

三上章の伝説的な論考「語法研究への一提試」(1942)と同時期に書かれた論文において、三上は、すでに、「述語一本建」という表現を繰り返し使用している。そして、この述語一本建という表現が本居宣長の「は、も、徒」と本質的関係にあるものであることは明らかである。なぜなら、述語一本建(立て)の構造と「は、も、徒」による「係り結び」の構造とは、実は、まったく同じものだといえるからである。

三上が述語一本立てについて語ったのは、西洋諸語の「主語タイ述語」という「主語と述語の二本立て」との非対称を語りたかったからだ。要するに、三上の着眼点は佐久間のそれと、一部は重なってはいるとはいえ、根本的には「は、も、徒」の中の「徒」の「係り」に焦点が当てられていたのである。それを、例えば、こういっている。「係り結びでも、係り受けでもいいのですが、係りは相手（係り先、受け、結び）がなくては収まりがつきませんが、相手に見立てられた方は、係りがなくても一本立ちできる、というのが日本語の大法則です。本居宣長の「は、も、徒の係り」のただ（ゼロ）は、係りがなくても用言は勝手に終止形で結ぶということでしょう」(44)。

この三上の言説は、「は、も、徒」の係りにおいて、最も根底的な係りは、「徒の係り」であるということを表明していると私は解釈する。なぜなら、「述語一本立て」の構造とは、「係りがなくても、用言は勝手に終止形で結ぶ」ということだからである。

ところで、三上は、おそらく一九四二年以前に、すでにこの考えに至り着いていたと私は推測する。三上には、若い時期にすでに、日本語の根本的な構文論的特質を、「徒」の係り、つまり、「は」という語詞があってもなくても、やはり述語一本立ての構造として受け止めうる、という考えに立っていたからである。そして、私の推測では、三上章の日本口語文法論は、宣長が洞察した「徒の係り」を根底に据えて構築されるべきものであったに違いないのである。もろん、三上の構文論は具体的な論述によって構成されており、「係結び」の観点から全てが説明しうるわけではない。しかし、三上の構文論の代名詞ともいうべき「単式、軟式、硬式」の三式論が係結び論と結びついていることは間違いない。三上は、「係りとしての働きによって単式、軟式、硬式の三式を立てる」(45)文法論を提示したのである。三上の構文論の根幹には、次の確信がある。「我々の文章は、活用形から活用形へ、係っては結び、結んでは係って、大小の段落を作りつつついに文末に達する。それで、長短さまざまの文例について、係り結びの様式を調べて行くことが構文論打建ての恐らく唯一の方法だという気がする」(46)。

このように、三上にとっては、ヨーロッパ言語における「主語・述語」関係中心の文法論は、日本語の口語文法論とは全く異質なものに思えたのは当然である。三上は、「ハ」あるいは「モ」を提題の表現とするケースをも、「徒」を提題の表現とみなすケースをも、共に「題・述」構文とみなしたのであるから、三上がぶつかった、日本語にとっての「主語必要論」という障害、これについて議論することにはほとんど意味がなかったというべきである。三上自身も、できればそれと向き合うことを回避したかったのはもちろんである。ところが、三上がぶつかることになった日本語文法論の論者たちの示した抵抗は、三上にとっては、何ともやりきれないものであった。しかし、ここで特筆すべきなのは、三上が、その抵抗を無視せずに、正面から受け止めたということである。事実、三上以上に、《日本人が、なぜヨーロッパ語の主・述論の呪縛から抜け出せないのか?》ということを見事に語ってみせた者はいない。三上に比べたら、佐久間はさほどこのことで悩まなかった。日本人の「主語温存論」の論者たちの理論に周到なめくばせをしたのは三上の方だったのである。そして、三上は、そうせざるを得ないことを、一種の宿命として受け止めたという印象を私は持つ。しかし、三上は挫けなかった。一九七二年にも、自説を繰り返し、こう述べている。「係り結びの中で最も重要なのは題目(thème)と解説(propos)との対立である。これはいわゆる主語と述語の関係とは全く別個の概念である。西洋のセンテンスが主語+述語を骨子とするのに対して、その代りに、こちらは題目—解説を文法形式として持つ、というふうに別々なのである。だから「主語」は、西洋文法から誤り伝えられない限り日本人が発明しそうにない概念であるが、題目は、本居宣長が「ハ」と「モ」を係助詞と認めたことから自然に導かれるはずの概念である」(47)。

しかし、同時に私は思う。「主語温存論」の論者たちが三上の「主語廃止論」についていけなかった根本的な理由というものがあったのだと。それは、宣長が明示した日本語の「係り結び」、より正確にいえば、「は、も、徒」の係り結びと現代日本語の口語文法論との関係に対する理解を欠いていたということである。三上章が日本口語文法論を語る際の賭金にしたものに対する理解を欠いていたということである。私は、そのことを、拙著の『日本語と日本思想』の中で次のように語っておいた。「たしかに、大野や渡辺の言うように、厳密に古典的な意味での係り結びがほぼ全面的に消滅したことは疑いない。[中略]三上による文法論への宣長の取り入れ方が、大野晋や渡辺実のそれと比べてかなり特異(異質)なものであるように思えるからである。三上は、あたかも係結びの衰退・消滅を認めていないかのように議論を展開しているように思えるのである」(48)。

三上の「述語一本立て」論は、実は、本居宣長のいう「徒」(ゼロの係り助詞)の「係り」が述語の終止形と「結ぶ」という「係り結び」を根拠にしたものだったのである。もちろん、三上は、そのことの論拠を、実証的に、示した訳ではない。しかし、三上が最も根本的な点として自ら確信するところを述べたことは間違いない。《形而上学の言語と日本語の間の根本的非対称》というものがあるとすれば、まさにこの一点に集約されるというふうに私は受け止めている。もちろんこれで問題が全て解決するというわけではない。宣長の「は、も、徒」の係り結びが、なぜ言文一致という日本語に到来した空前の事件を素通りしてまで、現代の日本口語文法の核心部において、構文論上の最も重要と思われる役割を担い続けているのかという問いへの返答は、いまだに我々の手に委ねられたままであるからである。それと同時に、日本語はある意味で奇跡的な言語なのかもしれないという思いに駆られることを禁じることができない。本居宣長が取り出した、「は、も、徒」の係りと「終止形」の結びとの間の係り結びが、現代日本口語文法の核心部に位置づけられるという事実には、どこか奇跡的なものがあるように思えてならない。しかも、その点に注目したのが、山田孝雄以後、三上章ただ一人であったということを考えると、一言語の本質を射止めることがいかに大変なことであるかを今更のように思い知らされることになる。

【注】

1 金谷武洋『主語を抹殺した男―評伝三上章』講談社、2006年、38頁参照。
2 フランス語では、〝Quant à 甲〃あるいは〝En ce qui concerne 甲〃となる
3 『三上章論文集』くろしお出版、1975年、51頁。
4 同上、37頁。
5 同上、37頁。
6 金谷武洋『主語を抹殺した男―評伝三上章』前掲書、38頁。
7 同上、38頁。
8 金谷武洋『日本語文法の謎を解く』ちくま新書、2003年、62頁。
9 三上章『象は鼻が長い』くろしお出版（新装版）2002年、23-24頁。

10　同上、43頁。
11　同上、115頁。
12　三上章『文法教育の革新』くろしお出版、2002年（新装版）、20頁。
13　金谷武洋『日本語文法の謎を解く』前掲書、62頁。
14　金谷武洋『主語を抹殺した男―評伝三上章』前掲書、50頁。
15　佐久間鼎『日本語の言語理論』恒星社厚生閣、1959年、214頁。
16　三上章『現代語法新説』前掲書、52頁参照。金谷武洋『主語を抹殺した男―評伝三上章』前掲書、49頁参照。金谷武洋『日本文法の謎を解く』前掲書、36頁参照。
17　三上章『現代語法新説』前掲書、58頁。
18　同上、58頁。
19　同上、58頁。
20　『季刊 iichiko』Autumn 2022, NO. 156, p.123、参照。本書8章225頁。
21　佐久間鼎『日本語の言語理論』前掲書、215頁参照。
22　三上章『日本語の論理』くろしお出版、2002年（新装版）、5頁。
23　三上章『文法小論集』くろしお出版、2002年（新装版）、45頁。
24　『三上章論文集』前掲書、307頁。
25　三上章『日本語の論理』前掲書、4頁。
26　三上章『現代語法新説』前掲書、52頁参照。
27　金谷武洋『主語を抹殺した男』前掲書、49頁、『日本語文法の謎を解く』前掲書、36頁。
28　佐久間鼎『日本語の言語理論』前掲書、151頁。
29　金谷武洋『主語を抹殺した男　評伝三上章』前掲書、49頁。
30　『季刊 iichiko』Summer 2022, NO. 155, p.121、参照。本書7章188頁。
31　三上章『現代語法序説』くろしお出版、2003年（新装版）、88頁。
32　三上章は、「ある」を以下の五項目に分けて規定している。⑴率直に存在を表す。⑵存在命題を明示する。⑶別形で措定を表す。(4)否定は形容詞の「ない」。(5)相棒の「いる」(略)、というふうに。私は三上のこの五つの規定にことごとく反対である(『日本語の論理』前掲書、42頁)。
33 浅利誠『非対称の文法』文化科学高等研究院出版局、2017年、92頁参照。
34 佐久間鼎『日本語の言語理論』前掲書、154頁、注の2。
35 三上章『現代語法序説』前掲書、202頁。
36 同上、200頁。
37 同上、200頁。
38 同上、201頁。
39 浅利誠『日本語と日本思想』藤原書店、2008年、97頁参照。
40 同上、111頁(図1 係助詞ハと格助詞の境界確定)参照。
41 『本居宣長全集』第五巻、筑摩書房、1970年、22-57頁。
42 金谷武洋『主語を抹殺した男　評伝三上章』前掲書、33頁参照。
43 ただし、山田の陳述論は宣長の理論を継承せずに、宣長の陳述論をヨーロッパ語のコプラ論をモデルに語ってしまうという重大な過失を犯した。その意味では功罪半ばするというべきであろう。
44 三上章『文法教育の革新』くろしお出版、2002年(新装版)、20頁。
45 『三上章論文集』前掲書、86頁。
46 同上、86頁。
47 三上章『現代語法新説』前掲書、33頁。
48 浅利誠『日本語と日本思想』前掲書、130頁。

10章

「コプラ」と「なり」の非対称

Dissymétrie entre “copule”et “nari”
iichiko intercultural Spring & Summer 2023, no.158, 159

はじめに

山田孝雄は、現象文（「Xが咲く」）と形容詞文の提題文（「Xは清し」）とを並べて、この二文を使って「述格」についての議論への導入部としている(1)。ところが、それに続けて、今度は一転して、「ナリ」文（「月 明かなり。」「花 紅なり。」）の二つを並べて議論を展開している。主位という位格と賓位という位格を繋ぐ場所に「繋辞（コプラ）」を位置づけ、その繋辞の場所に「なり」を置くという操作をしている。そして、その場合、《「なり」がcopulaとしてあらはれたるを見るべし》(2)と説明している。

山田の「述格」論のまやかしを解読してみよう。

第一に、導入部で、現象文の動詞文と形容詞文の提題文を並べて論じるのはおかしい。比較は、同じ提題文同士の比較でなければ意味をなさない。

第二に、山田は、現象文が「格助詞文」であることを意識していない。つまり、提題文と格助詞文の間にある根本的な非対称性に気づいていない。

第三に、山田のいう「copula の内面即ち陳述の力」(3)の定義は完全に誤っている。山田は、この陳述の力を「主位観念と賓位観念との対比」(4)としてとらえるべきであるという。しかし、これは文法論の次元のことをいっているのではない。そうではなく、アリストテレスの言語論理学の判断文(命題文)次元のことを、実際には、いっているのである。山田のいう copula は、あくまでもギリシア語の "be" 動詞の「エイナイ」に当たるものであり、日本語においては、「なり」に対当するものである。しかし、ギリシア語の copula と日本語の「なり」には、実は、巨大な非対称がある。それは、copula はあくまでも動詞だが、「なり」は助動詞だということである。山田の議論は、実は、ギリシア語の copula と「なり」を同一視することによって成立しているのである。

第四に、山田は、陳述という語の定義を間違えている。陳述は文法論次元のものであり、言語論理学次元(判断文次元、命題文次元)のものではない。要するに、山田は、アリストテレスの命題文(判断文)におけるコプラ動詞の定義を日本語の陳述概念の定義と重ねているだけなのである。しかも、自分のしていることを自覚(意識)していないのである。

第五に、山田は、以上の四つの錯誤を延長する形で、日本語におけるコプラ文に相当する文を二つ挙げて、つまり、「月 明かなり。」と「花 紅なり。」という二文を使って、「真の述格はこの「なり」に存して、「明か」「紅」にあらぬこと明かなり」(5)と断定している。

山田の論理は単純である。山田は、「述格」という語で、アリストテレスのcopulaに当たるものを「なり」に対当させ、その「なり」が、アリストテレスの判断文(命題文)における、主辞と賓辞とを繋ぐもの、そのようなものであるといっているのである。

以上で山田の陳述論の誤りのほぼ全域をカバーしたといえようが、それでは次に、山田の錯誤の原因がどこにあったのかを解明してみたい。西洋語の「コプラ」には二面があるが、日本語の「なり」には一面しかない。「なり」は形容詞文(あるいは名詞文)の中で機能する「語詞」であり、動詞文の中で機能する「語詞」ではない。

日本語のコプラは、もしあるとしたら、「なり」である。しかし、「なり」は動詞文においては機能できない。あくまでも形容詞文(あるいは名詞文)の中でしか機能できない。その意味で、「なり」を西洋語のコプラと同一化することはできない。なぜなら、「なり」は動詞ではないからである。そして、動詞でないものは、西洋語のコプラと同一であるということはありえない。西洋語のコプラは、あくまでも、"be"動詞である。アリストテレスのいう「エイナイ」である。柄谷行人のいっていることは、一つの留保を付けるという条件を加えた上でいえば(6)、完全に正しい。日本語に欠けているもの、それは、「主語―述語の分割(判断)を可能にする'be'」(7)である。

要するに、山田の決定的な錯誤は、自らの「陳述」の定義を間違えたことにある。文法論でいう陳述は、言語論理学でいうcopulaとは、本来、全く無関係なものなのだ。日本語でいう陳述は、文の言い切りの次元のものである。それは、本居宣長がいう終止形での係り結びの結びの次元のものである。

ところが、ここには厄介な問題が一つある。動詞と形容詞という日本語の「用言」における「結び形」には、動詞形と形容詞形の二つがある。本居宣長は、実は、動詞の終止形の「結び」と形容詞の終止形の「結び」の弁別については何も語らなかった。ある意味では、山田は、宣長の係り結び論に対する自分なりの解を与えようとしたのだといえないこともない。『詞の玉緒』においては、統計的にいって、「動詞の終止形」の結びの比率の方が「形容詞の終止形」の結びのそれよりも高い。しかし、そのことに関して、宣長は何も述べなかった。山田は、宣長の「終止形」の係り結びの中の形容詞の終止形に注目した。山田の「述格」論では、動詞の終止形の文例はほぼ除外されている。それを山田が意識的に行ったのかどうかは判断が難しい。

以上、基本的確認をなしたところで、「述語制言語の日本語とコプラ」というタイトルの下に続けてきた本書の最終章に取りかかる。

途轍もない踏み外し

私は、『非対称の文法』で、日本文法のテンス・アスペクト論における途轍もない踏み外しについて語った。この踏み外しは、主に、金田一春彦によってなされた。金田一が日本語の形容詞のテイル形を動詞のテイル形であると勘違いしたことに原因がある。金田一が動詞のアスペクト形であると思い込んだ「財布が落ちている」「道が曲がっている」「山が聳えている」のテイル形は、実は、形容詞のテイル形なのである。むろん、それを動詞のテイル形として受け止めるのは正気の沙汰ではない。この勘違いは金田一のテンス・アスペクト論に致命的な混乱を与えてしまった。その結果、修正不可能な形で踏み外しが決定づけられてしまったのであった。それを修正させる方向は『非対称の文法』(8)で示しておいた通りである。私の与えた解は以下のものである。言文一致革命以後の日本語においては、動詞のテイル形のみが日本語動詞の(アスペクト形ではなく)現在テンス形だ、というものである。ただし、私の与えた解は、いまだ、公認の見解とはみなされていないだろうと思われる。私の見るところ、現代日本語の動詞のテイル形は、いまだにアスペクト形と見なされており、「現在テンス形」であるとは見なされていない。これが現状である。困ったことに、それでも構わないという風潮が支配的だということである。要するに、文法論としていい加減だということである。

ところで、現代日本語のテンス・アスペクト論における錯誤に劣らない法外な踏み外しも存在する。それは、日本語の口語文法論樹立の草創期に当たる時期になされた踏み外しであった。とりあえず、三つのビックネームを挙げておけば十分だろう。松下大三郎、山田孝雄、時枝誠記の三名である。その他にも多数の理論家がいるはずだが、この三名の理論に対して誰も本質的な批判を提示しなかったという限りで、この三名の文法論を何らかの形で継承する立場に立っているのが現状である、と私は見なしている。山田(そして時枝)の「陳述＝コプラ」論に注目した論考はある。その中でも重要と思われるのは芳賀綏の論考(9)である。ところが、残念なことに、芳賀綏は、山田孝雄と時枝誠記の陳述論に対する批判を提示していない。両者の陳述論がアリストテレスのコプラ論を踏襲していることを、アイロニーを込めて、確認する立場を守っている。

本居宣長ではなくアリストテレスを継承した山田孝雄

山田孝雄は、本居宣長の「終止形で結ぶ係り結び」に注目した最初の日本人の一人として評価されているが、その山田が、実は、宣長ではなくアリストテレスを継承した、ということは案外知られていない。事実は奇なりというものがそこにはある。山田は、実際には、日本語の陳述論のモデルとして、宣長を継承しなかったばかりではない。まっしぐらにアリストテレスの「コプラ」論をそっくりそのまま継承し、日本語構文論の中核部にアリストテレスのコプラ論を位置づけたのである。実は、日本口語文法の形成期に、こういうことが起きてしまったのである。しかし、もっと驚くべきことに、山田の巨大な挙措（踏み外し）を正面から訂正しようとした人間はごく限られていた[10]。私の見るところ、ほぼ佐久間鼎と三上章の二人に限られるのである。しかし、ここでは、山田の日本口語文法のいくつかの枢要な点に批判の目を向けた佐久間鼎について語るよりも、三上章の山田批判に注目してみることにする。なぜそうするかをあらかじめいっておきたい。それは、三上章が、佐久間の山田批判を受けて、山田孝雄の「陳述」論に対して根本的な批判を向けたからである。三上章の山田批判の核心部をなすもの、それが、実は、山田の「コプラ」論（中身は山田の「述格」論）に対する批判である。もちろん、三上以前にこの点に焦点を当てて山田批判を試みた人間はいた。それが佐久間鼎である。佐久間は、アリストテレスの巨大な影響に逸早く注目し、判断文（命題文）の分析を通して、文法論と言語論理学（形而上学の背景にあるものとしての）の関係を吟味する方向に向かった。ところで、ヨーロッパ諸語

(形而上学の言語)の文法と日本語文法との対比を、三上章は、佐久間鼎以上にストレートに展開している。三上と山田の対比に的を絞ることにしたのはそれゆえである。

三上章の山田批判

三上の山田批判はまっしぐらに問題の核心に迫っている。第一に、三上は、日本語の「陳述」の規定を、「動詞」レベルのものとしてとらえた。それに対して、山田は、実は日本語には存在しないはずのものである「述格」という山田独自の概念に依拠して「陳述」の定義を与えたのである。三上が、日本語の陳述を動詞レベルのものとみなしたのに対して、一方の山田は、格表現レベルのものとみなしたのである。ここにすでに巨大な視点のズレがある。

第二に、三上は、日本語の「陳述」の問題が、「ハとガの使分け」(11)と不可分であるという視点を打ち出した。ところで、この使い分けに関して、山田を先駆者の一人として位置づけることが一般的なコンセンサスになっている。だが、佐久間が夙に指摘したように(12)、山田の「は」の定義は極めて脆弱なものだったのである。「ハとガの使分け」という観点からいっても、山田と三上の見方は相当にかけ離れている。主要な点を挙げてみよう。

三上は、これをテーマにする際に、「ハとガ」を二つのカテゴリーの比較というレベルで論じている。カテゴリーとしては、「は」を日本語構文の「提題文」という視点から問題にし、「が」を、前章で語ったように、「提題文(主文)」に対する「格助詞文」という視点から問題にしている。つまり、三上が「ハとガの使分け」といっている時には、あくまでも、日本語構文の顕著な特質である「題述文」と「格助詞文」との分節のされ方、連携のされ方を問題にしているのである。言い換えれば、日本語構文の特質をなすものとしての、「題述文」と「格助詞文」とが協働する形で結びついているメカニズム、それについて語っているのである。ところが、山田にはこの視点がまったく存在しない。そのことを端的に語っているのが山田の「位格」論(13)なのである。山田が「位格」概念を打ち出した理由は、忖度はできるのだが、とりあえず謎に満ちたものである。ところで、ここで松下大三郎と時枝誠記の二人のケースを加えると、ますます謎めいたものに思えてくる。ただし、この点は、事実は事実として受け止めるという現実主義に徹して、むしろ、これら三者(山田孝雄、時枝誠記、松下大三郎)における《西洋形而上学に対するコンプレクス》という一点から語りうるだろうと個人的には考えている。

どういう事情があったにしろ、山田の「位格」の定義には、理論を超えたアプリオリが作用している。要するに、山田は、「位格」という概念に依拠すべき理由を一切述べることなく、日本語構文が、「位格」という概念を使って語りうるという独断の下に自らの理論を展開しているのである(14)。その結果、何のことはない、日本語構文は、「位格」概念によって規定されるべきものと断定されているのである。

ところで、「位格」という語そのものが示しているように、「位格」とは、格表現次元のものとされていることはもちろんである。しかし、ここで早速一つの疑問が湧き上がる。日本語構文は、いかなる理由から、ヨーロッパ諸語の構文のように、格表現の次元のものであると見なされねばならないのか？言い換えれば、日本語の構文を、9章で見たように、なぜヨーロッパ諸語に対する巨大な非対称をなすものと見なしてはいけないのか？　端的に、なぜ日本語構文の主軸をなすものを、あくまでも題述文であると見なしてはいけないのか？

私の信ずるところでは、三上章は、まさに、山田の「位格」概念に依拠した日本語構文論の前提そのものに批判を向けているのである。三上は、「ハとガの使分け」という一節を含む、事実上のデビュー作である一九四二年の「語法研究への一提試」の時期に、すでに、山田孝雄の「位格」概念に依拠した陳述論に真っ向から対決する視点を打ち出していたのである。言い換えれば、三上は、山田がもっぱら格表現レベルにおいて「陳述」を定義しようとしたことにストレートな批判の目を向けていたのである。それでは、次に、両者の「陳述」論を、具体的な観点から、対照的なものとして、とらえる視点を提示してみよう。

三上による具体的な山田批判

日本語構文論の停滞の原因を、三上は、「ハとガの使分け」を理解できなかったからだとする。三上は、この使い分けを理解するために、師の佐久間鼎の構文論に依拠した。「物語り文」と「品定め文」との弁別に、である。ところで、この弁別は、「動詞文」と「非動詞文」、とりわけ、「動詞文」と「形容詞文」との弁別に対応する。

山田孝雄、時枝誠記、それと佐久間鼎、三上章が分かれるのも、実は、この弁別をめぐる一点においてであるのだが、ここで、佐久間による「物語り文」(「動詞文」)と「品定め文」(「形容詞文」と「形容動詞文」)のポイントをあらかじめ押さえておこう。三上は、佐久間にならって、「品定め文」の典型例として「象は、鼻が長い」という形容詞文をとり上げた。「象は、ゆったりと歩く。」という物語り文と「象は、鼻が長い。」の品定め文との違いは、前者の構文が、「Xハ、歩く。」という動詞文であり、後者の構文が、「Xハ、鼻が長い。」という形容詞文であるということにある。

ここで、第一に留意すべき点は、「物語り文」も「品定め文」も、共に、「Xは、云々」という提題文であるということである。つまり、「品定め文」もまた、「動詞文」同様に、「Xハ、云々」という「ハ」を持つ提題文である、ということである。

ところで、ここで思い至るのは、「動詞文」も「品定め文」も、共に、格助詞文(格表現文)ではなく、あくまでも提題文だということである。したがって、ここで、「提題文」と「格助詞文」との弁別という一点を加えた構文上の分類が要求されることになる。ところで、ここまで語ってきて、突如、以下の疑問に逢着することになる。それは、山田孝雄、時枝誠記、松下大三郎が、三者三様、日本語の基本構文を格表現文とみなすことによって日本語の構文論を語ったのはなぜか？　この点に関して、時枝が山田文法をほぼそっくりそのまま継承したことについては、引っかかるものは別にない。ただし、松下大三郎が、おそらく、山田の影響を受けることなく、自らの見解として、格論を展開したのは私には謎である。

上記の三者に対して、佐久間鼎と三上章は、「物語り文」と「品定め文」の総体を、非格助詞文、すなわち、提題文と見なしているのである。このように、山田と三上の比較という観点からいって、三上は、山田との違いを、「ハとガの使分け」という一点から押さえているということがいえる。なぜなら、提題文は「Xは、……」(ないしは、「Xも、……」、ないしは「(徒の提題)……」)という構文だが、格助詞文は、「Xが……」ないし「Xに……」「Xの……」「Xを……」「Xで……」という格助詞構文だからである。しかし、ここで以下の説明が絶対に必要であろう。佐久間と三上に対して山田が独自なのは、山田が、「位格」論において、日本語構文の全域が、あたかも「格表現」次元のものであるかのような議論を展開していることである。これを三上章の視点から語ったら、山田が、日本語構文というものの提題文としての次元を消した議論をしているということになる。ここから三上の視点を一歩前進させると、山田は、前回述べた「題述文と格助詞文との間の協働」というものが日本語には欠けているという視点に立っているといわざるをえないことになる。それを別の言い方で表現すれば、山田は、実は、題述文の次元を消して、日本語構文を、もっぱら格助詞文というカテゴリーから語りうるものと見なしているということになる。ここで、「ハとガの使分け」という言い方で三上が何をいわんとしているのかを考えてみよう。

前章で語ったように、三上は、山田に返答する形で、日本語構文のヨーロッパ諸語の構文に対する根本的な差異(非対称)として、日本語構文には、「題述表現と格表現の協働」というものがあると見なした。その理由は、格表現というものが、題述表現に対して、《提題の「は」によって格表現が兼務される》ものとしてあるからである。「象は鼻が長い」という提題文でもあり、かつ、形容詞文でもある文は、「象の鼻が長いコト」という風に、「象は」が、「象の鼻が長いコト」に対して、「象の鼻」を兼務する形になっているということなのである。一方では、提題の「象は」が「象の鼻が長い」という形容詞句の言い切り（結び）まで係る、つまり陳述としての役割を引き受けており、他方では、「象の鼻が長い」という形容詞文（格表現文）との協働を果たしているということである。このように、山田は、三上のいう「提題の「は」による格助詞の兼務」の次元に盲目であるといういい方が可能であると私は考える。

おそらく、山田は、日本語構文の題述文の次元に注目することなく、日本語構文を、ヨーロッパ諸語の構文と同じく、格表現が全域をカバーするメカニズムの支配するものとみなしたのである。

何度でも繰り返しいいたいが、私の意見では、題述表現と格表現の協働、これがヨーロッパ諸語に対する日本語の最大の非対称をなすものである。にもかかわらず、山田は、ヨーロッパ諸語の特質である格表現一本立て、「題述関係」を欠くという意味では、協働の不在、その一点を起点に日本語文法を構想したということである。つまり、ヨーロッパ諸語の特質に従って日本語文法を構想したということである。

しかも、非常に不幸なことに、時枝誠記が、山田の構文論をほぼそっくりそのまま継承した⑮。しかし、三上が力説したように、日本語の格表現システムはヨーロッパ諸語のそれに比べて巨大な非対称を抱えている。そもそも主語なるものがない日本語には述語格（述格）なるものもまた存在しないのである。にもかかわらず、山田（と時枝）はまっしぐらに《主語格・述（語）格》構造として日本語の基礎構文をとらえた。不幸にして、私の知る限りでは、佐久間と三上以外にこの錯誤（踏み外し）に抗議した者がいなかった。これが、日本口語文法の歴史における巨大な不幸であった。山田の踏み外し、それに追随した時枝の不明、この二つが、おそらく、その後の日本口語文法、日本語構文論の停滞(百年の不作)を決定づけたのである。しかも、松下大三郎もまた、日本口語文法論の中核の位置に日本語の格表現システムを、山田、時枝に似た仕方で、位置づけた[16]。これら三者は、共に、ヨーロッパ諸語の文法論の乗り越えを図ったのであるが、ヨーロッパ諸語と日本語との間の決定的な非対称には盲目であった。この盲目は、謎に満ちたものなのだが、ここで、精神分析的視点に依拠することで、その謎解きが可能になるように思われる。いかなる理由からか、日本語文法論構築のパイオニアであった上記の三者は、ヨーロッパ諸語における「主語・述語」構造、あるいは格表現レベルの「主語格・述(語)格」関係をモデルに日本語文法を考えてしまうという錯誤に陥ったのである。私は、ここに、松下大三郎、山田孝雄、時枝誠記における西洋形而上学(の言語)に対するコンプレクスを読み取らざるをえない。

その背景には、古代ギリシア以来の言語論理学の影響があった。この点では、やはり、佐久間が正しく注目したように、アリストテレスの命題論が与えた文法論へのバイアスは巨大であった。しかも、奇妙なことに、西洋においてそうであった以上に、日本においてそうであったのである。松下大三郎のケースは私にはいまだに謎なのだが[17]、山田孝雄のケースは構図的に非常に明快である。なぜなら、山田は、まっしぐらに、アリストテレスの判断文、言語論理学の命題文をモデルにして日本語の陳述を考えたからである。山田は、日本語の陳述を定義するのに、アリストテレスとカントに依拠した。山田の陳述論は、カントの「統覚」[18]という概念を援用して、アリストテレスの「主辞・コプラ・賓辞」

構造を、そっくりそのまま、日本語の構文論に移し替えたものに過ぎない。信じ難いことであるが、このように解釈する以外の可能性はないのである。

芳賀綏が的確に指摘したように、山田は、日本語の陳述表現を、日本語には存在しない(アリストテレスの)ギリシア語における「コプラ」と重ねたのである。山田の論述は、かなり混みいっているが、根本的なレベルにおいては極めて単純でもある。山田において混みいっているのは、「主辞・賓辞」を繋ぐコプラ(繋辞)の定義の仕方だけである。一言でいえば、自説を説得させる屁理屈を弄しているだけである。なぜなら、日本語には、ギリシア語におけるコプラは存在しないのだから、山田の強弁は、もともと、成立しようがないものなのである。にもかかわらず、あたかも日本語にもコプラがあるかのように強弁しているのが山田なのである。

山田は、「述格」という概念を用いて、「主辞・賓辞」の間の合致を問題にする際に、説明判断文における主辞と賓辞の合致というアリストテレスの言語論理学(命題論)のメカニズムについて語っているのであるが、「主辞と賓辞」を繋ぐ次元のもの、つまり、アリストテレスのコプラの次元を殊更に取り上げて、「主辞と賓辞」の間における合致ないし不合致という一点を取り上げ、それを「述格」の抱える次元であると強弁しているのである。その際、山田の言説を一貫して背後からを支えているものがある。それが、山田のいう「あり」という存在詞の変異体である「なり」という存在詞なのである。コプラのない日本語をコプラを通して語ることを山田に許しているもの、それが、実は、「説明存在詞」としての「なり」(山田によれば、その現代的表現が「である」)なのである。

山田の陳述論は、山田が存在詞と呼ぶ日本語の「あり、なり、たり、だ、です」(19)の陳述論とリンクされている。要するに、山田は、徹底的に、アリストテレスの命題論をモデルにして日本語の判断文における「説明存在詞」なるものをでっち上げたのである。文法論としては、山田は、西洋の言語学者が正しく注目していたことを完全にねぐっている。西洋の同時代の言語学者の仕事に注目していた佐久間鼎が正当にも指摘したこと、〝ことばは論理学をきずつけるし、論理学は文法をへし曲げる〟(20)という性格を完全にねぐって議論しているのである。

ここで、ニーチェと柄谷行人の立ち位置を参照してみよう。印欧語(例えばギリシア語)とウラル＝アルタイ言語の日本語との根本的な非対称を問うて、ニーチェがウラル＝アルタイ系の言語の特質として、「主語のはなはだしく発展していない言語」という一点に注目したのを受けて、柄谷は、ニーチェを一歩前進させて、ウラル＝アルタイ系の言語である日本語には「文法的なsubjectが欠けているのではなく、そのような主語―述語の分割(判断)を可能にする'be'が欠けているのである」(21)という驚異的に鋭い見解を提示した。ところが、山田は、よりによって、この非対称を逆転させる形で、日本の陳述表現が、印欧語のコプラ動詞とまったく同じ構造になっていると主張しているのである。私には、これ以上の暴言を想像することができない。山田さん、一体どうしてしまったのか？　と絶句せざるをえない。だが、それだけならまだ救いようがあったのだ。一方で、松下大三郎が、日本語を格表現システムとして語ったのであり、他方では、時枝誠記が、日本語の文の成分論を格表現システムとして捉えるという山田のやり方に従属したのである(22)。結局、日本文法論のパイオニアの三名が、共に、ヨーロッパ諸語と日本語の間の根本的非対称を押さえることに失敗しているのである。幸にして、佐久間鼎と三上章の抵抗があった。この二人は(特に三上は)、日本語の格表現システムが、後で語るように、ヨーロッパ諸語のそれに比べて、巨大な非対称を抱えていることに気づいていたのである。

佐久間鼎の山田批判

佐久間はいう。「日本語では、存在をいいあらわす用言〝ある〟に対して、措定をいいあらわすものは、別の形を示すものになっている。特にこの役割をする語詞は、〝だ〟または〝です〟だが、現行の口語文あるいは演説口調の言葉づかいでは、しばしば〝である〟の形、〝であります〟の形が用いられる。〝だ〟が語源的には〝である〟に帰し、これに還元されるという関係は認められるが、それを、〝で〟と〝ある〟とに分解して前述の存在の〝ある〟の一用法と考えるのは、適切ではない。特にいわゆる説明的判断においてコープラがその本来の意義を発揮するといわれるが、〝だ〟〝です〟がまさしくその場合のコープラの役割を演じるのだ。そこにこの表現の特異性を看取しなくてはならないから、たとい〝である〟の形に還元しても、それを〝で〟と〝ある〟とに分解して別個に取り扱うべきではない」(23)。

ここで述べられている山田批判は貴重である。しかし、佐久間のこの批判を無視するようにして、山田は、あくまでもアリストテレスのコプラ論に忠実に、奇怪な言説に終始している。まず、山田は、アリストテレス同様に、「コプラ動詞」の二面に注目している。一つは「存在」表現の面であり、もう一つは、いわゆる「コプラ」表現の面である。山田が挙げている例文では、前者が「ここに梅の樹がある」

という いわゆる存在文に当たる表現であり、後者が「これは梅の樹である」という「陳述の力のみをあらはす」(24)表現である。ここでは、驚くべきことに、アリストテレスのコプラ動詞の二面についての説明が展開されているのである。しかも、山田は、ここで、とんでもない暴走をする。そして、いう。言文一致の時期に現れた「である」という語詞の起源として、《必ず「で」といふ助詞を伴ひてあらはるべきものなりとす》(25)と。山田は、日本語の語詞の「なり」に依拠した言説を展開しているばかりではなく、「なり」という通時的語詞を、現代日本語の(ただし、柳父章によれば、言文一致期に日本語の中に登場した翻訳語としての語詞であるところの)「である」と等価であると強弁しているのである。山田による、「である」イコール「ある」と格助詞の「で」との結合という仮説は、仮説というレベルを超えた珍品である。

佐久間は、この山田の暴走に対して、驚愕を隠す形で、単にこう述べている。「日本文法学の立場から山田孝雄氏は、〝存在詞〟の一類を立てて、その二種のうちの一方は存在を示すもの(〝あり〟)とし、他の一方は、ただ陳述の義をのみあらわすもの(〝なり〟)とした。この二種の別は口語では著しいが、それから推究して文語でも区別のあることが明らかにわかると説いた」(26)。

しかし、佐久間になり代わって、山田の暴言を冷静に分析しておきたい。山田のこの二文における「樹がある」と「樹である」は、構文的に見て明らかに非対称的である。前者の存在表現は、格助詞の「が」を伴う文型(現象文の文型)であり、後者の(山田によれば「陳述の力のみをあらはす」ところの)コプラ表現は、題述文の一部をなす表現であり、前者とは次元が違う表現である。したがって、私にいわせれば、この二文は、同じ「ある」から分化した二形であるとは見なし難い。私は、佐久間以上に厳しい批判的な視点に立って、山田が、「〝存在詞〟の一類を立てて、その二種の内の一方は存在を示すもの（〝あり〟）とし、他の一方は、ただ陳述の義のみを表すもの（〝なり〟）とした」ことは、純然たるスキャンダルであるとみなす。私の見方は単純である。山田の詐術にも関わらず、アリストテレスのやり方で、"be"動詞（ギリシア語の「エイナイ」）を持つギリシア語（ヨーロッパ諸語）において存在する"be"動詞の二面、「存在」を表すものとしての一面と、「コプラ」を表すものとしてのもう一面、その二面を、"be"動詞を持たない日本語に当てはめることはできない。ところが、山田は、アリストテレスの論法をそっくり反復するやり方で、見事にそれをやってのけている。

アリストテレスの「エイナイ」の二面、存在とコプラ、それをフランス語で表現したら、"je suis"の二面、「私はパリにイル（Je suis à Paris.）」と「私は日本人デアル（Je suis un Japonais.）」ということになる。山田の例文では、「花あり。」と「これは花なり。」[27]である。「コプラ」に当たる「なり」あるいは「である」を、山田は、「なり」という語詞を使って難なく処理している。後者の「である」の場合も、「である」を「なり」と同種と見なすべく、奇怪極まる語源学的手法を使って、格助詞の「で」と「ある」の結合形であると主張している。

しかし、山田の極め付けは、何といっても、「述格」における「なり」にある。有名な山田自身の説明文を引用する。

《月　明かなり。

花　紅なり。

などいう場合にはその「明か」「紅」といふが賓位観念をあらはし、「なり」がcopulaとしてあらはれたるを見るべし。かくて主位たる「月」「花」に対する賓位観念は「明か」「紅」にしてしかもそれらは用言にあらず。又陳述の力をも有せざること明かなり。即ちこゝに陳述の力寓せられてあるものは「なり」という説明存在詞なり。こゝに於いてその真の述格はこの「なり」に存して、「明か」「紅」にあらぬこと明かなり。而して「なり」は「月」「花」のみに対して存する語なりやとうふに然らずして、「月」と「明か」との関係「花」と「紅」との関係を対象としてそれに対して用ゐられたるものなること明かなり。この故に述格の真の精神は単に主格に対応して存する如き狭き意義のものにあらざることを知らざるべからず》(28)。

山田が、「月　明かなり。」の「なり」、「花　紅なり。」の「なり」を「陳述」あるいは「コプラ」と見なしていることは明らかである。つまり、主辞(「月」、「花」)と賓辞(「明か」、「紅」)を繋ぐものを、山田は、陳述あるいはコプラと呼んでいるのである。そして、これは、アリストテレスの判断文(命題文)をそっくりそのまま日本語に当てはめたものなのである。そして、これが山田における「陳述」(コプラ)の正体なのであり、それ以上でも以下でもない。

私は、まさに、開いた口が塞がらない。コプラ動詞を持たない日本語に「コプラ」を認め、その「コプラ」に日本語の「陳述」の機能を与えるという挙措がそこにはあるからである。まさに、信じがたいことが、堂々と、山田によって定義づけられてしまったのである。山田のいう述格の正体はそれ以外のものではない。

それにしても、この暴挙は、山田において、いかにして可能であったのか？　最後にこの点に答えておかねばならない。

実は、先の例で山田がいっていること、つまり、「即ちこゝに陳述の力の寓せられてあるものは「なり」という説明存在詞なり」が答えを与えている。山田にとっては、説明存在詞としての「なり」が、アリストテレスにおけるコプラ動詞に当たるものなのである。実をいえば、山田においては、「なり」は助動詞でさえないのである。「なり」は、あくまでも、アリストテレスのいうコプラ動詞、ないしは、「説明存在詞」なのである。ここで私の読みを提示しておきたいが、山田は、実際には、「あり」と「なり」をあくまでも「動詞」とみなしたのである。言い換えれば、日本語の「述格」の正体である、「主辞」と「賓辞」という判断文の二項を繋ぐ「動詞」とみなしたのである。ということは、山田の述格論あるいは陳述論は、日本語にも、ギリシア語同様に、判断形式における動詞、つまりコプラ動詞というものが存在するということが肯定されているということである。

このことを別の視点から言い直したらどうなるか？　これが問題である。山田は、「なり」をアリストテレスの判断文における「コプラ」と見なすわけだが、ここで単純に山田に質問してみたい。「山田さん、なぜ、《花は紅なり》という形容詞文の陳述形を、《紅なり》、あるいは《赤い》、あるいは《紅だ》、あるいは《紅である》であると見なしてはならないのか？」。山田には、絶対に、返答できないと私は断言できる。《花は紅なり》における陳述は、「紅なり」であって、「なり」ではありえない。要するに山田の犯した誤り(詭弁)は、形容詞の言い切り形(陳述形)である「赤い(紅なり)」を、あくまでも賓格(賓辞レヴェルのもの)であり、述格(陳述)ではないと強弁していることである。「月 明かなり。」という例文は、もっとはっきりしている。「月は明るい。」という文である。疑いようもなく形容詞文である。そして、形容詞の言い切り形(陳述形、終止形による結び形)は、「明るい」であって、「明かなり」の「なり」ではない。これで十分であろう。山田の陳述概念の定義は、単に根本から狂っているのである。

アリストテレスの判断論、言語論理学の構文論に徹底的に食い下がった佐久間鼎は、アリストテレスの言語と日本語の非対称を考え抜いた。その佐久間の基本的な見解は、「ことばは論理学をきずつけるし、論理学は文法をへし曲げる」であった。当然、佐久間は、山田の陳述論、あるいは説明存在詞の理論に激しく抵抗した。にもかかわらず、佐久間は、山田の陳述論を論駁できたとはいい難い。私の見るところ、山田の荒唐無稽な陳述論に真の反論を提示したのは三上章以外にはいない。

以下、三上による山田批判を検討するが、その前に、もっと基本的なレベルでの山田への疑問を提示しておこう。

まずは、佐久間の指摘しているように、「樹である」の「である」を、山田が、格助詞の「で」と存在詞の「ある」に分解可能であると考えていることには断固として反対しなければならない。

次に、「存在を示すもの」である〃あり〃と「ただ陳述の義をあらはすもの」である〃なり〃を、存在詞という一類に包括してしまうことに断固として反対しなければならない。そもそも、日本語におけるコプラに対当する語詞は、「なり」であって「あり」ではない。「あり」をもコプラに対当する語であると見なすことにした山田が、「なり」の語源的源泉として「あり」を想定しうるという推論を捏造しているに過ぎない(ただし、この推論に身を任せたのは山田ばかりではない。時枝を筆頭に、他にも無数の言語学者がいる)。

ここで、私は以下のことを力説しておきたい。「樹がある。」は格助詞文であり、「樹である。」は提題文であり、これら二文は、全くカテゴリーを異にするものであるということを。私は、「樹がある。」を現象文と見なす。そして、現象文は必ず格助詞文なのである。これが実は私の持論なのだが、提題文は、「甲/非甲」という二項対比の「対比」文であり、一方の格助詞文は、必ず、非提題文となる。どういうことか? 格助詞文の特質は、「三つ以上のものの中の一つ」という「排他・選別」にあるということである[29]。この一点を敷衍させて語ると、次の言い方が可能になる。すなわち、ヨーロッパ諸語の格表現システムにおいては、日本語のシステムの観点に立っていったとすれば、日本語の格助詞の「排他・選別」のメカニズムに従属するということである。それに対して、題述文と格助詞文との協働システムにおいて機能する日本語構文は、基本的に、題述文のメカニズムの中にあるということである。

トピック(1)

以下、山田の文法論に対するものとしての三上章の文法論のトピックに目を転じてみよう。まずは、三上章の「能動詞」と「所動詞」の弁別に注目してみよう。

「所動詞専門は、「アル」「要ル」「見エル」「聞コエル」など割合に少数かもしれない」[30]と三上はいっている。一見しただけでも、ハッとさせるものがここにはある。実は、三上は、「アル」を品詞としては形容詞とみなすという地点に著しく接近しているからである。三上のいう所動詞は、動詞らしからぬ動詞、いわば、形容詞としての語詞を意味するといえなくない。「アル」は慣用に従って動詞であると受け止められているに過ぎない。山田は、「ある」を動詞から外して「存在詞」と見なした。三上は、「ある」を能動詞から外して、「所動詞」と見なした。私は、両者の見方を一歩前進させて、「ある」を「形容詞」と見なす立場に立ちたい。私は、三上の挙げている「アル」「要ル」「見エル」「聞コエル」を形容詞と見なす立場をとることに何の抵抗も覚えない。伝統的に、「ある」が動詞と見なされてきた歴史があったということはもちろん知っている。しかし、鈴木朖のように、「ある」を「形状の詞」と見なした人物がいたことも事実なのである。私は、三上が、究極的には(多くの逡巡はあったが)「ある」を形容詞(少なくとも「所動詞」の典型例)と見なしたと確信している。次のようにいう時の三上は、私の立場に驚くほど接近しているのである。「名詞文、動詞文以外に、その中間に存在文を設けるのは、次の理由による。〝アル〟は全く動きのない消極的な動詞である。もっと消極的になってコプラになってしまう場合もある。日本語の古活用はラ変〝アリ〟で特異である。山田孝雄はこれを動詞とは別な存在詞としたくらいである。」(31)

トピック(2)

三上の出発点は、英語の I am that king.（その王様というのは ― おれなんだ。）

という表現との出会いであった。直訳すると、「私が、その王様なんだ」となる文との出会いであった。この時三上は独語した。これは一種の倒置構文であると。三上はいっている。「この〝私が〟は主語ではない。補語だ！と私は心中に叫んだ。およそ四十年前、三〇年ごろのことである」[32]。三上は、ここで、「その王が俺なのだ」という倒置構文が格助詞の「が」を持つ文であるということに、つまり、題述文ではないことに気づいたのであった。この時、三上は、提題表現と格表現の関係を本格的に考えるきっかけをつかんだのであった。なるほど、三上の着眼は、「は」と「が」の弁別を起点にしたものではあった。だが、三上が優れていたのは、この弁別が、二つのカテゴリーの弁別という次元を抱えていることに思い至ったことだった。ここに三上の明敏があった。しかも、この点を理解した者は三上ただ一人だった。佐久間はかなり善戦したのだが、「役割分担」のメカニズム、「は」による「格助詞」の兼務のメカニズムをとらえるまでには至らなかった。提題表現論（「は」という提題の助詞についての理論）についての省察に終始したといっていい。

三上は、格助詞文が、題述文に対して、一種の倒置構文であることに気づいたのである。ただし、その時、三上は、倒置構文には二つのパターンがあるということにも気づいたのである。一つは、格助詞文一般であり、もう一つが、「その王が俺なのだ」という形の倒置構文である。それを、三上は、格助詞文一般の倒置構文に対して、つまり三上が「identification」[33]と名づける倒置構文に対して、いつでも題述文に変換可能なものとしての倒置構文であると見なしたのである。三上はそれを「包摂判断の方はそれきりだが、identification の方は翻して　幹事ハ私デス　とすることができる」[34]といっている。

この第二のタイプの倒置構文の格助詞文が、格助詞文一般の構文と弁別されるべきであることに気づいたのである。そして、この第二のタイプの倒置構文を「陰題」の文であると定義し、格助詞文一般の倒置構文を「無題」の文であると定義したのである。この陰題の文と格助詞文一般の構文の弁別の発見こそが三上文法樹立の基底部をなすことになったのである(ただし、三上は、格助詞文一般が倒置構文をなす、ということには思い至らなかった)。三上の文法論である顕題文、陰題文、無題文という三元の文法論がこうして成立することになったのである。

トピック(3)

三上にとって、山田の「位格」論を反駁する上で決定的に重要だったもの、それは、ヨーロッパ諸語における「格システム」と日本語のそれとは、ほんの一部分重なるだけで、それ以外の次元においては、まったく無縁である、ということに気づいたことであった。このことを理解させるために、私は、三上章の「格論」を利用することにする。三上は、主に、イェスペルセンによるヨーロッパ諸語(特に英語)における「格論」を参照することによって、日本語独自の格論の素描を与えている。それについては『非対称の文法』ですでに語ったことがある[35]。そちらを参照していただけるとありがたい。とりあえず要点だけいっておけば、イェスペルセンの三つのランクの格論[36]との対比でいえば、「第一ランク」(「名格」「目的格」「述語格」)に関しては、せいぜい「目的格」が三上の格論と接点がある程度である。「第二ランク」(「属格」)は三上の「の」にあたる。「第三ランク」(「状況格」または「副詞格」)は、三上の格論とかなり重なる。しかし、たった九個の格助詞で組み立てられている三上の格論は、イェスペルセンによるギリの図式化による格論に比べてさえ、はるかに限定されたもの(狭いもの)である。特に、イェスペルセンのいう「第一ランク」(一次語となる格)は、三上の格論とほぼ無関係である。ここで強調しておきたいが、三上は、「第一ランク」の主語格と述語格を完全に無視している。同じ立場から、三上は、初めから山田の格論を相手にしていないのである。私にいわせれば、ここに三上の天才的な対応があったのである。相手にできないものを相手にしないという徹底性がそこにあった。三上によれば、山田の「位格」概念なるものは、そもそも、日本語構文論には無縁なものだったのである。しかも、山田が「位格」として数えた七つ(37)(呼格、述格、主格、賓格、補格、連体格、修飾格)の中で、とりわけ「述格」を、最初から、三上は完全に無視したのである。三上が格論として許容したものはごく限られている。

「述格」を日本語にも適用できるとする見方がなされたのは、文法論ではなく、言語論理学のシェーマをモデルにした擬似論理学的言説を山田が駆使したからである。実をいえば、言語論理学においては、陳述なる概念は存在しないのである。なぜなら、第一に、陳述は、あくまでも、文法論の用語であり、言語論理学の用語ではないからである。第二に、陳述は、動詞(あるいは日本語の形容詞)の言い切り形、終止形(結び形)の次元のものだからである。三上は、徹頭徹尾、こういう視点に立っていた。山田の「述格」を無視したのはそれゆえであった。

トピック(4)：山田の「述格」を相手にしなかった三上

三上が山田の「述格」を相手にしなかったのは、山田の格論が、完全に的を外していたからである。第一に、三上は、「格」を名詞の範疇のものであるとみなした。三上の「格」の定義は、『非対称の文法』の中で既に述べたように(38)、断固としたものである。第二に、イェスペルセンの図式における「述語格」に当たるものを山田は「述格」と名づけたのだが、これはヨーロッパ諸語の構文については意味をなすが、日本語の構文については全く意味をなさない。この点を正確に語ろうとしたらそれなりの手順を踏まないといけないのだが、ここでは問題を簡略化して語る。「述格」という概念は、「主語格」としての限りにおける「主格」を想定しない限り意味をなさない概念である。むろん「述格」(述語格)は、主語制の言語であるヨーロッパ諸語においては意味を持つ。なぜなら、「述格」(「述語格」)は、「主格(主語格)」と一対をなす概念だからである。ところが、述語一本立ての述語制言語である日本語においては、「主語(主語としての主格)」なるものがない。したがって、日本語の構文においては、「述格(述語格)」なるものは、もともと、存在しないのである。この点は、時枝誠記による山田継承の格論にもそっくり当てはまる。要するに、山田と時枝の格論は、日本語には存在しない「格のメカニズム」について延々と語った無駄話だったのである。単なる無駄話でないかのような印象を与えるのは、山田の述格論が、アリストテレスの判断論(命題論)の構造と重ねられていたからに過ぎない。アリストテレスから、一方では、主辞と賓辞というカップル構造を拝借し、他方では、主辞と賓辞の間にある「合致ないし不合致」という関係項間の関係を問うコプラ(繋辞)の構造を抱えたものとして「述格」を定義しているのである。しかも、山田は、この「合致あるいは不合致」の次元を「述格」の本領とみなしているのである。しかも、それを山田は「コプラ」と呼ぶのであり、主辞の対応物としての賓辞には備わっていないものとみなすのである。

しかし、少し考えただけで山田の議論に問題があることに簡単に気づく。AとBの間の合致というのは論理学（あるいは数学）の範疇の概念であり、それとのアナロジーを文法論に押し付けるのはまずい。無論、アリストテレスの言語論理学においては、主辞と賓辞との間の合致あるいは不合致を語りうる。しかし、このメカニズムを日本語文法の陳述論に適用できると夢想するのはあまりにも荒唐無稽である。しかも、上ですでに語ったように、山田は、主辞と賓辞の合致、不合致とのアナロジーを日本語の陳述構造に当てはめようとして訳のわからない言説を捏造しているのである。仮にアナロジーが認められるにしても、それには一つの絶対的条件を必要とする。それは、合致、不合致のメカニズムがありうるためには、主辞と賓辞とを繋ぐものが絶対に必要である。そして、それこそが、アリストテレスのコプラ（繋辞）なのだが、山田がうっかり見逃したのは、アリストテレスのコプラが、「エイナイ」（“be”動詞）だという点である。山田はこの点に目をつぶることができた。コプラの場所に、動詞であるとはいえない「なり」を置くことで、アリストテレスと同じことをいっていると自分に言い聞かせることができたのである。ただし、このことで山田は墓穴を掘ることになったのである。

繰り返しいうが、山田は、日本語の陳述を語る際に、アリストテレスの判断論をモデルにした。ここには、巨大な踏み外しがある。なぜなら、山田は、文法の世界と論理学の世界とを混同しているからである。ところが、このことを反駁しようとしてもあまりうまくいかないと思われる。なぜなら、山田は、どうしてもアリストテレスの判断論をモデルにしたかったのだから。いくら、原則論を振りかざしてみても、あるいは、論理学と文法は別物であるといってみたとしても、山田は聞く耳を持たなかったに違いない。

そこで、山田を精神分析することが必要になる。山田は、日本語の形容詞とヨーロッパ諸語の形容詞の非対称を目玉商品として使いたかったのである。山田の議論の構築は、日本語の形容詞とヨーロッパ諸語の形容詞の間の非対称を賭金としている。動詞と形容詞を合わせて、日本語の「用言」という概念を駆使して論を立てている。それを武器にして、ヨーロッパ諸語に対して日本語に優位を与えたかったのである。つまり、ヨーロッパ諸語においては、形容詞は、それだけでは「言い切り形」(陳述形)をなすことができない。山田がいうように[39]、どうしてもコプラ動詞としての"be"動詞を必要とする。一方の日本語においては、形容詞もまた「用言」[40]であり、コプラ動詞を援用しなくても、それだけで、言い切り形(陳述形)をなすことができる。ところが、実は、山田が墓穴を掘ることになったのは、この日本語優位論の陥穽にはまり込んだからなのである。山田の勇み足である。そして、結局山田は、日本語の「用言」を語るのに、動詞を等閑視して、形容詞に比重を置き過ぎすぎることになったのである。日本語の陳述を語るのに、形容詞文の陳述についてもっぱら言及し、動詞の陳述を等閑視してしまったのである。山田がコプラについて語るのは、形容詞文のコプラについてであり、動詞文のコプラについてではない。しかし、西田幾多郎の陳述論を語った際に指摘したように[41]、日本語構文の陳述論において最重要なのは、動詞レベルの陳述なのであり、それに比べれば、形容詞の陳述はさほどの重要性を持たないのである（「用言」としての陳述という点で動詞の陳述とのアナロジーが語うる程度である）。実は、三上も、西田に非常に近い見方をしている。三上の見方が見事に打ち出されている文章を引用する。「述語一本建というのは動詞が動詞だけでセンテンスを背負うことを指している。用言でも形容詞の方はその能力に乏しい。それが「物語り文」と「品定め文」との相違になる。」(42)

おそらくここで三上は核心を衝いている。日本語の陳述は、日本語の動詞の結びの機能を指すのであり、「動詞が動詞だけでセンテンスを背負う」働きを指すのである。これが、三上が、宣長から継承した本質的な点なのである。日本語の陳述の典型的な形は、「動詞が動詞だけでセンテンスを」結ぶ（陳述する）という形なのである。ただし、もちろんそれだけでは話は終わらない。日本語の形容詞は、「動詞が動詞だけでセンテンスを結ぶ」のと並行して、形容詞が形容詞だけでセンテンスを結ぶことも可能だからである。

ただし、動詞と形容詞の非対称で全てが語れるわけではないということがある。しかし、山田の場合には、この非対称に全賭金を積んだのである。こうして自縄自爆に陥ることになったのである。それは、形容詞文は形容詞文でしかなく、形容詞文は動詞文を代行することができないという事実を無視する結果になったのである。これは、別様にいうことができる。形容詞の陳述と動詞の陳述はそれぞれ別々の事象であって、混同はできないということである。しかし、山田は、ある意味では、宣長の抱えた問題点をそっくり抱え込んではいる。それは、終止形の係り結びにおける動詞のケースと形容詞のケースという問題である。宣長はこの点に関しては何もいっていない。わたしたちが解答を与える以外にない。その意味では、山田が宣長に返答しているという言い方は不可能ではない。しかし、用言の終止形の結びについて宣長は、『詞の玉緒』の中で、明らかに動詞の終止形の例を多く挙げている。それに対して、山田は、明らかに形容詞を圧倒的に中心に位置付けて陳述論を展開しているのである。

この点に関する私の返答を試みることにする。

山田の形容詞の陳述論は、日本語の陳述モデルの四つのうちの一つにすぎない。それを、山田は、日本語の「用言」の陳述という枠の中で語ろうとした。それには動詞の陳述と形容詞の陳述の二つが含まれる。ところが、山田は、動詞の陳述にはごく簡単に触れるのみで、ほぼ用言としての形容詞についてばかり語った。それは、山田には、動詞の陳述の次元に対する省察が極端に貧しかったということを意味する。この点に関しては、繰り返すが、西田幾多郎の動詞の陳述論と比較すれば歴然である。西田が徹底的に語ったのは、アリストテレスが名詞文あるいは形容詞文における陳述を語ることに徹した点を批判して、本来の陳述は動詞の陳述であるべきことを論証したのである。

トピック(5)

ここで、日本語の四つの陳述形について検討してみよう。類型としては以下の四つである。(1)動詞の陳述形（終止形の結び形）、(2)形容詞の陳述形（終止形の結び形）、(3)形容動詞の陳述形（「……ダ形」）、

(4)措定詞の陳述形(「……ダ形」)。
ところで、山田は、動詞の陳述形については語らない。飛ばしている。それは、形容詞の陳述を前面に打ち出すための戦略だった。

また、山田は、形容動詞を認めない。形容動詞の語尾を「複語尾」の枠に入れている。要するに、「用言」扱いから外している。従って、佐久間の形状詞という捉え方を山田はしない。四つ目の措定詞の「だ形」と同じカテゴリーに入れているといえる。そして、山田は、存在詞というカテゴリーを設定して、「だ形」の陳述を、「である」形の形式存在詞の形の一つとみなしている。

このように、山田においては、陳述形は、(1)動詞の終止形、(2)形容詞の終止形、(3)形容動詞文をも含む名詞文における「だ、である」形の陳述(形式存在詞の陳述)の三種とされる。そして、実質的には、名詞文の陳述をモデルにしつつ、頭の中では、「用言」としての形容詞の陳述をモデルにして日本語の陳述論を展開したのである。そこで欠落していたのが、動詞の陳述についての省察だったのである。ところが、三上が、西田幾多郎に接近する形で語ろうとしたのが、動詞の陳述についてだったのである。

ハイデガーと山田の陳述論

山田における最大の問題は、動詞の陳述について語ることを回避したことである。あくまでも形容詞の陳述に執着した。それは、おそらく、山田の形而上学コンプレクスのせいである。それ以外の理由は私には思い当たらない。そこには、西洋形而上学を超克せんとする山田の強迫観念がある、と私は感じる。これが日本口語文法論の定礎を築いたと多くの人間に見なされている山田の理論の根幹にあるものなのだと私には思われる。山田は、ハイデガー同様、動詞文をモデルに陳述を語る代わりに、形容詞文をモデルに陳述を語るというところに賭金を積んだのである。

ところで、このことは、アリストテレスの命題論を文法論の基礎として定位させる挙措の裏面である。この点を解読する鍵を与えるのが山田の依拠した「説明する」という表現に託されたメカニズムである。

第一に、論理学における「説明」の次元を問題にする際に、構文論(文法論)による陳述の次元を問題にすることはできない。ところが、山田は、文法の陳述を語るのに、アリストテレスの命題論のモデルを、「説明判断」の観点から、「主辞と賓辞」は「合致する」ないしは「合致しない」ことを基準にさせるという徹底的な暴挙を犯しているのである。山田はいう。「陳述をなすということは、之を思想の方面よりいへば主位の観念と賓位の観念との二者の関係を明かにすることにして、その主賓の二者が合一すべき関係にあるか、合一すべからぬ関係にあるかを決定する思想の作用を以て内面の要素として、そを言語の上に発表したるにほかならず。而してこの陳述の能力のみの言語としてあらわさるゝものを論理学にては copula といへり」[43]。これでは、日本語文法論をアリストテレスの言語論理学の命題論に完全に従属させることになってしまう。しかし、山田が大真面目にやったこと、それがまさにこれだったのである。どういうわけか、山田は、陳述を、判断論における「説明する」次元の問題として押さえる見方をしたのである。この先入観から、動詞文ではなく、形容詞文をモデルに陳述論を打ち立てようとしたのだと思われる。なるほど、動詞文に比べて、形容詞文の方がはるかに説明判断文に馴染みやすいとはいえる。賓辞が主辞に対する説明としての役割を引き受けるという意味では、賓辞が動詞であるよりも形容詞である方が都合がいいのである。主辞と賓辞の合致という点でも、形容詞文をモデルに選んだ方が好都合であったに違いない。ただし、山田のコプラ論（述格）論は、形容詞文をモデルにしているとはいえない。なぜなら、すでに述べたように、山田の述格（コプラ）は、形容詞の陳述形ではなく、あくまでも「なり」に対当するものだからである。このように、佐久間の陳述論における踏み外しは重層決定されているといえるだろう、と私は思う。

山田の述格論を論理的に跡付けることは至難である。あえて山田の中での論理を追ってみれば、おそらく、山田は、アリストテレスのコプラ論の日本版として、「なり」構文を考えたのである。そして、この構文に該当するものを日本語構文の中に求めたら、佐久間のいう提題の語詞「だ」による構文ということになるだろうと思われる。そして、山田においては、おそらく、この「だ」は、「なり」と同定されているのである。それで、この「だ=なり」を述格と呼び、それがコプラの役割を果たす関係を、アリストテレスの判断論における主辞と賓辞とを繋ぐ関係とみなすのである。しかし、これはアリストテレスのコプラの規定の言い換えにはなっても、日本語の陳述に対応するものであるとはいいがたい。おそらく、山田の頭の中では、賓辞が形容詞である構文が、モデルとして想定されていたのだろう。ところが、山田は、日本語の形容詞の言い切り形が陳述をなすということを頑なに拒否している。それで、陳述形は、あくまでも「なり」でなければならないといいはっている。

私の推測では、山田本人が、論理矛盾を犯していることを、ある意味では、知っていたのだと思う。それでも、山田は、どうしても二つの条件を満たしたかったのだと思う。一つは、アリストテレスのコプラに対当するものとして日本語の存在詞の「なり」を想定すること。もう一つは、ヨーロッパ諸語の形容詞にはない日本語の形容詞の特質、つまり、《他の助けを借りずにそれだけで陳述形を成すことができること》を顕揚したかったのだと思う。ただ、残念ながら、アリストテレスのコプラ概念をモデルにしつつ、その概念に距離を取ることができなかったのである。

実をいえば、私にとって驚きなのは、山田の踏み外しに敢えて批判の言葉を与えたのが佐久間鼎を除いてだだの一人もいなかったという事実の方である。ただ、救いになるのは、佐久間とは全く別の視点から、三上章が、山田の陳述論を完全にコケにしたことであった。三上こそは、格論の中で、山田の犯した錯誤に返答してみせたのである。結局、三上は、西田に合流するような形で、日本語の陳述の最終審級が動詞の終止形による結びの審級であることをアピールしたのである。これが、三上が行った山田（そして時枝）に対する究極的な返答であった。ここに、おそらく、三上の宣長継承の真髄があったのである。

三上が、山田に抗して論証したこと、それは、ヨーロッパ諸語の根幹をなすアリストテレス的コプラの陳述性が、日本語構文論にはまるで無縁であること、そして、日本語の陳述は、宣長のいう動詞の終止形による陳述以外ではあり得ないこと、しかも、それが、西田のいう「周辺なき円」(44)の形象にピッタリと呼応するものであることを論証したのだと思う。そして、それを別の観点からいえば、日本語の提題表現を欠くヨーロッパ諸語の宿命、それこそが、ヨーロッパ諸語がラテン語、ギリシア語の格変化システムを抱えているという点にあることの宿命である、ということを証明したのだと思う。ギリシア語、ラテン語を一種の母語とするヨーロッパ諸語、私が形而上学の言語と呼ぶ言語、それを、別様にいい直せば、主語の「Je」の選択が、必然的に「suis」という動詞の格変化を伴わずにおかない言語と呼ぶことができる。ランボウはこのようなヨーロッパ諸語のアプリオリな制約を突破したかったのである。それが、「見者の手紙」であった。ところで、私の推測では、デリダは、気にはしつつも、日本語がデリダの母語の制約（格変化）から自由であったことには沈黙を守り通したのであった。デリダの示した抵抗は、“L'animal que donc je suis”（「動物を追う、ゆえに私は（動物で）ある」[45]）という言葉遊びの形をとった。フランス語の格変化に忠実である立場をも守りつつ、その上で、一種の抵抗を試みているのである。それが脱構築という名で呼ばれているものである。下世話にいえば、デリダの脱構築は、「格変化をもつ言語の中での言葉遊び」（駄洒落）による抵抗の試みである。しかし、ここで私はいいたい。格変化に忠実である限り、その抵抗がいかなるものであるにせよ、ヨーロッパ諸語に対する日本語の抵抗は、そのレベルを超えている。それは、日本語そのものの本姓によるものだからである。日本語は、日本語としての限りにおいて、ランボウの夢見た「母語の制約から自由な」次元を、易々と体現しているのである。私は、ここで、ハイデガーの『言葉についての対話』[46]のことを考えるように誘われる。ハイデガーが九鬼周造の「いきの世界」に垣間見た、存在するという次元を超えた「存在するとは別の仕方で」の世界を考えるように誘われるのである。残念ながら、九鬼周造自身は、「粋の構造」をハイデガーの『存在と時間』の時間中心主義の影響の下で考えるという弱さを見せた。これがいわば九鬼におけるデカルト主義の尻尾である。しかし、「粋」の構造は、ハイデガーの存在論的視点から自由なものとしても語りうると私は考える。ヨーロッパ諸語の「格変化」システムに直結するヨーロッパ諸語の「人称代名詞」の世界であるデカルト的人称世界、そこから自由である日本語の人称世界、それを私は、とりあえず、ヨーロッパ諸語の「人称代名詞」の世界に対する「人称と人柄」の世界、もっと正確にいえば、「人称でもあり柄でもある世界」と呼んでおきたい。粋の構造の世界では、人称とその人称がまとう着物の「柄」(人柄)とは不可分離的である。ハイデガーは、直感的に、九鬼周造が、ヨーロッパ諸語(例えばドイツ語)の持つ「人称制約」から自由な、つまり、人称の「存在論的地平」とは別な、いわば人称の「関係論的地平」を垣間見ていたのではなかったか? デカルト主義的な人格主義に対する、パターンとしての人格による粋の文化の次元が問われる地平を垣間見ていたのではなかったか?

ハイデガーが九鬼にひかれたのは、人称変化という制約を抱えたドイツ語は、日本語に比べて、存在論的にあまりにも重く、軽みというものがない、と考えたからではなかったか? 一方の日本語は、関係論的性格により、その重さを免れていると考えたからではなかったか?

金谷武洋は、「英語には人称代名詞が必要」(47)であるのに対して、「日本語では人称代名詞は要らない」(48)という対照性を見事に語っているが、「格変化」という途轍もない制約を抱えたヨーロッパ諸語に対して、その制約からまったく自由な言語である日本語の特質が問われていくのはこれからだろうと思う。ヨーロッパ諸語（形而上学の言語）に対する「他者」としての日本語が注目されていくのはこれからだと思う。

【注】

1 山田孝雄『日本文法學概論』寶文館、1936年、678頁。
2 同上、679頁。
3 同上、678頁。
4 同上、678頁。
5 同上、679頁。
6 柄谷行人は、ヨーロッパ諸語におけるコプラの一面しか問題にしていない。コプラのもう一つの面である「存在」を表す次元におけるコプラについては述べていない。
7 柄谷行人『ヒューモアとしての唯物論』講談社学術文庫、1999年。
8 浅利誠『非対称の文法』文化科学高等研究院出版局、2017年、82頁。
9 芳賀綏「〝陳述〟とは何もの？」『日本の言語学 第三巻 文法』大修館書店、1978年、284-303頁。
10 渡辺実の「統叙と陳述」論を高く評価する芳賀綏ではあるが、渡辺が山田の「コプラ」論を批判しているわけではない（同上、290-300頁参照）。
11 三上章『現代語法の研究』くろしお出版（新装版）、2003年、398頁。
12 浅利誠『日本語と日本思想』藤原書店、2008年、97頁参照。
13 山田孝雄『日本文法學概論』前掲書、663-671頁。
14 同上、668-669頁参照。
15 そのことを端的に語っている文を引用する。「辞によって統一された詞は即ち文の成分であり、文の成分を全体的統一との関係に於いて見た場合にこれを格といふことは、従来の文の成分論で既に説かれたことである」(時枝誠記『日本文法・口語篇』岩波全書(改訂版)1983年、224頁)。

16 松下大三郎は、『増補校訂・標準日本口語法』勉誠社、1977年、「第八章 詞の格」、425頁で、詞の格の中で、「名詞の格、動詞の格が特に重要である」といっている。松下は、「詞の格」という極めて広い概念を使って日本文法を考えたのである。

17 なぜ松下が、「詞の格」ということを考えたのか? 私には謎である。しかも、松下が、精力的に「動詞の格」について語ったのは謎である。私は、三上章同様に、日本語の格は名詞次元のものであると考えるからである。

18 山田孝雄『日本文法學概論』前掲書、901頁参照。

19 「be はわが「あり」にあたり、同時に「なり」「たり」「だ」「です」に当たるものもあり。」(同上、202頁)。

20 佐久間鼎『日本語の言語理論』恒星社厚生閣、1959年、202頁。

21 柄谷行人『ヒューモアとしての唯物論』前掲書、108頁。

22 時枝誠記『日本文法・口語篇』岩波全書、1978年、224頁で、時枝はこういっている。「文の成分を全体的統一との関係に於いて見た場合にこれを格ということは、従来の文の成分論で既に説かれたことである。」と。

23 佐久間鼎『日本語の言語理論』前掲書、173頁。

24 山田孝雄『日本文法學概論』前掲書、271頁。

25 同上、271頁。

26 佐久間鼎『日本語の言語理論』前掲書、173-174頁。

27 山田孝雄『日本文法學概論』前掲書、683頁。

28 山田孝雄『日本文法學概論』前掲書、679頁。

29 浅利誠『日本語と日本思想』前掲書、27頁参照。

30 『三上章論文集』くろしお出版、1975年、29頁。

31 三上章『文法小論集』くろしお出版(新装版)2002年、46頁。

32 同上、70-71頁。

33 『三上章論文集』前掲書、76頁。

34 同上、76頁。

35 浅利誠『非対称の文法』前掲書、2008年、141頁、144頁。
36 同上、144頁参照。
37 山田孝雄『日本文法學概論』前掲書、669頁。
38 浅利誠『非対称の文法』前掲書、141-142頁。
39 山田孝雄『日本文法學概論』前掲書、678頁。
40 山田孝雄『日本文法學概論』前掲書の144頁で、山田は形容詞と動詞を合わせて“verb”と見なしている。つまり、日本語の形容詞を、ヨーロッパ諸語の形容詞に対して、ほぼ動詞とみなしうると考えている。
41 『季刊 iichiko』Summer 2022, NO. 155, p.120。本書7章187頁。
42 三上章『現代語法序説』くろしお出版（新装版）2003年、398頁。
43 山田孝雄『日本文法學概論』前掲書、677頁。
44 『西田幾多郎哲学論集 I』岩波文庫、1987年、282頁。
45 ジャック・デリダ『動物を追う、ゆえに私は（動物で）ある』（筑摩書房、2014）となっているタイトルである。ここで私は注目したいのは、デリダのこの文もまた、デカルトの文同様に、フランス語の「格変化」に忠誠を誓っているという一点である。デカルトの“suis”（“être”動詞の第一人称の格変化）が、デリダの文では、“suivre”という動詞の第一人称の格変化形に変更されている。あえていえば、ランボウの“Je est un autre”というフランス語文法の制約に対する違反もなければ、日本語における「格変化」の不在に対する連座もない。
46 マルティン・ハイデッガー『言葉についての対話』平凡社ライブラリー、2008年。
47 金谷武洋『日本語の謎を解く』ちくま新書、2003年、36頁。
48 同上、37頁。

あとがき

ヨーロッパ諸語に対する日本語の最も際立った非対称は、日本語がコプラ動詞を持たないという点にある。しかし、この非対称を厳密に論証するのは容易でない。それをなすためには、明治期の言文一致という日本語を襲った事件について語る必要があるということに気づいた。こうして、「日本語とコプラ」というテーマが、日本語の文末（語尾）表現である「なり」「である」「だ」に深く関わるものであることに思い至った。と同時に、現在、「言文一致以後の日本語とはどういう言語か？」という巨大な問いの前に立たされている自分を見出すことになった。

「解」を与えるべき問いはまだ無数にある。しかし、とりあえず、最も枢要なものとして、次の問いに注目しておこうと思う。西洋形而上学の言語の「他者」としての日本語の特質を押さえるにはどうしたらよいかという問いに、である。次の三人を通してその問いを立ててみることにする。本居宣長、出口なお、西田幾多郎の三人である。この三者を通して、「コプラなき言語」の特質を、本居宣長の「係り結び」の源泉である「歌学」に繋げて語る方向を望見しうると私は考える。それは、実は、次の根本的な推測に結びついている。そもそも、日本語は、西洋形而上学には馴染まない言語なのではないだろうか。むしろ、本居宣長の世界の一つであった「歌学」に繋がる言語なのではないだろうか。これが私の推測である。

宣長、西田、出口の三者を繋いで語ることを可能にさせてくれるものとして、三上章の「ピリオド越え」についての言説がある。私の見るところ、現代口語文法論の真の出発点をなしたもの、それこそが三上の「ピリオド越え」なのである。三上は、この概念を本居宣長から継承したに違いない。もちろん、三上が宣長から啓示を受け、一挙に「ピリオド越え」に至ったわけではないだろう。だが、三上が次のように述べた時点で、宣長から何を継承すべきであるかを押さえていたことは間違いない。《本居宣長がハ（とモ）を係り結びのトップに置いた功績も、明治以降の日本文法は継承していないのである。［中略］明治大正はよくよく不肖の子という気がしてならない》(1)。三上が、ここで、山田孝雄と時枝誠記の陳述論を間接に批判していることは間違いない。

三上章の文法論を通すことによって明らかになること、それは、膠着語としての日本語の最も根本的な特質とは、文末における「包摂」を多重に繰り返すという文構造に存する、ということである。このことを三上は、おそらく、宣長から継承したのである。宣長は、日本文法論の核心部に「係り結び」構造を位置づけた先駆者だったのだが、その後に、西田が、場所（無）による多重の包摂構造を日本語の文構造の中に読み込もうとした。宣長と西田の中間地点で、出口なおは、ほとんど身体言語とでも呼びうるエクリチュールの産出として、文末の《ぞよ》による「ピリオド越え」を文字通り体現している。私の見るところ、三上章のいうピリオド越えの可能性の条件として、日本語による自動記述の可能性の条件がある。「お筆先」の自動記述は、三上章のいう「虚勢的な係り」のリズムを体現しているものであるといえよう。そして、そのことを可能にさせた条件として、日本語が、ヨーロッパ諸語にとっての徹底的な「他者」として、「格変化」システムなるものから自由な言語であるということがある。ヨーロッパ諸語の格変化システムの呪縛があったら、出口なおのお筆先はありえない。幸いにして、「艮《うしとら》の金神《こんじん》」を三人称単数形であると見なす文法拘束を日本語は持たないのである。

「ピリオド越え」の形式は、「虚勢的な係り」（《「甲ハ（モ）」……「終止形の結び」》）の文構造が連鎖する形式だが、「係り」の側においては、《ハ（モ）》が何度もピリオドを越えて文末に係り、「結び」の側においては、虚勢的に係って結ぶ構造の連鎖であるといえる。そして、「ピリオド越え」の連鎖としての「虚勢的な係り」の根本的な特質とは、この後者の側にあるといえる。係り結びの頭（係り）の部分は、「結び」を成立させるために、必ずしも絶対不可欠というわけではない。三上章が宣長の『詞の玉緒』から引き出した最も肝心な一点とは、この点にあったはずである。「は、も、徒」の係りの「徒」の係りを重視したのが三上であった、と私は見る。

驚くべきことに、まるで三上章の歴史的な洞察を裏づけるような形で、この「虚勢的な係り」あるいは「ピリオド越え」の実例を提供しているのが、出口なおの「お筆先」なのである。次の「お筆先」の一例などは、まさに驚嘆すべきものである。三上章が感じ取っていたにちがいない、日本語の根本律動ともいうべきものが躍動しているように私には思える。《艮の金神は小さい事は嫌ひであるぞよ。大きな事を致す神であるぞよ。世の変わり目であるから、世界の守護は皆此神が致して居るぞよ。此神、病直しの神であるぞよ。［略］》（「筆先」明治三〇・七・二八）(2)。

三上がいうように、この述語一本立ては、一文のレベルを超えて、ピリオド越えを易々と実現していく。虚勢的係りのリズムとしては、《係っては結び、係っては結ぶ》を繰り返すリズム、いわば日本語の根本律動をなすものなのである。別宮貞徳がいうように(3)、日本語の詩歌における根本律動が、「押韻」レベルの律動としては発展せず、「四拍子」の「七五調」として発展した根本的な理由は、おそらく、ここにあったのである。西田幾多郎は、それを日本語の命題文における包摂の多重構造として身体レベルで感受していただろう。西田の場所論(「無の場所」による述語一本立ての包摂の多重構造についての論)は、「主語・コプラ・述語」という主・述の二本立てに対して、「述語一本立て」の言語である日本語の特質に忠実な理論である、といえる。

宣長、西田、出口の三人が、三上章の日本文法論を通して繋がるように私には思える。宣長が、係り結びの構造を通して日本の「歌学」における歌の根本律動を感じ取っていたに違いないこと、西田が、「円(場所)」が「円(場所)」に包まれる多重包摂の構造を、《で》と《は》の協働作業として語ったこと、出口なおが、文末の《ぞよ》結びの反復によって、ピリオド越えの文構造を産出していったこと。これらは、三上章の日本文法論の核心部をなす「虚勢的係り」の構造と共鳴し合っているだろう。

【注】

1 三上章『日本語の論理』(新装版)くろしお出版、2002年、163頁。
2 安丸良夫『出口なお―女性教祖と救済思想』岩波現代文庫、2013年、130頁。
3 別宮貞徳『日本語のリズム―四拍子文化論』ちくま学芸文庫、2005年、48-52頁参照。

図解による口語日本文法のエッセンス

口語日本文法の基礎構造の図解を試みる。二つの図が必要である。この図解は、日本文法の最大の特質（同時に、ヨーロッパ諸語に対する最大の非対称をなすもの）をなす《主題の助詞「は」、それと総体としての八つの格助詞とが取り結ぶ協働のメカニズム》を解き明かすものである。二段階の図示となる。第一は、「格助詞の総体」の図示、第二は、「格助詞の総体」と「は」とが取り結ぶ関係の図示である。

(一) 格助詞の総体の図示

格助詞の総体を「場所格」の観点から分類する。八つの格助詞(注)（が、の、を、に、で、へ、から、まで）を「動詞と格助詞の関係」において分類する試みである。この図示は、本書の一二八頁の表で試みた動詞の三分類に対応したものである。日本語の動詞は、(1)「に」（「に類」:「が」「に」「の」「へ」「から」「まで」）、(2)「を」、(3)「で」という助詞と共起する動詞として、三分割されるという法則を持っている。この法則に気づいた最初の人物は西田幾多郎[1]であった。

ただし、西田の提示したトポロジーには一つの欠陥がある。西田は、「場所」と「個物」の関係を「円」と「点」の二分法によって、「場所＝円」と「個物＝点」の形象（空間表象）というふうに押さえたのだが、文法論の観点からいって、「個物＝点」という規定には無理があった。個物を「主体」と見なす場合と「客体」と見なす場合に、両者の弁別が必要となる。そこで、私は、西田による格助詞のトポロジーに次の修正を加えることにした。つまり、個物が「主体」である場合は、格助詞の「が＝点」として、「客体」である場合は、「を＝広がりを持った塊」として押さえるべきであるという修正である。

こうして、私は、西田幾多郎の「場所のトポロジー」

という視点から啓示を受けて、格助詞の総体が、以下の三つの空間表象の類型に分割されることに気づいた。西田の「点」に相当する「が」と「を」を二分割させた上で、「が、の、に、へ、から、まで」のグループを、「に」を代表とする「二類」として一括して「点」の形象で押さえ、「を」を「広がりを持った空間表象」として押さえ、「で」を「円」の形象で押さえるという三分割のシェーマに至った。

西田の天才は、私見によれば、日本語おける格助詞の持つ特性としての《助詞の中で格助詞と呼ばれるカテゴリーの助詞だけが、空間表象性を喚起させる》という特性に気づいたことであった。このことによって、私の中で、三上章の『は』と格助詞との協働のメカニズム」と西田幾多郎の「格助詞の開く場所のトポロジー」が繋がったのである。

註：口語日本語の格助詞の数は、九つと見る人が多い。意見が分かれるのは、「から」(場所格の「から」を入れるか、理由の「から」を入れるかで分かれる。私は、理由の「から」は格助詞に入れない立場に立つ。さらに、共格の「と」も、とりあえず、格助詞から外して、「総体としての八つの格助詞」について語る立場に立つ。私は、格助詞の定義として根本的な点を、「助詞のカテゴリーの中で格助詞だけが空間表象を換気させる」という点に認めるからである。こうして、私は、格助詞を「場所格」として押さえる見方をしているが、「と」は、とりあえず、外しても問題が起きないと考える。

空間性の三つの類型

(1)「二類」の弁別特性：矢印が或る一点を指し示す：「誰が？ 何の？ どこに？ どこへ？ どこから？どこまで？」などの疑問形の答えに対応する空間表象。

(2)「を」の弁別特性：場所が動詞（動作）と接触点を持って表象される。たとえば「道を通る」における「道を」の空間表象。

(3)「で」の弁別特性：「場所が円によって包摂される」という空間表象。

格助詞の弁別特性：「選び取る＝排他（それ以外を除外する）」

私は、主題（提題）の「は」と八つの格助詞との間の最も根本的な弁別法として、以下の法則を認める。《「は」の根本的な特質として、「対比性」がある。それは、「甲／非甲」の対比性＝二項対比としてある》。三上章の「は」の定義を徹底化させて、第一の「は」も第二、第三の「は」も、「は」はあくまでも「は」として、格助詞に対して弁別されるべきであるという立場をとる。「は」は、常に、「甲／非甲」という「対比の構造」を持つのである。それに対して、格助詞の根本的な特質は、《三つ以上のもの＝概念(範列)の中の一つを選別する(あるいは他のものを排除する)」ということに存する》[(2)]。

格助詞の三つの類型のための可能性の条件というものがある。格助詞が格助詞として存立するためには、最上級の表現を例に取れば明らかだが、「デが喚起させる円の形象」による限定、すなわち「これを全体と見なして」という限定がなければならない。つまり、あらゆる格助詞は、この「で」による限定を可能性の条件としている。格助詞が格助詞として成立するためには、「この枠（限定）の内部を全体と見なしたら」という条件を必要とする。この限定の役割を演じるのが円の形象を喚起させる「で」なのであり、西田幾多郎の場所論における「場所＝円」に当たるものである。別の言い方をしたら、あらゆる格助詞の背後には「で」があるということである。「が」「を」「に」「で」・・・という八つの助詞の背後には、常に、「で」があるということである。「が」が「が―で」という形で成立しているように、「で」もまた「で―で」という形で成立しているということである。これが、格助詞システムの絶対的条件である。その次に問われるのが、「で」という円周の中にある小円の内部における個別の空間表象である(3)。それが、上で述べた、(1)「で」、(2)「を」、(3)「その他（が、の、に、へ、から、まで）」の三つの類型である。

格助詞の総体と「は」が取り結ぶ関係の図示

三上章の日本文法論の最大のポイントは、おそらく、提題の助詞（係り助詞）の「係り」を「虚勢的係り」と規定し、格助詞の「係り」を、「きちんと小さく係る係り」というふうに押さえたことである。つまり、提題の助詞と格助詞を、同じ「係り」として比較したのである。三上の文法論の特質は、日本語の構文を「係り受け」のメカニズムを体現したものと見なしている点に存する。それは、三上の視点が、「係り助詞（提題の助詞）」と「格助詞」という二つの「助詞」のカテゴリーの間の関係にこそ向けられていたということを意味する。

三上は、提題の助詞の「は」と格助詞との関係を、「象ハ鼻が長い。」という主題化された文を「非主題化」するというメカニズムを解説することから始めた。つまり、「象の鼻が長い。」という主題化のプロセスを踏んだ主題文が、「非主題化」の手順によって、いともたやすく、「象ノ鼻が長い koto」という名詞構文（koto 構文）に変換可能であることを明示した。三上は、それを、主題表現の「ハ」の陰に隠れている格表現（「象は鼻が長い。」という文の非主題化の場合には、格助詞の「ノ」）を顕在化させる手順として語ってみせたのである。これが、私を驚嘆させた、「ハによる格助詞の兼務」のメカニズムについての説明であった。

『象は鼻が長い』の一一六頁で、三上は、《「Xが」を代行する「Xは」》のケースを取り上げて、「ガ」の円形を左に、「ハ」の円形を右に置き、真ん中が「ガ」と「ハ」の一部が重なり、その部分を斜線で示す図を置いている。私は、三上のこの《「は」による「が」の兼務》の図示から着想を得て、次のように考えた。「は」による「が」の兼務は、「は」の兼務の五つのケースの一つに当たるものだが、「は」の兼務の図示を五つの格助詞全てに適用できないかと考えた。つまり、「は」による格助詞の兼務のメカニズムを明示するという方法を、あと一歩先に進める可能性が残されていると考えるに至った。こうして、「は」による八つの格助詞の「兼務」の構造を図示する方向に進んだのである。その際、「は」による「兼務」という現象が見られるのは、「が、の、を、に、で」の五つの格助詞との間にであって、「へ、から、まで」の三つの格助詞との間には、「兼務」が成り立たないことを押さえる必要があった。つまり、「八つの格助詞」は、「兼務」という点で、「が、の、を、に、で」の五つと「へ、から、まで」の三つに二分割されるということを押さえる必要があった。前者には、「は」による格助詞の兼務があるが、後者には、その兼務がない。後者にとっては、主題化された文においても、格助詞の「へ、から、まで」は、主題の「は」の陰に隠れることはなく、たとえば、「学校までハ行く」という形になって、前者のケースのように、主題化の「は」が格助詞を隠さない、つまり兼務しない。前者は主題化のケースであり、「は」による格助詞の兼務のあるケースであるが、後者は、主題化のないケースであり、「は」による格助詞の兼務のないケースである。図示のレベルにおいては、亀の甲羅（「は」）との間に「重なりの部分」がないことになる。

「は」の兼務と本務

私は、「は」による格助詞の兼務のメカニズムを「主題の助詞のハと八つの格助詞の間の協働」の全体に適用させる図式を考え、三上のいう「は」の「兼務」の全域をまずは定めるという方向に進んだ。次の課題として、「は」の本務をどのように押さえるかという問題がやってきた。つまり、「は」の本務については、「は」

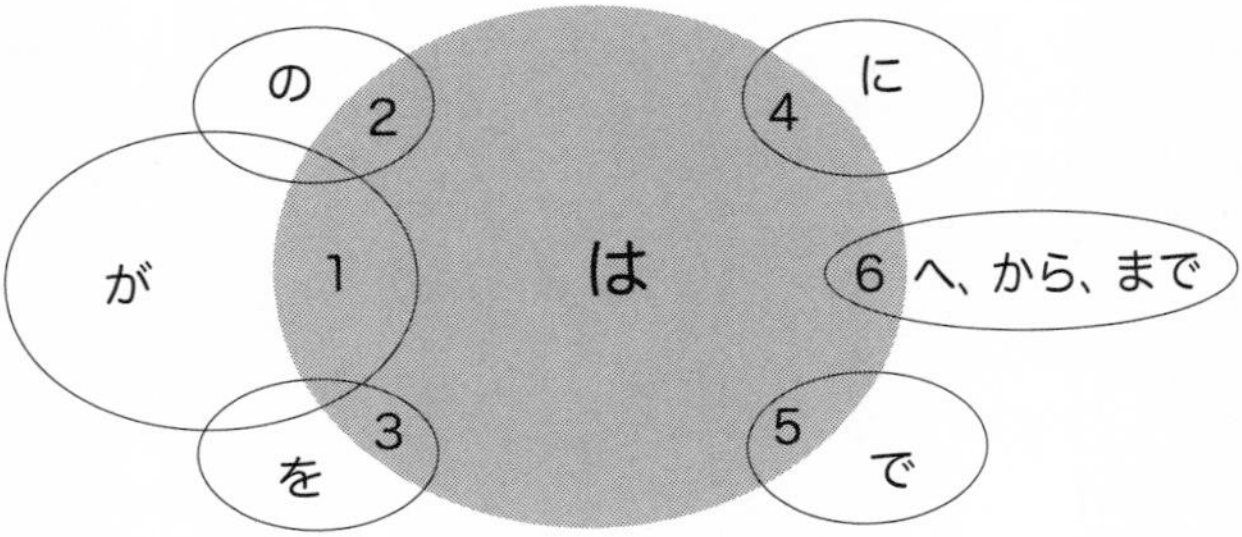

【注】(1)と(2)の間にも重なりがある。「君ガ世」と「君ノ世」のように。
(1)と(3)の間には、「Xガ食べたい」と「Xヲ食べたい」のように。

の兼務のメカニズムを語り終えた後の課題として先送りにしたのである。その結果、亀の甲羅の部分を「は」の本務の領域と規定した上で、この甲羅の部分が「は」の兼務の領域とどのような関係になっているのかを、まずは、明示することを目標にすることにした。こうして「亀の図」に至ったのである。(上図)

「亀の図」の構造を文によって示したものが左頁図である

㈡「は」の本務

三上は、「は」の本務について、本居宣長の係り結び論からの着想を得て、「は、も、徒」という「係り」が「終止形で結ぶ」という「係り結び」の法則を、言文一致以後の日本文法の根本法則として位置づけた。三上は初めから、「は」と格助詞の総体との間の関係ばかりではなく、「は、も、徒」と格助詞の総体との関係に目を向けていたように思える。たとえば、『象は鼻が長い』の一一〇頁にある文章からその推測が可能になる。《ガノニヲの係りは小さい代わりに実質的です。[中略]「ハ」の係りが大きくて虚勢的なのも、そうであるべきでしょう。短い文では目だちませ

	例文	コト的内容
1	幸子ハ日本人だ。	幸子ガ日本人であるコト
2	象ハ鼻が長い。	象ノ鼻が長いコト
3	ミラボー橋ハ歩いて渡る。	ミラボー橋ヲ歩いで渡るコト
4	日本ハ温泉が多い。	日本ニ温泉が多いコト
5	南国ハ木の成長が早い 。	南国デ木の成長が早いコト
6	学校へは電車で行く。 新宿駅からは歩いて帰る。 大阪までは新幹線で行く。	学校へ電車で行くコト 新宿駅から歩いて帰るコト 大阪まで新幹線で行くコト

【注】6に見られるように、「へ、から、まで」を含む文も、「は」による主題化はされているが、「が、の、を、に、で」を含む文のようには、「兼務」の構造は見られない。

んが、長い文になると、題述の呼応が虚勢的であることが目についてきます》。

このように、三上が題述の呼応を「虚勢的」という用語で規定した時に、一文レベルの題述構造を超えるレベルとして、「ピリオド越え」の題述構造のことも考えていた、ということに注意すべきである。

三上章の日本文法論の要の位置に、提題の表現と格表現の「協働」についての視点がある。この協働は、提題表現というものを持たないヨーロッパ諸語には見られない。三上は、「は」の本務と兼務について語りながら、日本語の特質を、ヨーロッパ諸語との最大の非対称として提示した、といえよう。

【注】

1 西田の以下の文章に西田の場所のトポロジーの骨子が表明されている。「我とは主語的統一ではなくして、述語的統一でなければならぬ、一つの点ではなくして、一つの円でなければならぬ、物ではなく場所でなければならぬ」『西田幾多郎哲学論集Ｉ』岩波文庫、1987年、141頁。

2 浅利誠『日本語と日本思想』藤原書店、2008年、35頁参照。

3 『日本語と日本思想』前掲書、35頁参照。

浅利　誠（あさり まこと）

1948 年青森県生まれ。文筆家。元ボルドー・モンテーニュ大学言語・文化学部名誉教授。早稲田大学哲学科修士課程修了。新ソルボンヌ大学フランス文学科博士課程修了。（仏）国立東洋言語・文化研究院日本学科講師・准教授(1984-2008年)。ボルドー・モンテーニュ大学言語・文化学部教授(2008-2014年)。シュルレアリスムをベースにした年二回刊行の雑誌PLEINE MARGE, Editions Peeters – France (1985-2009) の編集メンバー、寄稿多数。日本語文法論を「季刊 iichiko」に連載。主要活動は、比較文法論における日本語文法の世界的寄与の可能性を探ること。
著書に『日本語と日本思想』（藤原書店、2008 年）。『非対称の文法』（文化科学高等研究院出版局、2017 年）、『ジャック・デリダとの交歓：パリの思索』（知の新書 005、2021 年）。共訳書にフィリップ・ラクー＝ラバルト『政治という虚構』（藤原書店、1992 年）。仏訳書、Kôjin Karatani, *Structure de l'histoire du monde,* CNRS Editions, 2018. 日本語とフランス語での学術論文５０点以上。

＊ web-uni.com における浅利誠 / 言語学教室の「日本語文法講義」動画：
https://tetsusanjin.wixsite.com/asarimakoto/blank-1

知の新書 J06　　(Act2: 発売 読書人)

浅利 誠
日本思想と日本語
コプラなき日本語の述語制言語

発行日　2023 年 8 月 5 日　初版一刷発行
発行　㈱文化科学高等研究院出版局
東京都港区高輪 4-10-31　品川 PR-530 号
郵便番号　108-0074
TEL 03-3580-7784　　FAX 050-3383-4106
ホームページ　https://www.ehescjapan.com
https://www.ehescbook.store

発売　読書人

印刷・製本　中央精版印刷

ISBN 978-4-924671-77-5
C0010

Ecole des Hautes Etudes en Sciences Culturelles(EHESC)